道路运输行业培训系列教材

DAOLU YUNSHU ANQUAN GUANLI
ZHENGCE FAGUI BIAOZHUN HUIBIAN

道路运输安全管理
政策法规标准汇编

本书编写组　编

人民交通出版社股份有限公司
China Communications Press Co.,Ltd.

内 容 提 要

本书根据我国道路运输安全管理的实际情况，并结合编写人员多年的道路运输安全管理培训经验，汇编了这部我国涉及道路运输安全管理的政策文件、法律法规和标准规范。

本书是涉及我国道路运输安全管理政策法规标准的综合资料，它既是各级道路运输管理机构及管理人员依法行政、依法管理和科学规范执法的依据，又是道路运输企业负责人与管理人员依法经营、依法运输的学习及培训材料。

图书在版编目(CIP)数据

道路运输安全管理政策法规标准汇编 / 《道路运输安全管理政策法规标准汇编》编写组编. — 北京：人民交通出版社股份有限公司，2018.5

ISBN 978-7-114-12757-1

Ⅰ.①道… Ⅱ.①道… Ⅲ.①道路交通安全法—汇编—中国 Ⅳ.①D922.149

中国版本图书馆 CIP 数据核字(2018)第 047353 号

书　　名：道路运输安全管理政策法规标准汇编
著 作 者：本书编写组
责任编辑：董　倩
责任校对：孙国靖
责任印制：张　凯
出版发行：人民交通出版社股份有限公司
地　　址：(100011)北京市朝阳区安定门外外馆斜街 3 号
网　　址：http://www.ccpress.com.cn
销售电话：(010)59757973
总 经 销：人民交通出版社股份有限公司发行部
经　　销：各地新华书店
印　　刷：北京鑫正大印刷有限公司
开　　本：787×1092　1/16
印　　张：13.5
字　　数：308 千
版　　次：2018 年 5 月　第 1 版
印　　次：2019 年 6 月　第 3 次印刷
书　　号：ISBN 978-7-114-12757-1
定　　价：40.00 元
(有印刷、装订质量问题的图书由本公司负责调换)

主　任：姜明虎　常连玉

主　编：黄少波

副主编：穆尚仑

成　员：王沛然　陈海燕　高卫星　丁　宇　杨晓红
孙伟伟　邓一凡

前言

QIANYAN

干部教育培训是建设高素质干部队伍的先导性、基础性、战略性工程。交通运输行业干部教育培训是提高交通运输行业干部队伍素质,保障实现交通运输行业可持续发展和建设交通强国的关键。“十三五”及未来一段时期将是交通运输行业贯彻五大发展理念、加强法治政府部门建设、加快供给侧改革、实现行业治理体系和治理能力现代化的重要时期,各级交通运输部门将面临转型升级、结构调整、提质增效、推进综合交通运输体系建设的艰巨任务。交通运输作为经济社会发展的先行官,迫切需要建设一支适应“四个交通”发展的高素质的干部队伍。部党组高度重视干部教育培训工作,强调要通过集中轮训、专题培训、岗位培训、网络培训等方式,突出重点,统筹推进各级各类干部教育培训。目前交通运输行业迫切需要一套体系完整的行业干部教育培训系列教材。

交通运输部管理干部学院按照部党组的要求,贯彻《干部教育培训工作条例》,适应不同类别干部教育培训的需要,着眼于提高干部综合素质和能力,逐步建立开放的、形式多样的、具有时代特色的干部教育培训教材体系。学院全面推进正规化建设,高度重视培训教材建设,组织开发了道路运输行业培训系列教材。《道路运输安全管理政策法规标准汇编》是系列培训教材中的一本。

本书根据我国道路运输安全管理的实际情况,并结合编写人员多年的道路运输安全管理培训经验,全面汇编了这部我国涉及道路运输安全管理的政策文件、法律法规和标准规范,以便从事道路运输安全管理工作的领导干部和管理人员参考学习。

由于编写水平有限,存在不足之处,敬请批评指正。

本书编写组
2018 年 3 月

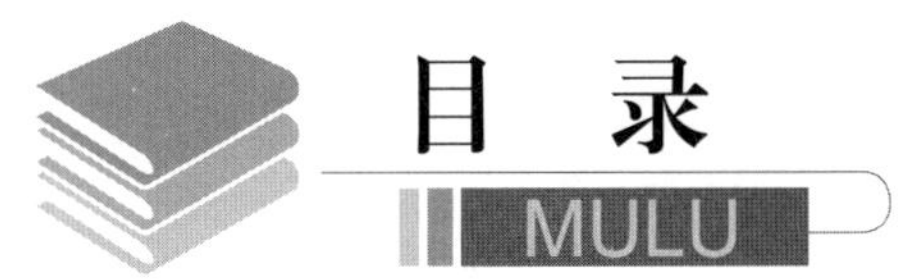

第一部分　政 策 文 件

第二部分　法律法规

第三部分　标 准 规 范

第一部分

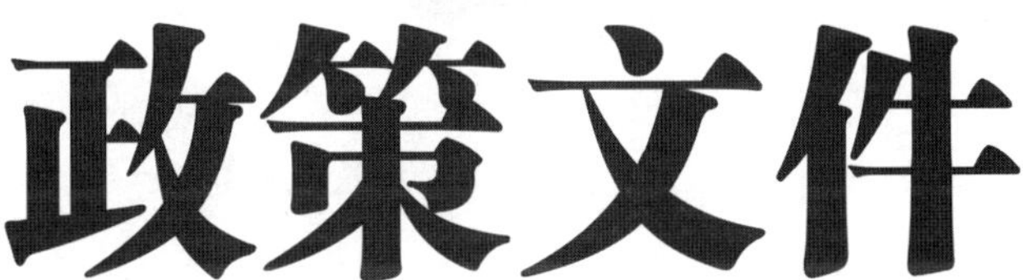

政策文件

1.《中共中央　国务院关于推进安全生产领域改革发展的意见》（2016年12月9日）

中共中央　国务院关于推进安全生产领域改革发展的意见

安全生产是关系人民群众生命财产安全的大事，是经济社会协调健康发展的标志，是党和政府对人民利益高度负责的要求。党中央、国务院历来高度重视安全生产工作，党的十八大以来作出一系列重大决策部署，推动全国安全生产工作取得积极进展。同时也要看到，当前我国正处在工业化、城镇化持续推进过程中，生产经营规模不断扩大，传统和新型生产经营方式并存，各类事故隐患和安全风险交织叠加，安全生产基础薄弱、监管体制机制和法律制度不完善、企业主体责任落实不力等问题依然突出，生产安全事故易发多发，尤其是重特大安全事故频发势头尚未得到有效遏制，一些事故发生呈现由高危行业领域向其他行业领域蔓延趋势，直接危及生产安全和公共安全。为进一步加强安全生产工作，现就推进安全生产领域改革发展提出如下意见。

一、总体要求

（一）指导思想。全面贯彻党的十八大和十八届三中、四中、五中、六中全会精神，以邓小平理论、“三个代表”重要思想、科学发展观为指导，深入贯彻习近平总书记系列重要讲话精神和治国理政新理念新思想新战略，进一步增强“四个意识”，紧紧围绕统筹推进“五位一体”总体布局和协调推进“四个全面”战略布局，牢固树立新发展理念，坚持安全发展，坚守发展决不能以牺牲安全为代价这条不可逾越的红线，以防范遏制重特大生产安全事故为重点，坚持安全第一、预防为主、综合治理的方针，加强领导、改革创新，协调联动、齐抓共管，着力强化企业安全生产主体责任，着力堵塞监督管理漏洞，着力解决不遵守法律法规的问题，依靠严密的责任体系、严格的法治措施、有效的体制机制、有力的基础保障和完善的系统治理，切实增强安全防范治理能力，大力提升我国安全生产整体水平，确保人民群众安康幸福、共享改革发展和社会文明进步成果。

（二）基本原则：

——坚持安全发展。贯彻以人民为中心的发展思想，始终把人的生命安全放在首位，正确处理安全与发展的关系，大力实施安全发展战略，为经济社会发展提供强有力的安全保障。

——坚持改革创新。不断推进安全生产理论创新、制度创新、体制机制创新、科技创新和文化创新，增强企业内生动力，激发全社会创新活力，破解安全生产难题，推动安全生产与经济社会协调发展。

——坚持依法监管。大力弘扬社会主义法治精神，运用法治思维和法治方式，深化安全生产监管执法体制改革，完善安全生产法律法规和标准体系，严格规范公正文明执法，增强监管执法效能，提高安全生产法治化水平。

——坚持源头防范。严格安全生产市场准入，经济社会发展要以安全为前提，把安全生产贯穿城乡规划布局、设计、建设、管理和企业生产经营活动全过程。构建风险分级管控和隐患排查治理双重预防工作机制，严防风险演变、隐患升级导致生产安全事故发生。

——坚持系统治理。严密层级治理和行业治理、政府治理、社会治理相结合的安全生产治理体系，组织动员各方面力量实施社会共治。综合运用法律、行政、经济、市场等手段，落实人防、技防、物防措施，提升全社会安全生产治理能力。

（三）目标任务。到2020年，安全生产监管体制机制基本成熟，法律制度基本完善，全国生产安全事故总量明显减少，职业病危害防治取得积极进展，重特大生产安全事故频发势头得到有效遏制，安全生产整体水平与全面建成小康社会目标相适应。到2030年，实现安全生产治理体系和治理能力现代化，全民安全文明素质全面提升，安全生产保障能力显著增强，为实现中华民族伟大复兴的中国梦奠定稳固可靠的安全生产基础。

二、健全落实安全生产责任制

（四）明确地方党委和政府领导责任。坚持党政同责、一岗双责、齐抓共管、失职追责，完善安全生产责任体系。地方各级党委和政府要始终把安全生产摆在重要位置，加强组织领导。党政主要负责人是本地区安全生产第一责任人，班子其他成员对分管范围内的安全生产工作负领导责任。地方各级安全生产委员会主任由政府主要负责人担任，成员由同级党委和政府及相关部门负责人组成。

地方各级党委要认真贯彻执行党的安全生产方针，在统揽本地区经济社会发展全局中同步推进安全生产工作，定期研究决定安全生产重大问题。加强安全生产监管机构领导班子、干部队伍建设。严格安全生产履职绩效考核和失职责任追究。强化安全生产宣传教育和舆论引导。发挥人大对安全生产工作的监督促进作用、政协对安全生产工作的民主监督作用。推动组织、宣传、政法、机构编制等单位支持保障安全生产工作。动员社会各界积极参与、支持、监督安全生产工作。

地方各级政府要把安全生产纳入经济社会发展总体规划，制定实施安全生产专项规划，健全安全投入保障制度。及时研究部署安全生产工作，严格落实属地监管责任。充分发挥安全生产委员会作用，实施安全生产责任目标管理。建立安全生产巡查制度，督促各部门和下级政府履职尽责。加强安全生产监管执法能力建设，推进安全科技创新，提升信息化管理水平。严格安全准入标准，指导管控安全风险，督促整治重大隐患，强化源头治理。加强应急管理，完善安全生产应急救援体系。依法依规开展事故调查处理，督促落实问题整改。

（五）明确部门监管责任。按照管行业必须管安全、管业务必须管安全、管生产经营必须管安全和谁主管谁负责的原则，厘清安全生产综合监管与行业监管的关系，明确各有关部门安全生产和职业健康工作职责，并落实到部门工作职责规定中。安全生产监督管理部门负责安全生产法规标准和政策规划制定修订、执法监督、事故调查处理、应急救援管理、统计分析、宣传教育培训等综合性工作，承担职责范围内行业领域安全生产和职业健康监管执法职责。负有安全生产监督管理职责的有关部门依法依规履行相关行业领域安全生产和职业健康监管职责，强化监管执法，严厉查处违法违规行为。其他行业领域主管部门负有安全生产管理责任，要将安全生产工作作为行业领域管理的重要内容，从行业规划、产业政策、法规标准、行政许可等方面加强行业安全生产工作，指导督促企事业单位加强安全管理。党委和政府其他有关部门要在职责范围内为安全生产工作提供支持保障，共同推进安全发展。

（六）严格落实企业主体责任。企业对本单位安全生产和职业健康工作负全面责任，要严格履行安全生产法定责任，建立健全自我约束、持续改进的内生机制。企业实行全员安全生产责任制度，法定代表人和实际控制人同为安全生产第一责任人，主要技术负责人负有安全生产技术决策和指挥权，强化部门安全生产职责，落实一岗双责。完善落实混合所有制企业以及跨地区、多层级和境外中资企业投资主体的安全生产责任。建立企业全过程安全生产和职业健康管理制度，做到安全责任、管理、投入、培训和应急救援“五到位”。国有企业要发挥安全生产工作示范带头作用，自觉接受属地监管。

（七）健全责任考核机制。建立与全面建成小康社会相适应和体现安全发展水平的考核评价体系。完善考核制度，统筹整合、科学设定安全生产考核指标，加大安全生产在社会治安综合治理、精神文明建设等考核中的权重。各级政府要对同级安全生产委员会成员单位和下级政府实施严格的安全生产工作责任考核，实行过程考核与结果考核相结合。各地区各单位要建立安全生产绩效与履职评定、职务晋升、奖励惩处挂钩制度，严格落实安全生产“一票否决”制度。

（八）严格责任追究制度。实行党政领导干部任期安全生产责任制，日常工作依责尽职、发生事故依责追究。依法依规制定各有关部门安全生产权力和责任清单，尽职照单免责、失职照单问责。建立企业生产经营全过程安全责任追溯制度。严肃查处安全生产领域项目审批、行政许可、监管执法中的失职渎职和权钱交易等腐败行为。严格事故直报制度，对瞒报、谎报、漏报、迟报事故的单位和个人依法依规追责。对被追究刑事责任的生产经营者依法实施相应的职业禁入，对事故发生负有重大责任的社会服务机构和人员依法严肃追究法律责任，并依法实施相应的行业禁入。

三、改革安全监管监察体制

（九）完善监督管理体制。加强各级安全生产委员会组织领导，充分发挥其统筹协调作用，切实解决突出矛盾和问题。各级安全生产监督管理部门承担本级安全生产委员会日常工作，负责指导协调、监督检查、巡查考核本级政府有关部门和下级政府安全生产工作，履行综合监管职责。负有安全生产监督管理职责的部门，依照有关法律法规和部门职责，健全安全生产监管体制，严格落实监管职责。相关部门按照各自职责建立完善安全生产工作机制，形成齐抓共管格局。坚持管安全生产必须管职业健康，建立安全生产和职业健康一体化监管执法体制。

（十）改革重点行业领域安全监管监察体制。依托国家煤矿安全监察体制，加强非煤矿山安全生产监管监察，优化安全监察机构布局，将国家煤矿安全监察机构负责的安全生产行政许可事项移交给地方政府承担。着重加强危险化学品安全监管体制改革和力量建设，明确和落实危险化学品建设项目立项、规划、设计、施工及生产、储存、使用、销售、运输、废弃处置等环节的法定安全监管责任,建立有力的协调联动机制,消除监管空白。完善海洋石油安全生产监督管理体制机制,实行政企分开。理顺民航、铁路、电力等行业跨区域监管体制,明确行业监管、区域监管与地方监管职责。

(十一)进一步完善地方监管执法体制。地方各级党委和政府要将安全生产监督管理部门作为政府工作部门和行政执法机构,加强安全生产执法队伍建设,强化行政执法职能。统筹加强安全监管力量,重点充实市、县两级安全生产监管执法人员,强化乡镇(街道)安全生产监管力量建设。完善各类开发区、工业园区、港区、风景区等功能区安全生产监管体制,明确负责安全生产监督管理的机构,以及港区安全生产地方监管和部门监管责任。

(十二)健全应急救援管理体制。按照政事分开原则,推进安全生产应急救援管理体制改革,强化行政管理职能,提高组织协调能力和现场救援时效。健全省、市、县三级安全生产应急救援管理工作机制,建设联动互通的应急救援指挥平台。依托公安消防、大型企业、工业园区等应急救援力量,加强矿山和危险化学品等应急救援基地和队伍建设,实行区域化应急救援资源共享。

四、大力推进依法治理

(十三)健全法律法规体系。建立健全安全生产法律法规立改废释工作协调机制。加强涉及安全生产相关法规一致性审查,增强安全生产法制建设的系统性、可操作性。制定安全生产中长期立法规划,加快制定修订安全生产法配套法规。加强安全生产和职业健康法律法规衔接融合。研究修改刑法有关条款,将生产经营过程中极易导致重大生产安全事故的违法行为列入刑法调整范围。制定完善高危行业领域安全规程。设区的市根据立法法的立法精神,加强安全生产地方性法规建设,解决区域性安全生产突出问题。

(十四)完善标准体系。加快安全生产标准制定修订和整合,建立以强制性国家标准为主体的安全生产标准体系。鼓励依法成立的社会团体和企业制定更加严格规范的安全生产标准,结合国情积极借鉴实施国际先进标准。国务院安全生产监督管理部门负责生产经营单位职业危害预防治理国家标准制定发布工作;统筹提出安全生产强制性国家标准立项计划,有关部门按照职责分工组织起草、审查、实施和监督执行,国务院标准化行政主管部门负责及时立项、编号、对外通报、批准并发布。

(十五)严格安全准入制度。严格高危行业领域安全准入条件。按照强化监管与便民服务相结合原则,科学设置安全生产行政许可事项和办理程序,优化工作流程,简化办事环节,实施网上公开办理,接受社会监督。对与人民群众生命财产安全直接相关的行政许可事项,依法严格管理。对取消、下放、移交的行政许可事项,要加强事中事后安全监管。

(十六)规范监管执法行为。完善安全生产监管执法制度,明确每个生产经营单位安全生产监督和管理主体,制定实施执法计划,完善执法程序规定,依法严格查处各类违法违规行为。建立行政执法和刑事司法衔接制度,负有安全生产监督管理职责的部门要加强与公安、检察院、法院等协调配合,完善安全生产违法线索通报、案件移送与协查机制。对违法行为当事人拒不执行安全生产行政执法决定的,负有安全生产监督管理职责的部门应依法申请司法机关强制执行。完善司法机关参与事故调查机制,严肃查处违法犯罪行为。研究建立安全生产民事和行政公益诉讼制度。

（十七）完善执法监督机制。各级人大常委会要定期检查安全生产法律法规实施情况，开展专题询问。各级政协要围绕安全生产突出问题开展民主监督和协商调研。建立执法行为审议制度和重大行政执法决策机制，评估执法效果，防止滥用职权。健全领导干部非法干预安全生产监管执法的记录、通报和责任追究制度。完善安全生产执法纠错和执法信息公开制度，加强社会监督和舆论监督，保证执法严明、有错必纠。

（十八）健全监管执法保障体系。制定安全生产监管监察能力建设规划，明确监管执法装备及现场执法和应急救援用车配备标准，加强监管执法技术支撑体系建设，保障监管执法需要。建立完善负有安全生产监督管理职责的部门监管执法经费保障机制，将监管执法经费纳入同级财政全额保障范围。加强监管执法制度化、标准化、信息化建设，确保规范高效监管执法。建立安全生产监管执法人员依法履行法定职责制度，激励保证监管执法人员忠于职守、履职尽责。严格监管执法人员资格管理，制定安全生产监管执法人员录用标准，提高专业监管执法人员比例。建立健全安全生产监管执法人员凡进必考、入职培训、持证上岗和定期轮训制度。统一安全生产执法标志标识和制式服装。

（十九）完善事故调查处理机制。坚持问责与整改并重，充分发挥事故查处对加强和改进安全生产工作的促进作用。完善生产安全事故调查组组长负责制。健全典型事故提级调查、跨地区协同调查和工作督导机制。建立事故调查分析技术支撑体系，所有事故调查报告要设立技术和管理问题专篇，详细分析原因并全文发布，做好解读，回应公众关切。对事故调查发现有漏洞、缺陷的有关法律法规和标准制度，及时启动制定修订工作。建立事故暴露问题整改督办制度，事故结案后一年内，负责事故调查的地方政府和国务院有关部门要组织开展评估，及时向社会公开，对履职不力、整改措施不落实的，依法依规严肃追究有关单位和人员责任。

五、建立安全预防控制体系

（二十）加强安全风险管控。地方各级政府要建立完善安全风险评估与论证机制，科学合理确定企业选址和基础设施建设、居民生活区空间布局。高危项目审批必须把安全生产作为前置条件，城乡规划布局、设计、建设、管理等各项工作必须以安全为前提，实行重大安全风险“一票否决”。加强新材料、新工艺、新业态安全风险评估和管控。紧密结合供给侧结构性改革，推动高危产业转型升级。位置相邻、行业相近、业态相似的地区和行业要建立完善重大安全风险联防联控机制。构建国家、省、市、县四级重大危险源信息管理体系，对重点行业、重点区域、重点企业实行风险预警控制，有效防范重特大生产安全事故。

（二十一）强化企业预防措施。企业要定期开展风险评估和危害辨识。针对高危工艺、设备、物品、场所和岗位，建立分级管控制度，制定落实安全操作规程。树立隐患就是事故的观念，建立健全隐患排查治理制度、重大隐患治理情况向负有安全生产监督管理职责的部门和企业职代会“双报告”制度，实行自查自改自报闭环管理。严格执行安全生产和职业健康“三同时”制度。大力推进企业安全生产标准化建设，实现安全管理、操作行为、设备设施和作业环境的标准化。开展经常性的应急演练和人员避险自救培训，着力提升现场应急处置能力。

（二十二）建立隐患治理监督机制。制定生产安全事故隐患分级和排查治理标准。负有安全生产监督管理职责的部门要建立与企业隐患排查治理系统联网的信息平台,完善线上线下配套监管制度。强化隐患排查治理监督执法,对重大隐患整改不到位的企业依法采取停产停业、停止施工、停止供电和查封扣押等强制措施,按规定给予上限经济处罚,对构成犯罪的要移交司法机关依法追究刑事责任。严格重大隐患挂牌督办制度,对整改和督办不力的纳入政府核查问责范围,实行约谈告诫、公开曝光,情节严重的依法依规追究相关人员责任。

(二十三)强化城市运行安全保障。定期排查区域内安全风险点、危险源,落实管控措施,构建系统性、现代化的城市安全保障体系,推进安全发展示范城市建设。提高基础设施安全配置标准,重点加强对城市高层建筑、大型综合体、隧道桥梁、管线管廊、轨道交通、燃气、电力设施及电梯、游乐设施等的检测维护。完善大型群众性活动安全管理制度,加强人员密集场所安全监管。加强公安、民政、国土资源、住房城乡建设、交通运输、水利、农业、安全监管、气象、地震等相关部门的协调联动,严防自然灾害引发事故。

(二十四)加强重点领域工程治理。深入推进对煤矿瓦斯、水害等重大灾害以及矿山采空区、尾矿库的工程治理。加快实施人口密集区域的危险化学品和化工企业生产、仓储场所安全搬迁工程。深化油气开采、输送、炼化、码头接卸等领域安全整治。实施高速公路、乡村公路和急弯陡坡、临水临崖危险路段公路安全生命防护工程建设。加强高速铁路、跨海大桥、海底隧道、铁路浮桥、航运枢纽、港口等防灾监测、安全检测及防护系统建设。完善长途客运车辆、旅游客车、危险物品运输车辆和船舶生产制造标准,提高安全性能,强制安装智能视频监控报警、防碰撞和整车整船安全运行监管技术装备,对已运行的要加快安全技术装备改造升级。

(二十五)建立完善职业病防治体系。将职业病防治纳入各级政府民生工程及安全生产工作考核体系,制定职业病防治中长期规划,实施职业健康促进计划。加快职业病危害严重企业技术改造、转型升级和淘汰退出,加强高危粉尘、高毒物品等职业病危害源头治理。健全职业健康监管支撑保障体系,加强职业健康技术服务机构、职业病诊断鉴定机构和职业健康体检机构建设,强化职业病危害基础研究、预防控制、诊断鉴定、综合治疗能力。完善相关规定,扩大职业病患者救治范围,将职业病失能人员纳入社会保障范围,对符合条件的职业病患者落实医疗与生活救助措施。加强企业职业健康监管执法,督促落实职业病危害告知、日常监测、定期报告、防护保障和职业健康体检等制度措施,落实职业病防治主体责任。

六、加强安全基础保障能力建设

(二十六)完善安全投入长效机制。加强中央和地方财政安全生产预防及应急相关资金使用管理,加大安全生产与职业健康投入,强化审计监督。加强安全生产经济政策研究,完善安全生产专用设备企业所得税优惠目录。落实企业安全生产费用提取管理使用制度,建立企业增加安全投入的激励约束机制。健全投融资服务体系,引导企业集聚发展灾害防治、预测预警、检测监控、个体防护、应急处置、安全文化等技术、装备和服务产业。

(二十七)建立安全科技支撑体系。优化整合国家科技计划,统筹支持安全生产和职业健康领域科研项目,加强研发基地和博士后科研工作站建设。开展事故预防理论研究和关键技术装备研发,加快成果转化和推广应用。推动工业机器人、智能装备在危险工序和环节广泛应用。提升现代信息技术与安全生产融合度,统一标准规范,加快安全生产信息化建设,构建安全生产与职业健康信息化全国“一张网”。加强安全生产理论和政策研究,运用大数据技术开展安全生产规律性、关联性特征分析,提高安全生产决策科学化水平。

(二十八)健全社会化服务体系。将安全生产专业技术服务纳入现代服务业发展规划,培育多元化服务主体。建立政府购买安全生产服务制度。支持发展安全生产专业化行业组织,强化自治自律。完善注册安全工程师制度。改革完善安全生产和职业健康技术服务机构资质管理办法。支持相关机构开展安全生产和职业健康一体化评价等技术服务,严格实施评价公开制度,进一步激活和规范专业技术服务市场。鼓励中小微企业订单式、协作式购买运用安全生产管理和技术服务。建立安全生产和职业健康技术服务机构公示制度和由第三方实施的信用评定制度,严肃查处租借资质、违法挂靠、弄虚作假、垄断收费等各类违法违规行为。

(二十九)发挥市场机制推动作用。取消安全生产风险抵押金制度,建立健全安全生产责任保险制度,在矿山、危险化学品、烟花爆竹、交通运输、建筑施工、民用爆炸物品、金属冶炼、渔业生产等高危行业领域强制实施,切实发挥保险机构参与风险评估管控和事故预防功能。完善工伤保险制度,加快制定工伤预防费用的提取比例、使用和管理具体办法。积极推进安全生产诚信体系建设,完善企业安全生产不良记录“黑名单”制度,建立失信惩戒和守信激励机制。

(三十)健全安全宣传教育体系。将安全生产监督管理纳入各级党政领导干部培训内容。把安全知识普及纳入国民教育,建立完善中小学安全教育和高危行业职业安全教育体系。把安全生产纳入农民工技能培训内容。严格落实企业安全教育培训制度,切实做到先培训、后上岗。推进安全文化建设,加强警示教育,强化全民安全意识和法治意识。发挥工会、共青团、妇联等群团组织作用,依法维护职工群众的知情权、参与权与监督权。加强安全生产公益宣传和舆论监督。建立安全生产“12350”专线与社会公共管理平台统一接报、分类处置的举报投诉机制。鼓励开展安全生产志愿服务和慈善事业。加强安全生产国际交流合作,学习借鉴国外安全生产与职业健康先进经验。

各地区各部门要加强组织领导,严格实行领导干部安全生产工作责任制,根据本意见提出的任务和要求,结合实际认真研究制定实施办法,抓紧出台推进安全生产领域改革发展的具体政策措施,明确责任分工和时间进度要求,确保各项改革举措和工作要求落实到位。贯彻落实情况要及时向党中央、国务院报告,同时抄送国务院安全生产委员会办公室。中央全面深化改革领导小组办公室将适时牵头组织开展专项监督检查。

2.《国务院关于加强道路交通安全工作的意见》(国发〔2012〕30号)(节选)

国务院关于加强道路交通安全工作的意见

各省、自治区、直辖市人民政府,国务院各部委、各直属机构:

为适应我国道路通车里程、机动车和驾驶人数量、道路交通运量持续大幅度增长的形势,进一步加强道路交通安全工作,保障人民群众生命财产安全,提出以下意见:

一、总体要求

(一)指导思想。以邓小平理论和"三个代表"重要思想为指导,深入贯彻落实科学发展观,牢固树立以人为本、安全发展的理念,始终把维护人民群众生命财产安全放在首位,以防事故、保安全、保畅通为核心,以落实企业主体责任为重点,全面加强人、车、路、环境的安全管理和监督执法,推进交通安全社会管理创新,形成政府统一领导、各部门协调联动、全社会共同参与的交通安全管理工作格局,有效防范和坚决遏制重特大道路交通事故,促进全国安全生产形势持续稳定好转,为经济社会发展、人民平安出行创造良好环境。

(二)基本原则。

——安全第一,协调发展。正确处理安全与速度、质量、效益的关系,坚持把安全放在首位,加强统筹规划,使道路交通安全融入国民经济社会发展大局,与经济社会同步协调发展。

——预防为主,综合治理。严格驾驶人、车辆、运输企业准入和安全管理,加强道路交通安全设施建设,深化隐患排查治理,着力解决制约和影响道路交通安全的源头性、根本性问题,夯实道路交通安全基础。

——落实责任,强化考核。全面落实企业主体责任、政府及部门监管责任和属地管理责任,健全目标考核和责任追究制度,加强督导检查和责任倒查,依法严格追究事故责任。

——科技支撑,法治保障。强化科技装备和信息化技术应用,建立健全法律法规和标准规范,加强执法队伍建设,依法严厉打击各类交通违法违规行为,不断提高道路交通科学管理与执法服务水平。

二、强化道路运输企业安全管理

(三)规范道路运输企业生产经营行为。严格道路运输市场准入管理,对新设立运输企业,要严把安全管理制度和安全生产条件审核关。强化道路运输企业安全主体责任,鼓励客运企业实行规模化、公司化经营,积极培育集约化、网络化经营的货运龙头企业。严禁客运车辆、危险品运输车辆挂靠经营。推进道路运输企业诚信体系建设,将诚信考核结果与客运线路招投标、运力投放以及保险费率、银行信贷等挂钩,不断完善企业安全管理的激励约束机制。鼓励运输企业采用交通安全统筹等形式,加强行业互助,提高企业抗风险能力。

(四)加强企业安全生产标准化建设。道路运输企业要建立健全安全生产管理机构,加强安全班组建设,严格执行安全生产制度、规范和技术标准,强化对车辆和驾驶人的安全管理,持续加大道路交通安全投入,提足、用好安全生产费用。建立专业运输企业交通安全质量管理体系,健全客运、危险品运输企业安全评估制度,对安全管理混乱、存在重大安全隐患的企业,依法责令停业整顿,对整改不达标的按规定取消其相应资质。

(五)严格长途客运和旅游客运安全管理。严格客运班线审批和监管,加强班线途经道路的安全适应性评估,合理确定营运线路、车型和时段,严格控制1000公里以上的跨省长途客运班线和夜间运行时间,对现有的长途客运班线进行清理整顿,整改不合格的坚决停止运营。创造条件积极推行长途客运车辆凌晨2时至5时停止运行或实行接驳运输。客运车辆夜间行驶速度不得超过日间限速的80%,并严禁夜间通行达不到安全通行条件的三级以下山区公路。夜间遇暴雨、浓雾等影响安全视距的恶劣天气时,可以采取临时管理措施,暂停客运车辆运行。加强旅游包车安全管理,根据运行里程严格按规定配备包车驾驶人,逐步推行包车业务网上申请和办理制度,严禁发放空白旅游包车牌证。运输企业要积极创造条件,严格落实长途客运驾驶人停车换人、落地休息制度,确保客运驾驶人24小时累计驾驶时间原则上不超过8小时,日间连续驾驶不超过4小时,夜间连续驾驶不超过2小时,每次停车休息时间不少于20分钟。有关部门要加强监督检查,对违反规定超时、超速驾驶的驾驶人及相关企业依法严格处罚。

(六)加强运输车辆动态监管。抓紧制定道路运输车辆动态监督管理办法,规范卫星定位装置安装、使用行为。旅游包车、三类以上班线客车、危险品运输车和校车应严格按规定安装使用具有行驶记录功能的卫星定位装置,卧铺客车应同时安装车载视频装置,鼓励农村客运车辆安装使用卫星定位装置。重型载货汽车和半挂牵引车应在出厂前安装卫星定位装置,并接入道路货运车辆公共监管与服务平台。运输企业要落实安全监控主体责任,切实加强对所属车辆和驾驶人的动态监管,确保车载卫星定位装置工作正常、监控有效。对不按规定使用或故意损坏卫星定位装置的,要追究相关责任人和企业负责人的责任。

三、严格驾驶人培训考试和管理

(七)加强和改进驾驶人培训考试工作。进一步完善机动车驾驶人培训大纲和考试标准,严格考试程序,推广应用科技评判和监控手段,强化驾驶人安全、法制、文明意识和实际道路驾驶技能考试。客、货车辆驾驶人培训考试要增加复杂路况、恶劣天气、突发情况应对处置技能的内容,大中型客、货车辆驾驶人增加夜间驾驶考试。将大客车驾驶人培养纳入国家职业教育体系,努力解决高素质客运驾驶人短缺问题。实行交通事故驾驶人培训质量、考试发证责任倒查制度。

(八)严格驾驶人培训机构监管。加强驾驶人培训市场调控,提高驾驶人培训机构准入门槛,按照培训能力核定其招生数量,严格教练员资格管理。加强驾驶人培训质量监督,全面推广应用计算机计时培训管理系统,督促落实培训教学大纲和学时。定期向社会公开驾驶人培训机构的培训质量、考试合格率以及毕业学员的交通违法率和肇事率等,并作为其资质审核的重要参考。

（九）加强客货运驾驶人安全管理。严把客货运驾驶人从业资格准入关，加强从业条件审核与培训考试。建立客货运驾驶人从业信息、交通违法信息、交通事故信息的共享机制，加快推进信息查询平台建设，设立驾驶人“黑名单”信息库。加强对长期在本地经营的异地客货运车辆和驾驶人安全管理。督促运输企业加强驾驶人聘用管理，对发生道路交通事故致人死亡且负同等以上责任的，交通违法记满 12 分的，以及有酒后驾驶、超员 20% 以上、超速 50%（高速公路超速 20%）以上，或者 12 个月内有 3 次以上超速违法记录的客运驾驶人，要严格依法处罚并通报企业解除聘用。

四、加强车辆安全监管

（十）提高机动车安全性能。制定完善相关政策，推动机动车生产企业兼并重组，调整产品结构，鼓励发展安全、节能、环保的汽车产品，积极推进机动车标准化、轻量化，加快传统汽车升级换代。大力推广厢式货车取代栏板式货车，尽快淘汰高安全风险车型。抓紧清理、修订并逐步提高机动车安全技术标准，督促生产企业改进车辆安全技术，增设客运车辆限速和货运车辆限载等安全装置。进一步提高大中型客车和公共汽车的车身结构强度、座椅安装强度、内部装饰材料阻燃性能等，增强车辆行驶稳定性和抗侧倾能力。客运车辆座椅要尽快全部配置安全带。

（十一）加强机动车安全管理。落实和完善机动车生产企业及产品公告管理、强制性产品认证、注册登记、使用维修和报废等管理制度。积极推动机动车生产企业诚信体系建设，加强机动车产品准入、生产一致性监管，对不符合机动车国家安全技术标准或者与公告产品不一致的车辆，不予办理注册登记，生产企业要依法依规履行更换、退货义务。严禁无资质企业生产、销售电动汽车。落实和健全缺陷汽车产品召回制度，加大对大中型客、货汽车缺陷产品召回力度。严格报废汽车回收企业资格认定和监督管理，依法严厉打击制造和销售拼装车行为，严禁拼装车和报废汽车上路行驶。加强机动车安全技术检验和营运车辆综合性能检测，严格检验检测机构的资格管理和计量认证管理。对道路交通事故中涉及车辆非法生产、改装、拼装以及机动车产品严重质量安全问题的，要严查责任，依法从重处理。

（十二）强化电动自行车安全监管。修订完善电动自行车生产国家强制标准，着力加强对电动自行车生产、销售和使用的监督管理，严禁生产、销售不符合国家强制标准的电动自行车。省级人民政府要制定电动自行车登记管理办法，质监部门要做好电动自行车生产许可证管理和国家强制性标准修订工作，工业和信息化部门要严格电动自行车生产的行业管理，工商部门要依法加强电动自行车销售企业的日常监管。对违规生产、销售不合格产品的企业，要依法责令整改并严格处罚、公开曝光。公安机关要加强电动自行车通行秩序管理，严格查处电动自行车交通违法行为。地方各级人民政府要通过加强政策引导，逐步解决在用的超出国家标准的电动自行车问题。

五、提高道路安全保障水平

……

（十五）深入开展隐患排查治理。地方各级人民政府要建立完善道路交通安全隐患排查治理制度，落实治理措施和治理资金，根据隐患严重程度，实施省、市、县三级人民政府挂牌督办整改,对隐患整改不落实的,要追究有关负责人的责任。有关部门要强化交通事故统计分析,排查确定事故多发点段和存在安全隐患路段,全面梳理桥涵隧道、客货运场站等风险点,设立管理台账,明确治理责任单位和时限,强化对整治情况的全过程监督。切实加强公路两侧农作物秸秆禁烧监管,严防焚烧烟雾影响交通安全。

……

七、强化道路交通安全执法

(十八)严厉整治道路交通违法行为。加强公路巡逻管控,加大客运、旅游包车、危险品运输车等重点车辆检查力度,严厉打击和整治超速超员超载、疲劳驾驶、酒后驾驶、吸毒后驾驶、货车违法占道行驶、不按规定使用安全带等各类交通违法行为,严禁三轮汽车、低速货车和拖拉机违法载人。依法加强校车安全管理,保障乘坐校车学生安全。健全和完善治理车辆超限超载工作长效机制。研究推动将客货运车辆严重超速、超员、超限超载等行为列入以危险方法危害公共安全行为,追究驾驶人刑事责任。制定客货运车辆和驾驶人严重交通违法行为有奖举报办法,并将车辆动态监控系统记录的交通违法信息作为执法依据,定期进行检查,依法严格处罚。大力推进文明交通示范公路创建活动,加强城市道路通行秩序整治,规范机动车通行和停放,严格非机动车、行人交通管理。

(十九)切实提升道路交通安全执法效能。推进高速公路全程监控等智能交通管理系统建设,强化科技装备和信息化技术在道路交通执法中的应用,提高道路交通安全管控能力。整合道路交通管理力量和资源,建立部门、区域联勤联动机制,实现监控信息等资源共享。严格落实客货运车辆及驾驶人交通事故、交通违法行为通报制度,全面推进交通违法记录省际转递工作。研究推动将公民交通安全违法记录与个人信用、保险、职业准入等挂钩。

……

八、深入开展道路交通安全宣传教育

(二十一)建立交通安全宣传教育长效机制。地方各级人民政府每年要制定并组织实施道路交通安全宣传教育计划,加大宣传投入,督促各部门和单位积极履行宣传责任和义务,实现交通安全宣传教育社会化、制度化。加大公益宣传力度,报刊、广播、电视、网络等新闻媒体要在重要版面、时段通过新闻报道、专题节目、公益广告等方式开展交通安全公益宣传。设立“全国交通安全日”,充分发挥主管部门、汽车企业、行业协会、社区、学校和单位的宣传作用,广泛开展道路交通安全宣传活动,不断提高全民的交通守法意识、安全意识和公德意识。

……

(二十三)加强道路交通安全文化建设。积极拓展交通安全宣传渠道,建立交通安全宣传教育基地,创新宣传教育方法,以学校、驾驶人培训机构、运输企业为重点,广泛宣传道路交通安全法律法规和安全知识。推动开设交通安全宣传教育网站、电视频道,加强交通安全文学、文艺、影视等作品创作、征集和传播活动,积极营造全社会关注交通安全、全民参与文明交通的良好文化氛围。

九、严格道路交通事故责任追究

(二十四)加强重大道路交通事故联合督办。严格执行重大事故挂牌督办制度,健全完善重大道路交通事故“现场联合督导、统筹协调调查、挂牌通报警示、重点约谈检查、跟踪整改落实”的联合督办工作机制，形成各有关部门齐抓共管的监管合力。研究制定道路交通安全奖惩制度，对于成效显著的地方、部门和单位予以表扬和奖励；对发生特别重大道路交通事故的，或者一年内发生3起及以上重大道路交通事故的，省级人民政府要向国务院作出书面检查；对一年内发生两起重大道路交通事故或发生性质严重、造成较大社会影响的重大道路交通事故的，国务院安全生产委员会办公室要会同有关部门及时约谈相关地方政府和部门负责同志。

（二十五）加大事故责任追究力度。研究制定重特大道路交通事故处置规范，完善跨区域责任追究机制，建立健全重大道路交通事故信息公开制度。对发生重大及以上或者6个月内发生两起较大及以上责任事故的道路运输企业，依法责令停业整顿；停业整顿后符合安全生产条件的，准予恢复运营，但客运企业3年内不得新增客运班线，旅游企业3年内不得新增旅游车辆；停业整顿仍不具备安全生产条件的，取消相应许可或吊销其道路运输经营许可证，并责令其办理变更、注销登记直至依法吊销营业执照。对道路交通事故发生负有责任的单位及其负责人，依法依规予以处罚，构成犯罪的，依法追究刑事责任。发生重特大道路交通事故的，要依法依纪追究地方政府及相关部门的责任。

十、强化道路交通安全组织保障

（二十六）加强道路交通安全组织领导。地方各级人民政府要高度重视道路交通安全工作，将其纳入经济和社会发展规划，与经济建设和社会发展同部署、同落实、同考核，并加强对道路交通安全工作的统筹协调和监督指导。实行道路交通安全地方行政首长负责制，将道路交通安全工作纳入政府工作重要议事日程，定期分析研判安全形势，研究部署重点工作。严格道路交通事故总结报告制度，省级人民政府每年1月15日前要将本地区道路交通安全工作情况向国务院作出专题报告。

（二十七）落实部门管理和监督职责。各有关部门要按照“谁主管、谁负责，谁审批、谁负责”的原则，依法履行职责，落实监管责任，切实构建“权责一致、分工负责、齐抓共管、综合治理”的协调联动机制。要严格责任考核，将道路交通安全工作作为有关领导干部实绩考评的重要内容，并将考评结果作为综合考核评价的重要依据。

（二十八）完善道路交通安全保障机制。研究建立中央、地方、企业和社会共同承担的道路交通安全长效投入机制，不断拓展道路交通安全资金保障来源，推动完善相关财政、税收、信贷支持政策，强化政府投资对道路交通安全投入的引导和带动作用，将交警、运政、路政、农机监理各项经费按规定纳入政府预算。要根据道路里程、机动车增长等情况，相应加强道路交通安全管理力量建设，完善道路交通警务保障机制。地方各级人民政府要研究出台高速公路交通安全发展的相关保障政策，将高速公路交通安全执勤执法营房等配套设施与高速公路建设同步规划设计、同步投入使用并给予资金保障，高速公路建设管理单位要积极创造条件予以配合支持。

国务院
2012年7月22日

3.《国务院办公厅关于印发突发事件应急预案管理办法的通知》(国办发〔2013〕101号)

国务院办公厅关于印发突发事件应急预案管理办法的通知

各省、自治区、直辖市人民政府,国务院各部委、各直属机构:

《突发事件应急预案管理办法》已经国务院同意,现印发给你们,请认真贯彻执行。

国务院办公厅

2013年10月25日

突发事件应急预案管理办法

第一章　总　　则

第一条　为规范突发事件应急预案(以下简称应急预案)管理,增强应急预案的针对性、实用性和可操作性,依据《中华人民共和国突发事件应对法》等法律、行政法规,制订本办法。

第二条　本办法所称应急预案,是指各级人民政府及其部门、基层组织、企事业单位、社会团体等为依法、迅速、科学、有序应对突发事件,最大程度减少突发事件及其造成的损害而预先制定的工作方案。

第三条　应急预案的规划、编制、审批、发布、备案、演练、修订、培训、宣传教育等工作,适用本办法。

第四条　应急预案管理遵循统一规划、分类指导、分级负责、动态管理的原则。

第五条　应急预案编制要依据有关法律、行政法规和制度,紧密结合实际,合理确定内容,切实提高针对性、实用性和可操作性。

第二章　分类和内容

第六条　应急预案按照制定主体划分,分为政府及其部门应急预案、单位和基层组织应急预案两大类。

第七条　政府及其部门应急预案由各级人民政府及其部门制定,包括总体应急预案、专项应急预案、部门应急预案等。

总体应急预案是应急预案体系的总纲,是政府组织应对突发事件的总体制度安排,由县级以上各级人民政府制定。

专项应急预案是政府为应对某一类型或某几种类型突发事件，或者针对重要目标物保护、重大活动保障、应急资源保障等重要专项工作而预先制定的涉及多个部门职责的工作方案，由有关部门牵头制订，报本级人民政府批准后印发实施。

部门应急预案是政府有关部门根据总体应急预案、专项应急预案和部门职责，为应对本部门（行业、领域）突发事件，或者针对重要目标物保护、重大活动保障、应急资源保障等涉及部门工作而预先制定的工作方案，由各级政府有关部门制定。

鼓励相邻、相近的地方人民政府及其有关部门联合制定应对区域性、流域性突发事件的联合应急预案。

第八条 总体应急预案主要规定突发事件应对的基本原则、组织体系、运行机制，以及应急保障的总体安排等，明确相关各方的职责和任务。

针对突发事件应对的专项和部门应急预案，不同层级的预案内容各有所侧重。国家层面专项和部门应急预案侧重明确突发事件的应对原则、组织指挥机制、预警分级和事件分级标准、信息报告要求、分级响应及响应行动、应急保障措施等，重点规范国家层面应对行动，同时体现政策性和指导性；省级专项和部门应急预案侧重明确突发事件的组织指挥机制、信息报告要求、分级响应及响应行动、队伍物资保障及调动程序、市县级政府职责等，重点规范省级层面应对行动，同时体现指导性；市县级专项和部门应急预案侧重明确突发事件的组织指挥机制、风险评估、监测预警、信息报告、应急处置措施、队伍物资保障及调动程序等内容，重点规范市（地）级和县级层面应对行动，体现应急处置的主体职能；乡镇街道专项和部门应急预案侧重明确突发事件的预警信息传播、组织先期处置和自救互救、信息收集报告、人员临时安置等内容，重点规范乡镇层面应对行动，体现先期处置特点。

针对重要基础设施、生命线工程等重要目标物保护的专项和部门应急预案，侧重明确风险隐患及防范措施、监测预警、信息报告、应急处置和紧急恢复等内容。

针对重大活动保障制定的专项和部门应急预案，侧重明确活动安全风险隐患及防范措施、监测预警、信息报告、应急处置、人员疏散撤离组织和路线等内容。

针对为突发事件应对工作提供队伍、物资、装备、资金等资源保障的专项和部门应急预案，侧重明确组织指挥机制、资源布局、不同种类和级别突发事件发生后的资源调用程序等内容。

联合应急预案侧重明确相邻、相近地方人民政府及其部门间信息通报、处置措施衔接、应急资源共享等应急联动机制。

第九条 单位和基层组织应急预案由机关、企业、事业单位、社会团体和居委会、村委会等法人和基层组织制定，侧重明确应急响应责任人、风险隐患监测、信息报告、预警响应、应急处置、人员疏散撤离组织和路线、可调用或可请求援助的应急资源情况及如何实施等，体现自救互救、信息报告和先期处置特点。

大型企业集团可根据相关标准规范和实际工作需要，参照国际惯例，建立本集团应急预案体系。

第十条 政府及其部门、有关单位和基层组织可根据应急预案，并针对突发事件现场处置工作灵活制定现场工作方案，侧重明确现场组织指挥机制、应急队伍分工、不同情况下的应对措施、应急装备保障和自我保障等内容。

第十一条 政府及其部门、有关单位和基层组织可结合本地区、本部门和本单位具体情况,编制应急预案操作手册,内容一般包括风险隐患分析、处置工作程序、响应措施、应急队伍和装备物资情况,以及相关单位联络人员和电话等。

第十二条 对预案应急响应是否分级、如何分级、如何界定分级响应措施等,由预案制定单位根据本地区、本部门和本单位的实际情况确定。

第三章 预案编制

第十三条 各级人民政府应当针对本行政区域多发易发突发事件、主要风险等,制定本级政府及其部门应急预案编制规划,并根据实际情况变化适时修订完善。

单位和基层组织可根据应对突发事件需要,制定本单位、本基层组织应急预案编制计划。

第十四条 应急预案编制部门和单位应组成预案编制工作小组,吸收预案涉及主要部门和单位业务相关人员、有关专家及有现场处置经验的人员参加。编制工作小组组长由应急预案编制部门或单位有关负责人担任。

第十五条 编制应急预案应当在开展风险评估和应急资源调查的基础上进行。

(一)风险评估。针对突发事件特点,识别事件的危害因素,分析事件可能产生的直接后果以及次生、衍生后果,评估各种后果的危害程度,提出控制风险、治理隐患的措施。

(二)应急资源调查。全面调查本地区、本单位第一时间可调用的应急队伍、装备、物资、场所等应急资源状况和合作区域内可请求援助的应急资源状况,必要时对本地居民应急资源情况进行调查,为制定应急响应措施提供依据。

第十六条 政府及其部门应急预案编制过程中应当广泛听取有关部门、单位和专家的意见,与相关的预案作好衔接。涉及其他单位职责的,应当书面征求相关单位意见。必要时,向社会公开征求意见。

单位和基层组织应急预案编制过程中,应根据法律、行政法规要求或实际需要,征求相关公民、法人或其他组织的意见。

第四章 审批、备案和公布

第十七条 预案编制工作小组或牵头单位应当将预案送审稿及各有关单位复函和意见采纳情况说明、编制工作说明等有关材料报送应急预案审批单位。因保密等原因需要发布应急预案简本的,应当将应急预案简本一起报送审批。

第十八条 应急预案审核内容主要包括预案是否符合有关法律、行政法规,是否与有关应急预案进行了衔接,各方面意见是否一致,主体内容是否完备,责任分工是否合理明确,应急响应级别设计是否合理,应对措施是否具体简明、管用可行等。必要时,应急预案审批单位可组织有关专家对应急预案进行评审。

第十九条 国家总体应急预案报国务院审批,以国务院名义印发;专项应急预案报国务院审批,以国务院办公厅名义印发;部门应急预案由部门有关会议审议决定,以部门名义印发,必要时,可以由国务院办公厅转发。

地方各级人民政府总体应急预案应当经本级人民政府常务会议审议,以本级人民政府名义印发；专项应急预案应当经本级人民政府审批，必要时经本级人民政府常务会议或专题会议审议，以本级人民政府办公厅（室）名义印发；部门应急预案应当经部门有关会议审议，以部门名义印发，必要时，可以由本级人民政府办公厅（室）转发。

单位和基层组织应急预案须经本单位或基层组织主要负责人或分管负责人签发，审批方式根据实际情况确定。

第二十条 应急预案审批单位应当在应急预案印发后的20个工作日内依照下列规定向有关单位备案：

（一）地方人民政府总体应急预案报送上一级人民政府备案。

（二）地方人民政府专项应急预案抄送上一级人民政府有关主管部门备案。

（三）部门应急预案报送本级人民政府备案。

（四）涉及需要与所在地政府联合应急处置的中央单位应急预案，应当向所在地县级人民政府备案。

法律、行政法规另有规定的从其规定。

第二十一条 自然灾害、事故灾难、公共卫生类政府及其部门应急预案，应向社会公布。对确需保密的应急预案，按有关规定执行。

第五章 应急演练

第二十二条 应急预案编制单位应当建立应急演练制度，根据实际情况采取实战演练、桌面推演等方式，组织开展人员广泛参与、处置联动性强、形式多样、节约高效的应急演练。

专项应急预案、部门应急预案至少每3年进行一次应急演练。

地震、台风、洪涝、滑坡、山洪泥石流等自然灾害易发区域所在地政府，重要基础设施和城市供水、供电、供气、供热等生命线工程经营管理单位，矿山、建筑施工单位和易燃易爆物品、危险化学品、放射性物品等危险物品生产、经营、储运、使用单位，公共交通工具、公共场所和医院、学校等人员密集场所的经营单位或者管理单位等，应当有针对性地经常组织开展应急演练。

第二十三条 应急演练组织单位应当组织演练评估。评估的主要内容包括：演练的执行情况，预案的合理性与可操作性，指挥协调和应急联动情况，应急人员的处置情况，演练所用设备装备的适用性，对完善预案、应急准备、应急机制、应急措施等方面的意见和建议等。

鼓励委托第三方进行演练评估。

第六章 评估和修订

第二十四条 应急预案编制单位应当建立定期评估制度，分析评价预案内容的针对性、实用性和可操作性，实现应急预案的动态优化和科学规范管理。

第二十五条 有下列情形之一的，应当及时修订应急预案：

（一）有关法律、行政法规、规章、标准、上位预案中的有关规定发生变化的；

（二）应急指挥机构及其职责发生重大调整的；

（三）面临的风险发生重大变化的；

（四）重要应急资源发生重大变化的；

（五）预案中的其他重要信息发生变化的；

（六）在突发事件实际应对和应急演练中发现问题需要作出重大调整的；

（七）应急预案制定单位认为应当修订的其他情况。

第二十六条 应急预案修订涉及组织指挥体系与职责、应急处置程序、主要处置措施、突发事件分级标准等重要内容的，修订工作应参照本办法规定的预案编制、审批、备案、公布程序组织进行。仅涉及其他内容的，修订程序可根据情况适当简化。

第二十七条 各级政府及其部门、企事业单位、社会团体、公民等，可以向有关预案编制单位提出修订建议。

第七章　培训和宣传教育

第二十八条 应急预案编制单位应当通过编发培训材料、举办培训班、开展工作研讨等方式，对与应急预案实施密切相关的管理人员和专业救援人员等组织开展应急预案培训。

各级政府及其有关部门应将应急预案培训作为应急管理培训的重要内容，纳入领导干部培训、公务员培训、应急管理干部日常培训内容。

第二十九条 对需要公众广泛参与的非涉密的应急预案，编制单位应当充分利用互联网、广播、电视、报刊等多种媒体广泛宣传，制作通俗易懂、好记管用的宣传普及材料，向公众免费发放。

第八章　组织保障

第三十条 各级政府及其有关部门应对本行政区域、本行业（领域）应急预案管理工作加强指导和监督。国务院有关部门可根据需要编写应急预案编制指南，指导本行业（领域）应急预案编制工作。

第三十一条 各级政府及其有关部门、各有关单位要指定专门机构和人员负责相关具体工作，将应急预案规划、编制、审批、发布、演练、修订、培训、宣传教育等工作所需经费纳入预算统筹安排。

第九章　附　　则

第三十二条 国务院有关部门、地方各级人民政府及其有关部门、大型企业集团等可根据实际情况，制定相关实施办法。

第三十三条 本办法由国务院办公厅负责解释。

第三十四条 本办法自印发之日起施行。

4.《国务院办公厅关于加强安全生产监管执法的通知》(国办发〔2015〕20号)

国务院办公厅关于加强安全生产监管执法的通知

各省、自治区、直辖市人民政府,国务院各部委、各直属机构:

为贯彻落实党的十八大、十八届二中、三中、四中全会精神和党中央、国务院有关决策部署,按照全面推进依法治国的要求,着力强化安全生产法治建设,严格执行安全生产法等法律法规,切实维护人民群众生命财产安全和健康权益,经国务院同意,现就加强安全生产监管执法有关要求通知如下:

一、健全完善安全生产法律法规和标准体系

(一)加快制修订相关法律法规。抓紧制定安全生产法实施条例等配套法规,积极推动矿山安全法、消防法、道路交通安全法、海上交通安全法、铁路法等相关法律修订出台,加快煤矿安全监察、石油天然气管道保护、民用航空安全保卫、重大设备监理、高毒物品与高危粉尘作业劳动保护、安全生产应急管理等有关法规的研究论证和制修订工作。各省级人民政府要推动安全生产地方性法规、规章制修订工作,健全安全生产法治保障体系。

(二)制定完善安全生产标准。国务院安全生产监督管理部门要加强统筹协调,会同有关部门制定实施安全生产标准发展规划和年度计划,加快制修订安全生产强制性国家标准,逐步缩减推荐性标准。其他负有安全生产监督管理职责的部门要建立完善行业安全管理标准,并在制修订其他行业和技术标准时充分考虑安全生产的要求。要根据经济社会发展和安全生产实际需要,科学建立和优化工作程序,尽可能缩短相关标准出台期限,对于安全生产工作急需标准要按照特事特办原则,加快完成制修订工作并及时向社会公布。

(三)及时做好相关规章制度修改完善工作。加强调查研究,准确把握和研判安全生产形势、特点和规律,认真调查分析每一起生产安全事故,深入剖析事故发生的技术原因和管理原因,有针对性地健全和完善相关规章制度。对事故调查反映出相关法规规章有漏洞和缺陷的,要在事故结案后立即启动制修订工作。要按照深化行政审批制度改革的要求,及时做好有关地方和部门规章及规范性文件清理工作,既要简政放权,又要确保安全准入门槛不降低、安全监管不放松。

二、依法落实安全生产责任

(四)建立完善安全监管责任制。依法加快建立生产经营单位负责、职工参与、政府监管、行业自律和社会监督的安全生产工作机制。全面建立"党政同责、一岗双责、齐抓共管"的安全生产责任体系,落实属地监管责任。负有安全生产监督管理职责的部门要加强对有

关行业领域的监督管理,形成综合监管和行业监管合力,提高监管效能,切实做到管行业必须管安全、管业务必须管安全、管生产经营必须管安全。加强安全生产目标责任考核,各级安全生产监督管理部门要定期向同级组织部门报送安全生产情况,将其纳入领导干部政绩业绩考核内容,严格落实安全生产"一票否决"制度。

(五)督促落实企业安全生产主体责任。督促企业严格履行法定责任和义务,建立健全安全生产管理机构,按规定配齐安全生产管理人员和注册安全工程师,切实做到安全生产责任到位、投入到位、培训到位、基础管理到位和应急救援到位。国有大中型企业和规模以上企业要建立安全生产委员会,主任由董事长或总经理担任,董事长、党委书记、总经理对安全生产工作均负有领导责任,企业领导班子成员和管理人员实行安全生产"一岗双责"。所有企业都要建立生产安全风险警示和预防应急公告制度,完善风险排查、评估、预警和防控机制,加强风险预控管理,按规定将本单位重大危险源及相关安全措施、应急措施报有关地方人民政府安全生产监督管理部门和有关部门备案。

(六)进一步严格事故调查处理。各类生产安全事故发生后,各级人民政府必须按照事故等级和管辖权限,依法开展事故调查,并通知同级人民检察院介入调查。完善事故查处挂牌督办制度,按规定由省级、市级和县级人民政府分别负责查处的重大、较大和一般事故,分别由上一级人民政府安全生产委员会负责挂牌督办、审核把关。对性质严重、影响恶劣的重大事故,经国务院批准后,成立国务院事故调查组或由国务院授权有关部门组织事故调查组进行调查。对典型的较大事故,可由国务院安全生产委员会直接督办。建立事故调查处理信息通报和整改措施落实情况评估制度,所有事故都要在规定时限内结案并依法及时向社会全文公布事故调查报告,同时由负责查处事故的地方人民政府在事故结案 1 年后及时组织开展评估,评估情况报上级人民政府安全生产委员会办公室备案。

三、创新安全生产监管执法机制

(七)加强重点监管执法。地方各级人民政府和负有安全生产监督管理职责的部门要根据辖区、行业领域安全生产实际情况,分别筛选确定重点监管的市、县、乡镇(街道)、行政村(社区)和生产经营单位,实行跟踪监管、直接指导。国务院安全生产监督管理部门要组织各地区排查梳理高危企业分布情况和近 5 年来事故发生情况,确定重点监管对象,纳入国家重点监管调度范围并实行动态管理。进一步加强部门联合监管执法,做到密切配合、协调联动,依法严肃查处突出问题,并通过暗访暗查、约谈曝光、专家会诊、警示教育等方式督促整改。

(八)加强源头监管和治理。地方各级人民政府要将安全生产和职业病防治纳入经济社会发展规划,实现同步协调发展。各有关部门要进一步加强有关建设项目规划、设计环节的安全把关,防止从源头上产生隐患。建立岗位安全知识、职业病危害防护知识和实际操作技能考核制度,全面推行教考分离,对发生事故的要依法倒查企业安全生产培训制度落实情况。深入开展企业安全生产标准化建设,对不符合安全生产条件的企业要依法责令停产整顿,直至关闭退出。督促企业加强生产经营场所职业病危害源头治理,防止职业病发生。地方各级安全生产监督管理部门要建立与企业联网的隐患排查治理信息系统,实行企业自查自报自改与政府监督检查并网衔接,并建立健全线下配套监管制度,实现分级分类、互联互通、闭环管理。

（九）改进监督检查方式。各地区和相关部门要建立完善“四不两直”（不发通知、不打招呼、不听汇报、不用陪同和接待，直奔基层、直插现场）暗查暗访安全检查制度，制定事故隐患分类和分级挂牌督办标准，对重大事故隐患加大执法检查频次，强化预防控制措施。推行安全生产网格化动态监管机制，力争用3年左右时间覆盖到所有生产经营单位和乡村、社区。地方各级人民政府要营造良好的安全生产监管执法环境，不得以招商引资、发展经济等为由对安全生产监管执法设置障碍，2015年底前要全面清理、废除影响和阻碍安全生产监管执法的相关规定，并向上级人民政府报告。

（十）建立完善安全生产诚信约束机制。地方各级人民政府要将企业安全生产诚信建设作为社会信用体系建设的重要内容，建立健全企业安全生产信用记录并纳入国家和地方统一的信用信息共享交换平台。要实行安全生产“黑名单”制度并通过企业信用信息公示系统向社会公示，对列入“黑名单”的企业，在经营、投融资、政府采购、工程招投标、国有土地出让、授予荣誉、进出口、出入境、资质审核等方面依法予以限制或禁止。各地区要于2016年底前建立企业安全生产违法信息库，2018年底前实现全国联网，并面向社会公开查询。相关部门要加强联动，依法对失信企业进行惩戒约束。

（十一）加快监管执法信息化建设。整合建立安全生产综合信息平台，统筹推进安全生产监管执法信息化工作，实现与事故隐患排查治理、重大危险源监控、安全诚信、安全生产标准化、安全教育培训、安全专业人才、行政许可、监测检验、应急救援、事故责任追究等信息共建共享，消除信息孤岛。要大力提升安全生产“大数据”利用能力，加强安全生产周期性、关联性等特征分析，做到检索查询即时便捷、归纳分析系统科学，实现来源可查、去向可追、责任可究、规律可循。

（十二）运用市场机制加强安全监管。在依法推进各类用人单位参加工伤保险的同时，鼓励企业投保安全生产责任保险，并理顺安全生产责任保险与风险抵押金的关系，推动建立社会商业保险机构参与安全监管的机制。要在长途客运、危险货物道路运输领域继续实施承运人责任保险制度的同时，进一步推动在煤矿、非煤矿山、危险化学品、烟花爆竹、建筑施工、民用爆炸物品、特种设备、金属冶炼与加工、水上运输等高危行业和重点领域实行安全生产责任保险制度，推动公共聚集场所和易燃易爆危险品生产、储存、运输、销售企业投保火灾公共责任保险。建立健全国家、省、市、县四级安全生产专家队伍和服务机制。培育扶持科研院所、行业协会、专业服务组织和注册安全工程师事务所参与安全生产工作，积极提供安全管理和技术服务。

（十三）加强与司法机关的工作协调。制定安全生产非法违法行为等涉嫌犯罪案件移送规定，明确移送标准和程序，建立安全生产监管执法机构与公安机关和检察机关安全生产案情通报机制，加强相关部门间的执法协作，严厉查处打击各类违法犯罪行为。安全生产监督管理部门对逾期不履行安全生产行政决定的，要依法强制执行或者向人民法院申请强制执行，维护法律的权威性和约束力，切实保障公民生命安全和职业健康。

四、严格规范安全生产监管执法行为

（十四）建立权力和责任清单。按照强化安全生产监管与透明、高效、便民相结合的原则，进一步取消或下放安全生产行政审批事项，制定完善事中和事后监管办法，提高政府安全生产监管服务水平。地方各级人民政府及其相关部门、中央垂直管理部门设在地方的机构要依照安全生产法等法律法规和规章，以清单方式明确每项安全生产监管监察职权和责任，制定工作流程图，并通过政府网站和政府公告等载体，及时向社会公开，切实做到安全生产监管执法不缺位、不越位。

（十五）完善科学执法制度。各级安全生产监督管理部门要制定年度执法计划，明确重点监管对象、检查内容和执法措施，并根据安全生产实际情况及时进行调整和完善，确保执法效果。建立安全生产与职业卫生一体化监管执法制度，对同类事项进行综合执法，降低执法成本，提高监管实效。各有关部门依法对企业作出安全生产执法决定之日起 20 个工作日内，要向社会公开执法信息。

（十六）强化严格规范执法。各级安全生产监督管理部门和其他负有安全生产监督管理职责的部门要依法明确停产停业、停止施工、停止使用相关设施或者设备，停止供电、停止供应民用爆炸物品，查封、扣押、取缔和上限处罚等执法决定的具体情形、时限、执行责任和落实措施。加强执法监督，建立执法行为审议制度和重大行政执法决策机制，依法规范执法程序和自由裁量权，评估执法效果，防止滥用职权；对同类安全生产执法案件按不低于 10% 的比例，召集相关企业进行公开裁定。

五、加强安全生产监管执法能力建设

（十七）健全监管执法机构。2016 年底前，所有的市、县级人民政府要健全安全生产监管执法机构，落实监管责任。地方各级人民政府要结合实际，强化安全生产基层执法力量，对安全生产监管人员结构进行调整，3 年内实现专业监管人员配比不低于在职人员的 75%。各市、县级人民政府要通过探索实行派驻执法、跨区域执法、委托执法和政府购买服务等方式，加强和规范乡镇（街道）及各类经济开发区安全生产监管执法工作。

（十八）加强监管执法保障建设。国务院安全生产监督管理部门、发展改革部门要做好安全生产监管部门和煤矿安全监察机构监管监察能力建设发展规划的编制实施工作。国务院社会保险行政部门要会同财政、安全生产监督管理等部门，在总结做好工伤预防试点工作基础上，抓紧制定工伤预防费提取比例、使用和管理的具体办法，加大对工伤预防的投入。地方各级人民政府要将安全生产监管执法机构作为政府行政执法机构，健全安全生产监管执法经费保障机制，将安全生产监管执法经费纳入同级财政保障范围，深入开展安全生产监管执法机构规范化、标准化建设，改善调查取证等执法装备，保障基层执法和应急救援用车，满足工作需要。

（十九）加强法治教育培训。按照谁执法、谁负责的原则，加强安全生产法等法律法规普法宣传教育，提高全民安全生产法治素养。地方各级人民政府要把安全法治纳入领导干部教育培训的重要内容，加强安全生产监管执法人员法律法规和执法程序培训，对新录用的安全生产监管执法人员坚持凡进必考必训，对在岗人员原则上每 3 年轮训一次，所有人员都要经执法资格培训考试合格后方可执证上岗。

（二十）加强监管执法队伍建设。地方各级人民政府和相关部门要加强安全生产监管执法人员的思想建设、作风建设和业务建设，建立健全监督考核机制。建立现场执法全过程记录制度,2017 年底前,所有执法人员配备使用便携式移动执法终端,切实做到严格执法、科学执法、文明执法。进一步加强党风廉政建设,强化纪律约束,坚决查处腐败问题和失职渎职行为,宣传推广基层安全生产监管执法的先进典型,树立廉洁执法的良好社会形象。

各地区、各有关部门要充分认识进一步加强安全生产监管执法的重要意义,切实强化组织领导,积极抓好工作落实。各级领导干部要做尊法学法守法用法的模范,带头厉行法治、依法办事,运用法治思维和法治方式解决安全生产问题。国务院安全生产监督管理部门要会同有关部门认真开展监督检查,促进安全生产监管执法措施的落实,重大情况及时向国务院报告。

国务院办公厅

2015 年 4 月 2 日

5.《国务院安委会办公室关于印发标本兼治遏制重特大事故工作指南的通知》(安委办〔2016〕3号)

国务院安委会办公室关于印发标本兼治遏制重特大事故工作指南的通知

各省、自治区、直辖市及新疆生产建设兵团安全生产委员会,国务院安委会各成员单位,各中央企业:

为认真贯彻落实党中央、国务院决策部署,坚决遏制重特大事故频发势头,国务院安委会办公室在研究总结重特大事故发生规律特点、深入调查研究、广泛征求意见的基础上,制定了《标本兼治遏制重特大事故工作指南》(以下简称《指南》),现印发给你们,并就有关事项通知如下:

一、提高认识,加强组织领导。要进一步提高对防范遏制重特大事故重要性、紧迫性和事故规律性的认识,把遏制重特大事故工作作为安全生产"牛鼻子"工程,摆在重中之重的突出位置,采取有力措施抓实抓好,带动安全生产各项工作全面推进。要切实加强组织领导,结合实际制定本地区、本系统、本单位具体工作方案,明确目标任务,落实工作措施,细化责任分工,抓紧组织推进,力争取得实效。

二、突出重点,做到精准施策。要结合事故规律特点,抓住关键时段、关键地区、关键单位、关键环节,从构建双重预防性工作机制、强化技术保障、加大监管执法力度、推进保护生命重点工程建设、加强源头治理、提高应急处置能力等方面入手,从制度、技术、工程、管理等多个角度,制定采取有针对性的措施,对症下药、精准施策,力争尽快在减少重特大事故数量、频次和减轻危害后果上见到实效。

三、抓好试点,强化典型引路。要充分发挥基层首创精神,分级选取一批有代表性、领导重视、基础较好的地区和单位开展试点,逐步推进。经推荐研究,国家安全监管总局确定了河北省张家口市、山西省阳泉市、辽宁省大连市、浙江省宁波市、江西省赣州市、福建省福州市、山东省泰安市和枣庄市、湖北省鄂州市、广东省深圳市、甘肃省兰州市等11个试点城市,进行直接跟踪指导。各试点城市要根据《指南》并结合本地区实际,抓紧研究制定试点工作方案,积极探索创新、先行先试,尽快形成一批可复制、可借鉴的经验做法。

四、广泛发动,促进齐抓共管。要切实加强安全生产宣传教育,在各级广播、电视、报刊和政府网站全面开设安全生产专题栏目,充分利用政务微信、微博、新闻客户端和手机报,加强宣传、广泛发声。组织实施安全文化示范工程,积极推进"互联网+安全培训"建设。充分发动社会各方面力量积极支持、参与安全生产工作,重点宣传基层安全生产好的经验做法,定期曝光一批重大隐患,惩治一批典型违法行为,通报一批"黑名单"生产经营单位,取缔一批非法违法企业,关闭一批不符合安全生产条件企业,形成齐抓共管、社会共治的工作格局。

五、加强督导,推动工作落实。要加大遏制重特大事故工作成效在安全生产工作考核中的比重,建立跟踪督办制度,定期通报工作完成情况。适时组织开展专项督查,加快各项工作推进步伐。地方各级人民政府安委会要切实加强组织协调,及时解决实施过程中存在的问题,督促指导工作措施落实,确保遏制重特大事故工作取得实效。

国务院安委会办公室

2016 年 4 月 28 日

标本兼治遏制重特大事故工作指南

为认真贯彻落实党中央、国务院决策部署,着力解决当前安全生产领域存在的薄弱环节和突出问题,强化安全风险管控和隐患排查治理,坚决遏制重特大事故频发势头,制定本工作指南。

一、指导思想和主要工作目标

(一)指导思想。坚持标本兼治、综合治理,把安全风险管控挺在隐患前面,把隐患排查治理挺在事故前面,扎实构建事故应急救援最后一道防线。坚持关口前移,超前辨识预判岗位、企业、区域安全风险,通过实施制度、技术、工程、管理等措施,有效防控各类安全风险;加强过程管控,通过构建隐患排查治理体系和闭环管理制度,强化监管执法,及时发现和消除各类事故隐患,防患于未然;强化事后处置,及时、科学、有效应对各类重特大事故,最大限度减少事故伤亡人数、降低损害程度。

(二)主要工作目标。到 2018 年,构建形成点、线、面有机结合、无缝对接的安全风险分级管控和隐患排查治理双重预防性工作体系,全社会共同防控安全风险和共同排查治理事故隐患的责任、措施和机制更加精准、有效;构建形成完善的安全技术研发推广体系,安全科技保障能力水平得到显著提升;构建形成严格规范的惩治违法违规行为制度机制体系,使违法违规行为引发的重特大事故得到有效遏制;构建形成完善的安全准入制度体系,淘汰一批安全保障水平低的小矿小厂和工艺、技术、装备,安全生产源头治理能力得到全面加强;实施一批保护生命重点工程,根治一批可能诱发重特大事故的重大隐患;健全应急救援体系和应急响应机制,事故应急处置能力得到明显提升。

二、着力构建安全风险分级管控和隐患排查治理双重预防性工作机制

(一)健全安全风险评估分级和事故隐患排查分级标准体系。根据存在的主要风险隐患可能导致的后果并结合本地区、本行业领域实际,研究制定区域性、行业性安全风险和事故隐患辨识、评估、分级标准,为开展安全风险分级管控和事故隐患排查治理提供依据。

(二)全面排查评定安全风险和事故隐患等级。在深入总结分析重特大事故发生规律、特点和趋势的基础上,每年排查评估本地区的重点行业领域、重点部位、重点环节,依据相应标准,分别确定安全风险“红、橙、黄、蓝”(红色为安全风险最高级)4 个等级,分别确定事故隐患为重大隐患和一般隐患,并建立安全风险和事故隐患数据库,绘制省、市、县以及企业安

全风险等级和重大事故隐患分布电子图，切实解决“想不到、管不到”问题。

（三）建立实行安全风险分级管控机制。按照“分区域、分级别、网格化”原则，实施安全风险差异化动态管理，明确落实每一处重大安全风险和重大危险源的安全管理与监管责任，强化风险管控技术、制度、管理措施，把可能导致的后果限制在可防、可控范围之内。健全安全风险公告警示和重大安全风险预警机制，定期对红色、橙色安全风险进行分析、评估、预警。落实企业安全风险分级管控岗位责任，建立企业安全风险公告、岗位安全风险确认和安全操作“明白卡”制度。

（四）实施事故隐患排查治理闭环管理。推进企业安全生产标准化和隐患排查治理体系建设，建立自查、自改、自报事故隐患的排查治理信息系统，建设政府部门信息化、数字化、智能化事故隐患排查治理网络管理平台并与企业互联互通，实现隐患排查、登记、评估、报告、监控、治理、销账的全过程记录和闭环管理。

三、强化安全生产技术保障

（一）强化信息化、自动化技术应用。针对可能引发重特大事故的重点区域、单位、部位、环节，加强远程监测预警、自动化控制和紧急避险、自救互救等设施设备的使用，强化技术防范。完善危险化学品生产装置、储存设施自动化控制和紧急停车（切断）系统，可燃有毒气体泄漏报警系统，鼓励推广“两客一危”车辆（长途客车、旅游包车、危险货物运输车）安装防碰撞系统。

（二）推进企业技术装备升级改造。及时发布淘汰落后和推广先进适用安全技术装备目录，通过法律、行政、市场等多种手段，推动、引导高风险企业开展安全技术改造和工艺设备更新，淘汰一批不符合安全标准、安全性能低下、职业危害严重、危及安全生产的工艺、技术和装备。推动一批高危行业企业实现“机械化换人、自动化减人”。

（三）加大安全科技支撑力度。充分利用高等院校、科研机构、社会团体等科研资源，加大对遏制重特大事故关键安防技术装备的研发力度。依托省部共建院校，建设一批安全工程学院、院士工作站。加大安全科技成果推广力度，搭建“产学研用”一体化平台，完善国家、地方和企业等多层次科研成果转化推广机制。

四、严厉打击惩治各类违法违规行为

（一）加强安全监管执法规范化建设。负有安全生产监督管理职责的部门要依法履职，结合实际分行业领域制定安全监管执法工作细则，进一步规范执法内容、执法程序、执法尺度和执法主体。坚持公开为常态、不公开为例外的原则，强化执法信息公开，加大执法监督力度。

（二）依法依规严格落实执法措施。健全“双随机”检查、暗查暗访、联合执法和重点执法制度，对情节恶劣、屡禁不止、可能导致重特大事故的严重违法违规行为，依法依规严格落实查封、扣押、停电、停止民用爆炸物品供应、吊销证照，以及停产整顿、上限处罚、关闭取缔、从严追责“四个一律”执法措施。

（三）运用司法手段强化从严治理。加强安全执法和刑事司法的衔接，建立公安、检察、审判机关介入安全执法工作机制。对抗拒执法、逾期不执行执法决定的，由公安机关依法强制执行或向人民法院申请强制执行,对涉嫌犯罪的违法案件,及时移送司法机关,坚决杜绝有案不移、有案不立、以罚代刑。探索设立安全生产审判庭、检察室,建立查办和审判安全生产案件沟通协调制度。

(四)强化群防群控。推行执法曝光工作机制,强化警示教育。加大举报奖励力度,进一步畅通渠道,鼓励发动群众举报、媒体曝光违法违规生产经营建设行为,加强社会监督。完善生产经营单位安全生产不良记录“黑名单”制度,完善联合惩戒机制。

五、全面加强安全生产源头治理

(一)严格规划准入。探索建立安全专项规划制度,把安全规划纳入地方经济社会和城镇发展总体规划,并加强规划之间的统筹与衔接。加强城乡规划安全风险的前期分析,完善城乡规划、设计和建设的安全准入标准,研究建立招商引资安全风险评估制度,严格高风险项目建设安全审核把关,科学论证高危企业的选址和布局,严禁违反国家标准、行业标准规范在高风险项目周边设置人口密集区。

(二)严格规模准入。根据产业政策、法律法规、国家标准、行业标准和本地区、本行业领域实际,明确高危行业企业最低生产经营规模标准,严禁新建不符合最低规模要求的小企业。建立大型经营性活动备案审批制度和人员密集场所安全预警制度,严格控制人流密度。推动实施劳动密集型作业场所空间物理隔离技术工程,严格限制劳动密集型作业场所单位空间作业人数。

(三)严格工艺设备和人员素质准入。实施更加严格的生产工艺、技术、设备安全标准,严禁使用国家明令禁止或淘汰的设备和工艺,对不符合相关国家标准、行业标准要求的,一律不准投入使用。明确高危行业企业负责人、安全管理人员和特种作业人员的文化程度、专业素质及年龄、身体状况等条件要求,完善高危行业从业人员安全素质准入制度。

(四)强力推动淘汰退出落后产能。紧密结合供给侧结构性改革和国家化解钢铁、煤炭等过剩产能工作要求,顺势而为,研究细化安全生产方面的配套措施,严格安全生产标准条件,依法关停退出达不到安全标准要求的产能和违法违规企业,及时注销到期不申请延期的安全生产许可证,提请有关人民政府关闭经停产整顿仍达不到安全生产条件的企业。加大政策支持力度,通过资金奖补、兼并重组等途径,引导安全保障能力低、长期亏损、扭转无望的企业主动退出。

六、着力加强保护生命重点工程建设

(一)加快建设实施一批重点工程。以高安全风险行业领域、关键生产环节为重点,紧盯重大事故隐患、重要设施和重大危险源,精准确定、高效建设实施一批保护生命重点工程。国家层面重点建设煤矿重大灾害隐患排查治理示范工程、金属非金属地下矿山采空区治理工程、尾矿库“头顶库”综合治理工程、公路安全生命防护工程、重大危险源在线监测及事故预警工程、危险化学品罐区本质安全提升工程、烟花爆竹生产机械化示范工程、工贸行业粉尘防爆治理工程等。

(二)强化政策和资金支持。探索建立有利于工程实施的财政、税收、信贷政策,建立以企业投入为主、市场筹资为辅,政府奖励支持的投入保障机制,引导、带动企业和社会各界积极主动支持实施保护生命重点工程,努力构建保护生命的“安全网”。

七、切实提升事故应急处置能力

(一)加强员工岗位应急培训。健全企业全员应急培训制度,针对员工岗位工作实际组织开展应急知识培训,提升一线员工第一时间化解险情和自救互救的能力。

(二)健全快速应急响应机制。建立健全部门之间、地企之间应急协调联动制度,加强安全生产预报、预警。完善企业应急预案,加强应急演练,严防盲目施救导致事态扩大。强化应急响应,确保第一时间赶赴事故现场组织抢险救援。

(三)加强应急保障能力建设。进一步优化布局,加强矿山、危险化学品、油气管道等专业化应急救援队伍和实训演练基地建设,强化大型先进救援装备、应急物资和紧急运输、应急通信能力储备。建立救援队伍社会化服务补偿机制,鼓励和引导社会力量参与应急救援。

6.《国务院安全生产委员会关于印发道路交通安全“十三五”规划的通知》(安委〔2017〕5号)(节选)

国务院安全生产委员会关于印发道路交通安全“十三五”规划的通知

各省、自治区、直辖市人民政府，新疆生产建设兵团，国务院安委会各成员单位：

《道路交通安全“十三五”规划》(以下简称《规划》)已经国务院领导同志同意，现印发给你们，请认真贯彻落实，并就有关事项通知如下：

一、充分发挥地方各级党委政府的统筹领导作用。各地区要以学习宣传《规划》为契机，进一步深入贯彻落实《中共中央　国务院关于推进安全生产领域改革发展的意见》，按照“党政同责、一岗双责、齐抓共管、失职追责”的要求，建立高效规范的《规划》实施组织机制，推动道路交通安全与经济社会协调发展。对于《规划》实施中跨部门、跨区域的重点难点问题，地方各级政府要专题进行研究，进一步消除体制机制障碍，确保形成合力。

二、细化落实道路交通安全监管责任。各地区要按照“谁主管、谁负责”的原则，逐级分解落实《规划》中涉及的各项重点工作，明确责任主体、工作目标和时限，尽快出台配套政策措施，加快实施规划重点工程。国务院安委会有关成员单位要认真对照《规划》提出的工作要求，加快推进完善相关法律、法规、标准和规范，持续加大对分管行业领域的督促指导力度。

三、持续加大考核评估力度。各地区要建立《规划》实施的目标考核和激励约束制度，因地制宜制定实施考核办法及评价指标体系，加强对《规划》实施进展情况的跟踪分析，及时优化调整各项工作，确保《规划》规划目标任务圆满完成。

国务院安全生产委员会
2017年8月8日

道路交通安全“十三五”规划

为贯彻落实党中央、国务院关于加强道路交通安全工作的一系列重大决策部署，根据《道路交通安全法》《中共中央　国务院关于推进安全生产领域改革发展的意见》《中共中央　国务院关于进一步加强城市规划建设管理工作的若干意见》《国务院关于加强道路交通安全工作的意见》《国民经济与社会发展第十三个五年(2016—2020年)规划纲要》《安全生产“十三五”规划》等，并参考相关部委“十三五”期间的相关政策和规划，制定本规划。

……

（四）面临形势与主要问题。

1. 面临形势。

"十三五"期间，我国将实现全面建成小康社会宏伟目标，预计到 2020 年，全国 GDP 将超过 90 万亿元人民币，人均 GDP 将突破 1 万美元，常住人口城镇化率将达到 60%；汽车保有量将由"十二五"末的 1.72 亿辆增至 2.5 亿辆，汽车保有量超过 100 万辆的城市将由 31 个增至 100 个，驾驶人将由 3.27 亿人增至 4.2 亿人；高速公路里程将由 12.35 万公里增至 15 万公里。机动车、驾驶人及道路物流等仍将处于高速增长期，交通事故预防工作压力增大。同时，城市交通拥堵、出行难等问题可能会加剧，对道路交通安全工作提出更高的要求、带来更加严峻的挑战。

2. 主要问题。

（1）在道路交通安全管理体制机制方面，政府主导、多部门共同参与的道路交通事故预防体系基本形成，但道路交通安全责任体系尚需进一步细化健全，安全监管、公安、交通运输、农业、工业和信息化、质检、教育、卫生、气象等部门间协作机制需要进一步完善。

（2）在交通参与者方面，道路交通安全宣传教育社会化格局初步形成，但系统化的道路交通安全宣传教育仍然缺失，广大交通参与者安全意识、文明交通理念明显滞后于机动化发展进程。驾驶人培训考试重驾驶技能、轻安全意识的现象尚未根本扭转，不利于新驾驶人养成良好驾驶习惯，对驾驶人特别是职业驾驶人的持续性教育与培训效果不显著。

（3）在车辆安全性方面，车辆生产、销售源头管理不到位，对违规生产企业的行业监管缺少配套法律法规支撑，缺乏有效监管手段；生产一致性管理需进一步加强，部门间信息交流机制及方式需完善。危险货物运输车、大型客车安全技术性能有待进一步强化，重型载货汽车、小微型面包车等车型安全技术水平较低，电动自行车、低速电动车发展缺乏规范和引导，车辆安全辅助驾驶技术尚未得到广泛应用。与新能源汽车、智能网联汽车、自动驾驶汽车等新车型发展相适应的道路交通安全政策亟须研究和出台。

（4）在道路安全性方面，道路规划、设计、建设、运营全过程的安全监管有待进一步加强。道路交通安全设施欠账较多，道路交通安全设施与道路建设主体工程同时设计、同时施工、同时投入使用的"三同时"制度需进一步落实。农村公路建设标准较低，行车安全条件依然较差，特别是隧道、危桥、高风险路段、灾害易发路段等改造任务艰巨。部分地方对公路安全生命防护工程配套投入不足，路网风险评估未全面普及，对高风险路段评估和提升工程的要求理解和执行不到位。

（5）在道路交通安全管理执法方面，道路交通安全法律法规体系尚需进一步完善，部分法律、法规、规章不能适应当前道路交通安全形势发展变化及执法实践需要。在非法违规车辆生产和销售、道路运输企业安全生产、客货运车辆运营等方面存在监管责权不明确、职责交叉、力度不足等问题。道路交通安全执法针对性有待提高，严重违法行为常态治理机制尚不完善，执法管理的科技应用水平有待加强。

（6）在应急管理与救援急救方面，道路交通应急管理机制不完善，跨地区、跨部门、跨行业的应急管理联动体制尚未健全，应急救援社会化机制尚未建立。应急资源配置不合理，应急救援和急救技术装备落后，应急处置人员专业知识水平不高，针对交通事故伤员的专业急救效率低、水平低，道路交通事故致死率高、死伤比高。因事故现场处理不及时、安全防护不足等原因导致的二次事故多发。

(7)在科技支撑方面,道路交通安全基础理论、关键技术、先进装备研发不足,产学研用结合不够,科研成果转化程度低,不能满足道路交通安全管理实战需求。部门间数据壁垒、信息“孤岛”依然存在,现有海量数据未充分整合、挖掘、应用。道路交通事故深度调查分析未形成规范化机制,调查成果转化应用不足。

二、指导思想与规划目标

(一)指导思想。

以党的十八大和十八届三中、四中、五中、六中全会精神为指导,认真贯彻落实习近平总书记、李克强总理等中央领导同志关于安全生产、道路交通安全的系列重要指示批示精神,牢固树立“以人为本、安全发展”的理念,围绕防事故、保安全的目标,以问题为导向,以改革为动力,以信息为引领,以科技为支撑,坚持“预防为先、综合治理、齐抓共管、社会共治、科技支撑、法治保障”的原则,运用法治思维和法治方式,建安全路、造安全车、培养安全交通参与者、培育交通安全文化,加强科技研发和应用,提升主动防控能力,使道路交通更安全,更好地适应全面建成小康社会的发展要求。

(二)规划目标。

到2020年,道路交通安全工作体制机制和法律法规体系更加健全,道路交通安全基础设施和车辆安全性明显改善,交通安全执法管理效能明显提升,以信息共享为基础的部门协作机制基本形成,交通参与者交通违法率明显减少,交通事故得到有效防范并呈现有规律的稳定状态,重特大道路交通事故稳中有降。与2015年相比,营运车辆万车死亡率下降6%,道路交通事故万车死亡率下降4%以上,较大及以上道路交通事故起数下降8%以上。

三、主要任务

(一)完善道路交通安全责任体系。

1.进一步强化地方党委、政府和部门责任。深入贯彻落实《中共中央　国务院关于推进安全生产领域改革发展的意见》,进一步加强地方各级党委、政府对道路交通安全工作的领导,推动道路交通安全与经济社会协调发展,着重发挥地方党委、政府在编制及实施区域道路交通安全管理规划、缓解交通拥堵、保障道路交通安全、治理隐患、宣传教育、应急救援管理、事故调查追责、社会化服务等方面的主导作用。建立健全农村道路交通安全责任体系,落实乡镇政府安全监管主体责任,建设乡镇政府主导的农村道路交通安全工作机制,开展文明交通安全乡村创建活动,扩大农村道路交通安全管理覆盖面。依据《国务院办公厅印发贯彻落实国务院关于加强道路交通安全工作意见重点分工方案的通知》(国办函〔2012〕211号),进一步厘清相关职能部门的职责定位,落实各部门管理责任,完善部门协作管理体系,加强部门间的沟通、协调与配合,进一步形成合力。完善校车交通安全管理、道路交通突发事件应急救援、车辆非法改装监管等重点领域的安全监管体制,进一步明确安全监管部门。

2.加强企业安全主体责任。严格实行企业全员安全生产责任制,明确各岗位的责任人员、责任范围和考核标准,加强对企业主要负责人和安全生产管理人员的安全生产责任制落实情况的考核。完善企业从业人员安全生产教育培训制度。推进道路运输企业安全生产标准化,开展企业安全风险分级管控和安全隐患排查治理体系建设。进一步健全道路运输企业交通安全等级评估制度,加快道路运输企业安全生产诚信体系建设应用。依托国家社会信用信息共享交换平台,推动将道路运输企业,道路设计、建设、监理、经营企业,车辆生产、改装、维修、检验、报废回收企业,危险品生产、储存、销售、运输企业的违法违规信息进行共享交换,并通过国家企业信用信息公示系统进行公示,健全企业交通安全诚信记录,并完善信用评价机制,强化失信惩戒和守信激励,促进落实安全生产主体责任。建立道路交通安全相关企业退出制度,落实道路运输重特大安全生产责任事故发生单位主要负责人职业禁入制度。大力强化企业社会责任,引导、推动相关企业积极参与道路交通安全治理。

3. 推动道路交通安全社会共治。充分发挥保险、救援、医疗、清障等行业自身重要作用,落实道路交通安全社会责任。倡导道路交通安全行业协(学)会等机构和社会组织积极开展道路交通安全宣传、教育培训、风险评估等相关工作。鼓励科研机构、高等院校等积极发挥自身优势,开展道路交通安全基础理论和应用技术研究,为道路交通安全工作提供科技支撑。

专栏1　完善道路交通安全责任体系 规划重点

道路运输安全生产领域:进一步加强道路运输企业安全生产评估工作,推进企业安全生产标准化,开展企业安全风险分级管控和安全隐患排查治理体系建设;加快道路运输企业安全生产诚信体系建设应用,建立交通安全企业退出制度,落实道路运输生产安全重大事故重大责任人员职业禁入制度。

道路交通公共安全领域:强化地方各级政府领导责任和各相关部门监管责任,落实乡镇政府安全监管主体责任;强化机动车生产企业、销售企业、车辆改装企业等道路交通安全相关企业责任落实,加快相关企业的诚信体系建设应用,建立交通安全相关企业退出制度,培养企业社会责任。

(二)提升交通参与者交通安全素质。

1. 健全交通安全宣传教育体系。制定覆盖学龄前教育、义务教育、高中阶段教育、高等教育、成人教育、老年人教育全年龄段的道路交通安全公共教育计划。将道路交通安全法治教育纳入国民教育体系,在学龄前、义务教育阶段普及道路交通安全教育。强化道路运输企业从业人员教育培训,重点加强一线从业人员和道路交通安全相关关键岗位人员的教育培训。整合社会资源,落实教育、宣传等部门履行道路交通安全宣传教育的法定职责,充分调动新闻媒体、保险企业、车辆生产企业、社会公益机构等积极性,形成道路交通安全宣传教育和监督社会化格局。

2. 持续深入开展交通安全宣传教育。深入推进文明交通创建活动,把道路交通安全法律法规作为“七五”普法的重要内容,广泛开展交通安全宣传教育进农村、进社区、进企业、进学校、进家庭活动,推行“互联网+”交通安全宣传教育。继续深入开展“安全带—生命带”宣传教育活动,进一步提高客运车辆乘客的安全带使用率。创新交通安全宣传教育技术,进一步研发情景模拟、互动体验式的新型宣教装备，加强对重点驾驶人、中小学生、城市外来务工者、游客、农村群众等交通行为特征研究，制定实施针对重点群体的交通安全宣传教育计划和方案。

3. 提升驾驶人交通安全意识和驾驶技能。全面落实驾驶培训考试制度改革各项措施，改进驾驶人培训教育模式，强化驾驶人安全意识和良好驾驶习惯养成。全面推行大型客货车驾驶人职业教育，严格营运车辆驾驶人从业资格考试及日常管理，在驾驶培训考试中增加应急处置与急救实训，提升职业驾驶人整体素质。加强对持证驾驶人的再教育和常态化培训，针对营运驾驶人，建立由运输企业为主体、基于驾驶行为分析的交通安全再教育和再培训机制；对一般驾驶人，建立社会化的交通安全宣传教育系统；改进教育方式和内容，提升对记满 12 分驾驶人、营运驾驶人审验教育的教育效果。

4. 建立道路交通参与者交通安全信用体系。完善驾驶人信用信息管理，将严重交通违法、责任事故等信息纳入个人不良征信记录，通过全国信用信息共享平台对外提供共享服务。依托国家社会信用体系建设成果，各有关部门联合开展失信惩戒和守信激励工作，研究推动将交通参与者信用等级与保险费率、市场准入、职业准入、贷款消费等行为挂钩。建立交通安全信用公告制度。

专栏 2　提升交通参与者交通安全素质 规划重点

道路运输安全生产领域：强化道路运输企业从业人员教育培训；强化客货运职业驾驶人从业能力和素质培训，严格营运车辆驾驶人从业资格考试及日常管理；建立客货运驾驶人职业教育体系；将驾驶人信用信息与职业准入等挂钩。

道路交通公共安全领域：将道路交通安全法治教育纳入国民教育体系；健全交通安全宣传教育体系，广泛开展交通安全宣传教育；改革驾驶培训考试制度，改进驾驶人教育培训模式；建立道路交通参与者交通安全信用体系。

（三）提升车辆安全性。

1. 加强机动车本质安全管理。优化机动车产品结构，完善升级机动车特别是危险货物运输车、载货汽车、大型客车、新能源汽车等安全技术及配置标准，推广普及先进的主被动安全技术，加快营运车辆安全辅助驾驶技术的应用，严格按照相关标准规定要求，推动“两客一危”车辆安装防碰撞系统和车身电子稳定系统，加快推进货运车辆安装限载装置，大力推广厢式化、标准化货车。严格机动车生产企业和机动车产品公告管理，加强机动车产品生产一致性和市场准入监管，推动车辆生产立法，加大对违规生产企业的处罚力度，严厉打击非法改装、拼装行为。完善车辆缺陷及事故伤害信息共享机制，拓展车辆缺陷信息采集及反馈渠道，加大缺陷产品召回力度。

2. 加强机动车动态安全监管。从机动车生产、改装、销售、登记、检验、报废回收等环节加强全过程安全监管。严格新车登记注册审核把关，健全违规生产车辆预警、信息交换机制，为车辆安全源头监管提供信息支撑。加强机动车检验、维修行业监管，督促检验、维修机构严格落实相关标准，切实保障在用车安全性能。加强新能源汽车运行安全监测体系建设，探索建立与新能源汽车技术特点相适应的在用车安全管理模式。全面落实《道路运输车辆动态监督管理办法》(交通运输部、公安部、国家安全监管总局令2014年第5号,交通运输部令2016年第55号修改),不断提升道路运输车辆动态监管能力和水平。深入推进货车非法改装和超限超载车辆治理工作,加大对车辆运输车、低平板半挂汽车列车、货车非法改装行为、违法超限超载运输行为的整治力度,规范客车行李舱货物装载种类范围及核载质量。探索建立在用车辆安全性评估机制,引导消费者选购安全性能好的车辆。开展智能网联汽车、自动驾驶汽车等新车型的技术标准研究,为该类车辆的运行测试等提供依据。开展双挂汽车列车应用技术研究,组织开展示范应用,为修改完善相关法规标准提供依据。

……

专栏3　提高车辆安全性 规划重点

道路运输安全生产领域:提高客货运输车辆安全技术及配置标准;严格大中型客货车、校车、危险货物运输车等重点车辆的检验、维修,加大对大中型客、货车缺陷产品召回力度;深入推进车辆运输车、货车非法改装和超限超载治理。

道路交通公共安全领域:严格机动车生产企业和机动车产品公告管理,加强机动车产品销售监管,严格新车登记注册审核把关,加强机动车检验监管,落实和健全缺陷汽车产品召回制度,开展在用车辆安全性评价;修订电动自行车国家标准,强化电动自行车的安全监管;加大对低速电动车产品生产、销售的监管力度,从源头上遏制违规生产的低速电动车泛滥势头。

……

(五)提升道路交通安全管理执法能力。

1.完善道路交通安全法律法规。对施行5年以上的道路交通安全法律法规开展执行效果评估,研究修订《道路交通安全法》《公路法》《道路交通安全法实施条例》《道路运输条例》《机动车交通事故责任强制保险条例》《校车交通安全管理条例》等,研究将“毒驾”“无证驾驶营运车辆”“车辆超限超载违法运输行为”等严重交通违法行为纳入刑法规范范围,健全完善道路交通安全法律法规体系。研究针对智能网联、自动驾驶等新车型的道路交通安全管理措施,通过立法程序上升为法律规范。

2.提升交通安全监管效能。强化对非法经营道路客运、非法运输危险货物、非法从事旅游包车校车业务、违法生产或销售不符合安全性能要求车辆、非法改装车辆等行为的安全监管。推行道路交通安全联合监管,整合道路交通安全管理力量和资源,建立跨部门、跨区域的协同管理、联勤联动机制。健全和完善联合治理车辆超限超载工作的长效机制。

3.加大道路交通安全执法力度。建立严重交通违法行为常态治理机制,以公路客运车辆、旅游包车、危险货物运输车等车辆为重点,严厉打击和整治车辆超速、不按规定线路行驶、超载超员等严重交通违法违规行为。针对超标电动自行车、低速电动车组织开展专项整治行动,引导驾驶人遵守交通法规。加强道路交通安全执法,加大对累次违法行为的处罚力度,严厉打击危险驾驶违法犯罪。加强行政执法与刑事司法的衔接,严格依法追究较大以上道路交通事故相关责任单位和责任人员的法律责任。

4. 提高道路交通安全执法能力。深化全国主干公路网公路交通安全防控体系建设应用，全面推广农村道路交通安全管理信息系统，强化科技装备和信息化技术在道路交通执法中的应用，提高道路交通安全管控能力和精准查缉能力。

专栏5　提升道路交通安全管理执法能力 规划重点

道路运输安全生产领域：严厉打击校车、客运车辆、危化品运输车危险驾驶违法犯罪行为；强化对非法经营道路客运、非法运输危险货物、非法从事校车业务等行为的执法力度。

道路交通公共安全领域：制修订道路交通安全管理相关的法律、法规和部门规章；加强道路交通安全管理执法，严厉依法打击危险驾驶违法犯罪；强化道路交通安全管理协同执法。

（六）提升道路交通应急管理与救援急救能力。

1. 完善道路交通应急处置指挥联动机制。建立健全重大突发案事件现场应急处置跨区域、跨部门、跨行业联动机制，提升应急处置专业化和精细化水平。加强应急救援基础信息库建设，建立交通事故与医疗数据互通共享机制、应急救援基础数据普查及动态采集报送机制。修订《公路交通突发事件应急预案》，形成更为完善的国家、省、市、县四级道路交通应急预案体系，强化恶劣天气、重大事故、危险货物道路运输事故、地质灾害等典型突发事件应急救援演练。

2. 加大道路交通应急管理投入。加快道路交通应急装备物资储备点建设，完善国家、省、市三级道路交通应急装备物资储备体系，构建跨地区、跨部门、跨行业的应急物资配置调度系统。加大对常发性雾区和团雾多发路段的雾况监测、雾区警示诱导、安全防护等相关装备的投入。加强道路交通事故应急处置新型装备研发和推广应用，提升应急处置效率。

3. 加强道路交通事故处理能力建设。进一步推广交通事故现场勘查先进技术，强化交通事故现场勘查、安全防护等装备技术应用。加强交通事故检验鉴定机构建设和管理，规范交通事故检验鉴定工作。研究制定新能源汽车应急救援及消防处置等工作指南，加强新能源车辆的应急处置管理。综合运用移动互联网、快处快赔中心和事故协理员队伍等多种模式，大力推行道路交通事故快处快赔工作，不断提高知晓率、普及率。

4. 加大道路交通事故救援能力建设。组建专业化应急处置救援队伍，加快应急管理、救援指挥专业人才培养，提高救援人员的应急处置能力。提高医疗急救服务的联动效率，培育市场化、专业化应急救援组织，鼓励公益组织、保险行业等力量参与道路交通应急处置与救援，引导发展空中救援模式，逐步建立应急救援队伍社会化体系。建立应急准备能力评估、应急处置评估、交通伤救治等专家技术咨询制度，完善应急救援和医疗救治信息库。修订完善社会救助基金制度，扩大救助基金适用范围，简化救助基金使用程序，拓宽救助基金来源渠道，规范社会救助基金的管理运作模式。

专栏6　提升道路交通重大事件应急管理能力 规划重点

道路运输安全生产领域：强化救援人员技能培训，将危险品应急处置、交通伤急救等纳入基础培训内容。

道路交通公共安全领域：完善事故现场应急处置联动机制和统一指挥机制，强化应急救援保障；加大应急管理投入，建立应急救援队伍社会化体系；改进完善道路交通事故社会救助基金制度；加强道路交通事故处理能力建设。

（七）提升道路交通安全科技支撑能力。

1. 加强道路交通安全基础理论与技术研究。开展道路交通事故预防基础理论研究，重点围绕驾驶行为机理与干预、车辆主被动安全技术、新能源车辆安全技术、自动驾驶车辆安全技术、道路安全评估及改善、交通事故致因分析及损失测算、道路交通安全综合评估等方面开展理论和技术的创新研究，形成适合我国国情的交通事故综合预防理论及技术体系。加快建设道路交通安全国家重点实验室，设立并实施道路交通安全国家重点研发计划。

2. 加强道路交通安全研究成果转化和资源共享。制定出台道路交通安全科技成果转化和产业化指导政策，鼓励交通安全科研成果转化和社会化应用。构建大数据环境下道路交通安全研究共享机制与应用平台，联合科研院所、高等院校、企业等多方力量实施道路交通安全技术创新引导工程，形成一批产学研用战略联盟。

3. 加强道路交通安全大数据应用。共享全国道路交通安全事故数据库，全面加强道路交通安全事故研判分析，组织开展专项研究，提出针对性、系统性的解决措施。大力推进跨部门、跨地区的信息资源共享共用，建立交通安全风险隐患动态研判预测系统，健全国家、省、市、县四级道路交通安全常态化分析研判机制，应用大数据、云计算等技术，实现面向不同地区、不同类型道路交通安全及运行态势的分析研判和集成应用，建立完善交通大数据信息安全保障体系，为数据的大范围应用提供基础。

4. 加强道路交通事故深度调查和数据采集应用。加强和改进道路交通事故信息采集，优化信息采集项目，推进事故现场采集技术创新，建立公安、交通运输、气象等部门和车辆生产企业等多机构参与的事故成因分析机制，推行较大以上道路交通事故深度调查，建立并落实道路交通事故深度调查结果的通报反馈、督促整改、缺陷改进制度，及时修订完善事故调查发现存在缺陷和漏洞的标准规范。

专栏7　提升道路交通安全科技支撑能力 规划重点

道路运输安全生产领域：加强营运车辆危险驾驶行为辨识及干预、重特大事故防控理论和技术研究；大力推进跨部门、跨地区的营运车辆管理数据资源共享共用。

道路交通公共安全领域：加强驾驶行为机理与干预、车辆主被动安全技术、道路因素对交通安全风险影响、交通事故综合致因分析等方面的理论与技术研究；加强道路安全研究信息互通资源共享；强化交通安全大数据应用。建设道路交通安全国家重点实验室，推动交通安全科研成果转化和社会化应用。

四、重大工程

（一）道路交通安全文化建设工程。

……

3. 开展大型客货车驾驶人职业教育。各地根据实际情况选择具备资质的职业技术学院、高级技工学校开展大型客货车驾驶人职业教育。合理制定人才培养方案，构建系统的大型客货车驾驶专业课程体系，突出驾驶人职业道德教育、安全责任意识养成，强化大型客货车驾驶实践技能锤炼。建立相应的政策、组织和资金保障体系，确保大型客货车驾驶人职业教育工作顺利开展。到2018年，在全国全面推广大型客货车驾驶人职业教育。

（二）重点车辆安全性提升工程。

1. 提升大型客货运车辆安全性。完善大型客货运车辆安全技术标准体系，制定道路客运车辆安全技术条件标准，提升营运客车本质安全性能，加大客货运车辆生产监管及缺陷产品召回力度。推进"两客一危"车辆强制安装智能视频监控报警、防碰撞和整车安全运行监管技术装备。

2. 建设全国重点车辆交通安全管控体系。综合应用汽车电子标识、北斗卫星定位终端、公路缉查布控系统等，构建全国重点营运车辆动态安全管控体系，对公路客运、旅游客运车辆等重点车辆实现高精度、高可靠、全程化的实时监测和动态管控，实现重点车辆安全监管信息的跨部门、跨行业共享和交换。到2020年，建成并完善全国重点营运车辆动态安全管控体系，颁布实施重点车辆安装汽车电子标识的相关标准，国道主干线公路卡口联网率达到100%。

3. 提升危险货物道路运输安全水平。完善危险货物道路运输法规标准体系，制定出台《危险货物道路运输安全管理办法》和《危险货物道路运输规则》系列标准，强化危险货物道路运输托运、充装、运输、道路通行及应急救援全过程安全管理，规范危险货物分类、包装、托运、装卸、运输操作。运用物联网、智联网等新技术，搭建全国统一的危险货物道路运输安全监管系统。全面推广危险货物道路运输电子运单制度。开展危险货物道路运输电子押运试点，利用信息化手段加强危险货物运输过程安全管理。到2020年，建成危险货物道路运输安全监管系统，运用信息化手段，实施"联网联控、精准监管、专业监管、协同监管"的格局基本形成，为实现危险货物全生命周期信息化安全管理和信息共享奠定基础。

……

（四）道路交通安全主动防控体系构建工程。

1. 实施道路交通安全风险分级管控。建立健全包含重点车辆及驾驶人、"两客一危"运输企业的部、省、市三级道路交通安全风险管控平台，按照"分区域、分级别、网格化"的原则，对重点车辆及其驾驶人实行动态风险管理和重大安全风险动态预警。到2020年，部、省、市三级道路交通安全风险管控平台全面建成。

2. 深化国家主干公路交通安全防控体系建设。以国家主干公路网为重点，建成比较完备的全国公路交通安全防控体系，实现道路交通安全风险管控能力和公路交通管理执法效能提升。强化风险防控体系的实战应用，实施相配套的勤务机制，提高管控效能。到2018年，全国主干公路交通安全防控体系建成率达到100%，到2020年，全国主干公路交通安全防控体系应用率达到 100%。

……

（六）道路交通安全科技应用与数据共享工程。

1. 建设国家智能交通综合测试基地。建设基础健全、功能完善、设施先进的智能网联汽车运行安全测试平台、智能交通管理技术综合测试平台和道路交通安全管理技术培训基地，配套完善基础设施保障环境，实现道路交通安全管理技术、产品的综合测试和验证示范，为道路交通安全管理人员科技专业化建设提供保障。到 2018 年，完成智能网联汽车运行安全和智能交通管理技术综合测试基地建设，到 2020 年，完成集基础素质培训、实战能力实训为一体的道路交通安全管理实训平台建设。

2. 机动车电子标识区域综合示范应用。推广安装机动车电子标识，大范围建设路面识读基站，研发区域机动车电子标识信息联网管理系统，实现高速行驶车辆的信息动态采集和信息准确识别，提升道路交通安全管理精细化水平。到 2018 年，完成 1 项市级机动车电子标识示范应用，到 2020 年，完成 1 项城市群区域机动车电子标识区域综合示范应用建设。

3. 建设跨部门、跨行业的数据共享及服务平台。编制道路交通安全管理数据共享目录，建立统一的数据标准格式、数据交换格式，实现统一的数据交换接口及其调用方法，推进跨部门、跨行业、跨地区的信息资源共享共用。相关部门构建信息资源服务平台，依托政府数据统一共享交换平台，向其他相关部门、行业开放共享数据，提供信息交换服务。加强道路交通安全大数据的分析研判应用，实现对信息的分析处理和挖掘研判功能，满足有关部门的道路交通安全分析需求。建立道路交通安全大数据信息共享及安全保障体系，建立健全信息安全管理措施，全力保障信息共享的安全可靠。依据《政务信息资源共享管理暂行办法》（国发〔2016〕51 号），到 2018 年，编制完成交通安全管理数据共享信息的目录、数据共享和交换的标准规范；到 2019 年，搭建完成数据共享平台，实现跨部门、跨行业的数据信息共享；到 2020 年，开展数据共享平台的示范应用。

五、保障措施

（一）加强组织领导。

各地区、各有关部门要按照职责分工，制定规划实施方案，逐级分解落实规划的主要任务和目标指标，明确责任主体，确定工作时序和重点，出台配套政策措施，加快实施规划重点工程。地方各级人民政府要加强对规划实施工作的领导，建立高效、协调、规范的规划实施组织机制，协调解决规划实施中跨部门、跨区域的重点、难点问题。参照本规划依法制定本地道路交通安全规划，把道路交通安全纳入经济社会发展和安全生产工作目标考核，严肃查处失职渎职行为，对重特大道路交通事故责任追究实行“一票否决”。

（二）保障经费投入。

各地区要加大资金投入，拓宽经费筹集渠道，将道路安全设施和道路交通管理设施建设需求纳入本地区经济社会“十三五”发展规划予以保障。并根据本地区的实际情况，加强道路交通重大事件应急管理工作的经费投入，确保本地区的道路交通重大事件应急管理工作顺利开展。

（三）加强队伍建设。

各地区要加强道路交通安全监管队伍建设,相关职能部门结合工作实际制定所属行业领域的规范化执法工作细则,进一步规范执法主体、执法行为、执法程序和执法标准等。进一步完善道路交通监管队伍保障机制,保障监管队伍力量配备与道路里程、机动车同步增长,改善一线监管人员执勤执法条件,加强职业病防治工作。加强对科技执法装备的研发和推广,加强对科技执法装备操作使用的培训,开展重点岗位资质培训和特种技能培训,提升监管队伍素质。

(四)强化效果评估。

县级以上地方各级人民政府要建立规划实施的目标考核和激励约束制度,制定实施考核办法及评价指标体系,加强对规划实施进展情况的跟踪分析。国务院安全生产委员会办公室将在2018年、2020年底组织开展本规划实施情况考核评估。2018年中期评估后,根据评估结果,及时调整、优化规划目标、措施。考核评估结果向国务院报告,并以适当方式向社会公布。

7.《国务院安委会办公室关于全面加强企业全员安全生产责任制工作的通知》(安委办〔2017〕29号)

国务院安委会办公室关于全面加强企业全员安全生产责任制工作的通知

各省、自治区、直辖市及新疆生产建设兵团安全生产委员会,国务院安委会各成员单位:

为深入贯彻《中共中央　国务院关于推进安全生产领域改革发展的意见》(以下简称《意见》)关于企业实行全员安全生产责任制的要求,全面落实企业安全生产(含职业健康,下同)主体责任,进一步提升企业的安全生产水平,推动全国安全生产形势持续稳定好转,现就全面加强企业全员安全生产责任制工作有关事项通知如下:

一、高度重视企业全员安全生产责任制

(一)明确企业全员安全生产责任制的内涵。企业全员安全生产责任制是由企业根据安全生产法律法规和相关标准要求,在生产经营活动中,根据企业岗位的性质、特点和具体工作内容,明确所有层级、各类岗位从业人员的安全生产责任,通过加强教育培训、强化管理考核和严格奖惩等方式,建立起安全生产工作"层层负责、人人有责、各负其责"的工作体系。

(二)充分认识企业全员安全生产责任制的重要意义。全面加强企业全员安全生产责任制工作,是推动企业落实安全生产主体责任的重要抓手,有利于减少企业"三违"现象(违章指挥、违章作业、违反劳动纪律)的发生,有利于降低因人的不安全行为造成的生产安全事故,对解决企业安全生产责任传导不力问题,维护广大从业人员的生命安全和职业健康具有重要意义。

二、建立健全企业全员安全生产责任制

(三)依法依规制定完善企业全员安全生产责任制。企业主要负责人负责建立、健全企业的全员安全生产责任制。企业要按照《中华人民共和国安全生产法》《职业病防治法》等法律法规规定,参照《企业安全生产标准化基本规范》(GB/T 33000—2016)和《企业安全生产责任体系五落实五到位规定》(安监总办〔2015〕27号)等有关要求,结合企业自身实际,明确从主要负责人到一线从业人员(含劳务派遣人员、实习学生等)的安全生产责任、责任范围和考核标准。安全生产责任制应覆盖本企业所有组织和岗位,其责任内容、范围、考核标准要简明扼要、清晰明确、便于操作、适时更新。企业一线从业人员的安全生产责任制,要力求通俗易懂。

(四)加强企业全员安全生产责任制公示。企业要在适当位置对全员安全生产责任制进行长期公示。公示的内容主要包括:所有层级、所有岗位的安全生产责任、安全生产责任范

围、安全生产责任考核标准等。

（五）加强企业全员安全生产责任制教育培训。企业主要负责人要指定专人组织制定并实施本企业全员安全生产教育和培训计划。企业要将全员安全生产责任制教育培训工作纳入安全生产年度培训计划，通过自行组织或委托具备安全培训条件的中介服务机构等实施。要通过教育培训，提升所有从业人员的安全技能，培养良好的安全习惯。要建立健全教育培训档案，如实记录安全生产教育和培训情况。

（六）加强落实企业全员安全生产责任制的考核管理。企业要建立健全安全生产责任制管理考核制度，对全员安全生产责任制落实情况进行考核管理。要健全激励约束机制，通过奖励主动落实、全面落实责任，惩处不落实责任、部分落实责任，不断激发全员参与安全生产工作的积极性和主动性，形成良好的安全文化氛围。

三、加强对企业全员安全生产责任制的监督检查

（七）明确对企业全员安全生产责任制监督检查的主要内容。地方各级负有安全生产监督管理职责的部门要按照“管行业必须管安全、管业务必须管安全、管生产经营必须管安全”和“谁主管、谁负责”的要求，切实履行安全生产监督管理职责，加强对企业建立和落实全员安全生产责任制工作的指导督促和监督检查。监督检查的内容主要包括：

1. 企业全员安全生产责任制建立情况。包括：是否建立了涵盖所有层级和所有岗位的安全生产责任制；是否明确了安全生产责任范围；是否认真贯彻执行《企业安全生产责任体系五落实五到位》等。

2. 企业安全生产责任制公示情况。包括：是否在适当位置进行了公示；相关的安全生产责任制内容是否符合要求等。

3. 企业全员安全生产责任制教育培训情况。包括：是否制定了培训计划、方案；是否按照规定对所有岗位从业人员（含劳务派遣人员、实习学生等）进行了安全生产责任制教育培训；是否如实记录相关教育培训情况等。

4. 企业全员安全生产责任制考核情况。包括：是否建立了企业全员安全生产责任制考核制度；是否将企业全员安全生产责任制度考核贯彻落实到位等。

（八）强化监督检查和依法处罚。地方各级负有安全生产监督管理职责的部门要把企业建立和落实全员安全生产责任制情况纳入年度执法计划，加大日常监督检查力度，督促企业全面落实主体责任。对企业主要负责人未履行建立健全全员安全生产责任制职责，直接负责的主管人员和其他直接责任人员未对从业人员（含被派遣劳动者、实习学生等）进行相关教育培训或者未如实记录教育培训情况等违法违规行为，由地方各级负有安全生产监督管理职责的部门依照相关法律法规予以处罚。健全安全生产不良记录“黑名单”制度，因拒不落实企业全员安全生产责任制而造成严重后果的，要纳入惩戒范围，并定期向社会公布。

四、工作要求

（九）加强分类指导。地方各级安全生产委员会、国务院安委会各成员单位要根据本通知精神，指导督促相关行业领域的企业密切联系实际，制定全员安全生产责任制，努力实现“一企一标准，一岗一清单”，形成可操作、能落实的制度措施。

（十）注重典型引路。地方各级安全生产委员会要充分发挥指导协调作用，及时研究、协调解决企业全员安全生产责任制贯彻实施中出现的突出问题。要通过实施全面发动、典型引领、对标整改等方式，整体推动企业全员安全生产责任制的落实。目前尚未开展企业全员安全生产责任制工作的地区，要根据本通知精神，结合本地区实际，统筹制定落实方案，并印发至企业；已开展此项工作的地区，要结合本通知精神，进一步完善原有政策措施，确保本通知的各项要求落到实处。国务院安全生产委员会办公室将适时遴选一批典型做法在全国推广。

（十一）营造良好氛围。地方各级安全生产委员会、国务院安委会各成员单位要以落实中央《意见》为契机，加大企业全员安全生产责任制工作的宣传力度，发动全员共同参与。各级工会、共青团、妇联等要积极参与监督，大力推动企业加快落实全员安全生产责任制，形成合力，共同营造人人关注安全、人人参与安全、人人监督安全的浓厚氛围，促进企业改进安全生产管理，改善安全生产条件，提升安全生产水平，真正实现从"要我安全"到"我要安全""我会安全"的转变。

国务院安委会办公室

2017年10月10日

8. 交通运输部　公安部　应急管理部关于印发《道路旅客运输企业安全管理规范》的通知(交运发〔2018〕55 号)

交通运输部　公安部　应急管理部关于印发《道路旅客运输企业安全管理规范》的通知

各省、自治区、直辖市、新疆生产建设兵团交通运输厅(局、委)、公安厅(局)、安全生产监督管理局:

为深入贯彻落实《中华人民共和国安全生产法》《中华人民共和国道路交通安全法》《中共中央 国务院关于推进安全生产领域改革发展的意见》等法律、行政法规和文件要求,深刻汲取重特大道路运输事故教训,进一步规范道路旅客运输企业安全生产管理,交通运输部、公安部、应急管理部坚持问题导向,立足发展实际,共同修订了《道路旅客运输企业安全管理规范》。现印发给你们,请结合实际抓好贯彻落实。

交通运输部　公安部　应急管理部

2018 年 4 月 30 日

道路旅客运输企业安全管理规范

第一章　总　　则

第一条　为加强和规范道路旅客运输企业安全生产工作,提高企业安全管理水平,全面落实企业安全生产主体责任,有效预防和减少道路交通事故,根据《中华人民共和国安全生产法》《中华人民共和国道路交通安全法》《中华人民共和国道路交通安全法实施条例》《中华人民共和国道路运输条例》等有关法律、法规,制定本规范。

第二条　本规范适用于从事道路旅客运输经营的企业(以下简称客运企业)。

第三条　客运企业是道路旅客运输安全生产的责任主体,应当坚持以人为本,安全发展,坚持安全第一、预防为主、综合治理的方针,严格遵守安全生产、道路交通安全和运输管理等有关法律、法规、规章和标准,建立健全安全生产责任制和安全生产管理制度,完善安全生产条件,严格执行安全生产操作规程,加强客运车辆技术管理和客运驾驶员等从业人员管理,保障道路旅客运输安全。

第四条　客运企业应当接受交通运输、公安和应急管理等部门对其安全生产工作依法实施的监督管理。

第五条　客运企业应当依法积极开展安全生产标准化建设,鼓励采用新技术、新工艺、新设备,不断改善安全生产条件。

第二章　安全生产基础保障

第六条　客运企业及分支机构应当依法设置安全生产领导机构。安全生产领导机构应当包括企业主要负责人(包括法定代表人和实际控制人、其他负责人),运输经营、安全管理、车辆技术管理、从业人员管理、动态监控等业务负责人及分支机构的主要负责人。

第七条　拥有20辆(含)以上客运车辆的客运企业应当设置安全生产管理机构,配备专职安全管理人员,并提供必要的工作条件。拥有20辆以下客运车辆的客运企业应当配备专职安全管理人员,并提供必要的工作条件。

专职安全管理人员配备数量原则上按照以下标准确定:对于300辆(含)以下客运车辆的,按照每30辆车1人的标准配备,最低不少于1人;对于300辆以上客运车辆的,按照每增加100辆增加1人的标准配备。

第八条　客运企业主要负责人和安全管理人员应当具备与本企业所从事的道路旅客运输生产经营活动相适应的安全生产知识和管理能力,并经县级以上交通运输管理部门对其安全生产知识和管理能力考核合格,或者取得注册安全工程师(道路运输安全)执业资格并经属地县级以上交通运输管理部门报备。

第九条　客运企业应当对从业人员进行安全生产教育培训,未经安全生产教育培训合格的从业人员,不得上岗作业。

客运企业使用实习学生的,应当将实习学生纳入本企业从业人员统一进行安全生产教育培训。企业采用新工艺、新技术、新材料或者使用新设备,应当对从业人员进行专门的安全生产教育培训。

从业人员的安全生产教育培训应当以客运企业自主培训为主,也可委托、聘请具备对外开展安全生产教育培训业务的机构或其他客运企业进行安全生产教育培训。

客运企业主要负责人和安全管理人员初次安全生产教育培训时间不得少于24学时,每年再培训时间不少于12学时。

第十条　客运企业应当定期召开安全生产工作会议和安全例会。

安全生产工作会议至少每季度召开1次,研究解决安全生产中的重大问题,安排部署阶段性安全生产工作。安全例会至少每月召开1次,通报和布置落实各项安全生产工作。拥有20辆(含)以下客运车辆的客运企业,安全生产工作会议可与安全例会一并召开。

客运企业发生造成人员死亡、3人(含)以上重伤、恶劣社会影响的生产安全事故后,应当及时召开安全生产工作会议或安全例会进行分析和通报。

安全生产工作会议和安全例会应当有会议记录,会议记录应建档保存,保存期不少于36个月。

第十一条　客运企业应当保障安全生产投入,依据有关规定,按照不低于上年度实际营业收入1.5%的比例提取、设立安全生产专项资金,建立独立的台账,专款专用。安全生产专项资金主要用于:

(一)完善、改造、维护安全运营设施和设备支出;

(二)道路运输车辆动态监控平台、视频监控系统的建设、运行、维护和升级改造,以及具有行驶记录功能的卫星定位装置、视频监控装置的购置、安装和使用等支出；

（三）配备、维护、保养应急救援器材、设备和开展应急演练支出；

（四）开展安全风险管控和事故隐患排查、评估、监控和整改支出；

（五）安全生产检查、评价、咨询和安全生产标准化建设支出；

（六）配备和更新现场作业人员安全防护用品支出；

（七）安全宣传、教育、培训和安全奖励等支出；

（八）安全生产适用的新技术、新标准、新工艺、新装备的推广应用支出；

（九）安全设施设备检测检验支出；

（十）其他与安全生产直接相关的支出。

第十二条 客运企业应当按照有关法律法规要求，投保承运人责任险、工伤保险等安全生产责任保险和机动车交通事故责任强制保险。

第十三条 鼓励客运企业积极探索、完善安全统筹行业互助形式，提高企业抗风险能力。

第三章 安全生产职责

第十四条 客运企业应当依法建立健全全员安全生产责任制，将本企业的安全生产责任分解到各部门、各岗位，明确责任人员、责任内容和考核标准。

安全生产责任制内容应当包括：

（一）主要负责人的安全生产责任、目标及考核标准；

（二）分管安全生产和运输经营的负责人的安全生产责任、目标及考核标准；

（三）管理科室、分支机构及其负责人的安全生产责任、目标及考核标准；

（四）车队和车队队长的安全生产责任、目标及考核标准；

（五）岗位从业人员的安全生产责任、目标及考核标准。

第十五条 客运企业应当与各分支机构层层签订安全生产目标责任书，制定明确的考核指标，定期考核并公布考核结果及奖惩情况。

第十六条 客运企业应当实行安全生产一岗双责。客运企业的法定代表人和实际控制人为安全生产的第一责任人，负有安全生产的全面责任；分管安全生产的负责人协助主要负责人履行安全生产职责，对安全生产工作负组织实施和综合管理及监督的责任；其他负责人对各自职责范围内的安全生产工作负直接管理责任。企业党委、工会、各职能部门、各岗位人员在职责范围内承担相应的安全生产职责。

第十七条 客运企业的主要负责人对本单位安全生产工作负有下列职责：

（一）严格执行安全生产法律、法规、规章、规范和标准，组织落实相关管理部门的工作部署和要求；

（二）建立健全本单位安全生产责任制，组织制定本单位安全生产规章制度、客运驾驶员和车辆安全生产管理办法以及安全生产操作规程；

（三）依法建立适应安全生产工作需要的安全生产管理机构，确定符合条件的分管安全生产的负责人，配备专职安全管理人员；

（四）按规定足额提取安全生产专项资金，保证本单位安全生产投入的有效实施；

（五）督促、检查本单位安全生产工作，及时消除生产安全隐患；

（六）组织开展本单位的安全生产教育培训工作；

（七）组织开展安全生产标准化建设；

（八）组织制定并实施本单位生产安全应急预案，开展应急救援演练；

（九）定期组织分析本单位的安全生产形势，研究解决重大安全生产问题；

（十）按相关规定报告道路客运生产安全事故，落实生产安全事故处理的有关工作；

（十一）实行安全生产绩效管理，定期公布本单位安全生产情况，认真听取和积极采纳工会、职工关于安全生产的合理化建议和要求。

第十八条 客运企业的安全生产管理机构及安全管理人员对本单位安全生产工作负有下列职责：

（一）严格执行安全生产法律、法规、规章、规范和标准，参与企业安全生产决策，提出改进和加强安全生产管理的建议；

（二）组织或者参与制定本单位安全生产规章制度、客运驾驶员和车辆安全生产管理制度、动态监控管理制度、操作规程和相关技术规范，明确各部门、各岗位的安全生产职责，督促贯彻执行；

（三）组织或参与制定本单位安全生产年度管理绩效目标和安全生产管理工作计划，组织实施考核工作；

（四）组织或参与制定本单位安全生产经费投入计划和安全技术措施计划，组织实施或监督相关部门实施；

（五）组织开展本单位的安全生产检查，对检查出的安全隐患及其他安全问题应当及时督促处理；情况严重的，应当依法停止生产活动。对相关管理部门抄告、通报的车辆和客运驾驶员交通违法行为，应当进行及时处理，制止和纠正违章指挥、冒险作业、违反操作规程的行为；

（六）督促落实本单位安全隐患排查和安全风险管理措施，组织或者参与本单位生产安全应急预案的制定和应急演练，督促落实本单位安全生产整改措施；

（七）组织或参与本单位安全生产宣传、教育和培训，加强事故案例警示教育，总结和推广安全生产工作的先进经验，如实记录安全生产教育和培训情况；

（八）发生生产安全事故时，按照有关规定，及时报告相关管理部门；组织或者参与本单位生产安全事故的调查处理，承担生产安全事故统计和分析工作；

（九）其他安全生产管理工作。

第十九条 客运企业应当履行法律、法规、规章规定的其他安全生产职责。

第四章 安全生产制度

第一节 客运驾驶员管理

第二十条 客运企业应当依法建立客运驾驶员聘用制度。统一录用程序和客运驾驶员录用条件，严格审核客运驾驶员从业资格条件、安全行车经历及职业健康检查结果，对实际驾驶技能进行测试。

驾驶员存在下列情况之一的，客运企业不得聘用其驾驶客运车辆：

（一）无有效的、适用的机动车驾驶证和从业资格证件，以及诚信考核不合格或被列入黑名单的；

（二）36个月内发生道路交通事故致人死亡且负同等以上责任的；

（三）最近3个完整记分周期内有1个记分周期交通违法记满12分的；

（四）36个月内有酒后驾驶、超员20%以上、超速50%（高速公路超速20%）以上或12个月内有3次以上超速违法记录的；

（五）有吸食、注射毒品行为记录，或者长期服用依赖性精神药品成瘾尚未戒除的，以及发现其他职业禁忌的。

第二十一条 客运企业应当建立客运驾驶员岗前培训制度，培训合格方可上岗。

岗前培训的主要内容包括：道路交通安全和安全生产相关法律法规、安全行车知识和技能、交通事故案例警示教育、职业道德、安全告知知识、交通事故法律责任规定、防御性驾驶技术、伤员急救常识等安全与应急处置知识、企业有关安全运营管理的规定等。

客运驾驶员岗前培训不少于24学时，并应在此基础上实际跟车实习，提前熟悉客运车辆性能和客运线路情况。

第二十二条 客运企业应当建立客运驾驶员安全教育培训及考核制度。

客运企业对客运驾驶员进行统一培训，安全教育培训应当每月不少于1次，每次不少于2学时，安全教育培训内容应当包括：法律法规、典型交通事故案例、技能训练、安全驾驶经验交流、突发事件应急处置训练等。

客运企业应当组织和督促本企业的客运驾驶员参加继续教育，保证客运驾驶员参加教育培训的时间，提供必要的学习条件。客运企业可依托互联网技术积极创新、改进安全培训教育手段，丰富培训方式。

客运企业应在客运驾驶员接受安全教育培训后，对客运驾驶员教育培训的效果进行统一考核。客运驾驶员安全教育培训考核的有关资料应纳入客运驾驶员教育培训档案。客运驾驶员教育培训档案的内容应包括：培训内容、培训时间、培训地点、授课人、参加培训人员签名、考核人员和安全管理人员签名、培训考试情况等。档案保存期限不少于36个月。

客运企业应当每月分析客运驾驶员的道路交通违法信息和事故信息，及时进行针对性的教育和处理。

第二十三条 客运企业应当建立客运驾驶员从业行为定期考核制度。

考核内容主要包括：客运驾驶员违法违规情况、交通事故情况、道路运输车辆动态监控平台和视频监控系统发现的违规驾驶情况、服务质量、安全运营情况、安全操作规程执行情况以及参加教育培训情况等。考核周期应不大于3个月。

客运驾驶员从业行为定期考核结果应与企业安全生产奖惩制度挂钩。

第二十四条 客运企业应当建立客运驾驶员信息档案管理制度。客运驾驶员信息档案实行一人一档，及时更新。客运驾驶员信息档案应当包括：客运驾驶员基本信息、体检表、安全驾驶信息、交通事故信息、交通违法信息、内部奖惩、诚信考核信息等。

第二十五条 客运企业应当建立客运驾驶员调离和辞退制度。客运企业发现客运驾驶员具有本规范第二十条规定情形的，应当严肃处理并及时调离驾驶岗位；情节严重的，客运企业应当依法予以辞退。

第二十六条 客运企业应当建立客运驾驶员安全告诫制度。客运企业应指定专人或委托客运站对客运驾驶员出车前进行问询、告知,预防客运驾驶员酒后、带病、疲劳、带不良情绪上岗驾驶车辆或者上岗前服用影响安全驾驶的药物,督促客运驾驶员做好车辆的日常维护和检查。

第二十七条 客运企业应当关心客运驾驶员的身心健康,每年组织客运驾驶员进行体检,对发现客运驾驶员身体条件不适宜继续从事驾驶工作的,应及时调离驾驶岗位。

客运企业应当建立防止客运驾驶员疲劳驾驶制度,为客运驾驶员创造良好的工作环境,合理安排运输任务,保障客运驾驶员落地休息,防止客运驾驶员疲劳驾驶。

第二节 客运车辆管理

第二十八条 客运企业应当建立客运车辆选用管理制度。

客运企业应当按照相关法规和标准要求,统一选型、统一车身标识、统一购置符合道路旅客运输技术要求的车辆从事运营。鼓励客运企业选用安全、节能、环保型客车。

客运企业不得使用已达到报废标准、检测不合格、非法拼(改)装等不符合运行安全技术条件的客车以及其他不符合国家规定的车辆从事道路旅客运输经营。

第二十九条 拥有20辆(含)以上客运车辆的客运企业应当设置车辆技术管理机构,配备专业车辆技术管理人员,提供必要的工作条件。拥有20辆以下客运车辆的客运企业应当配备专业车辆技术管理人员,提供必要的工作条件。

专业车辆技术管理人员原则上按照每50辆车1人的标准配备,最低不少于1人。

第三十条 客运企业应当建立客运车辆技术档案管理制度。按照规定建立客运车辆技术档案,实行一车一档,实现车辆从购置到退出运输市场的全过程管理。

客运车辆技术档案应当包括:车辆基本信息,车辆技术等级评定、客车类型等级评定或者年度类型等级评定复核、车辆维护和修理(含《机动车维修竣工出厂合格证》)、车辆主要零部件更换、车辆变更、行驶里程、对车辆造成损伤的交通事故等。

客运企业应当逐步建立客运车辆技术信息化管理系统,完善客运车辆的技术管理。

第三十一条 客运企业应当建立客运车辆维护制度。

客运企业应当依据国家有关标准和车辆维修手册、使用说明书等,结合车辆运行状况、行驶里程、道路条件、使用年限等因素,科学合理制定客运车辆维护计划,保证客运车辆按照有关规定、技术规范以及企业的相关规定进行维护。

客运车辆日常维护由客运驾驶员实施,一级维护和二级维护由客运企业按照相关规定组织实施,并做好记录。

第三十二条 客运企业应当建立客运车辆技术状况检查制度。

客运企业应当配合客运站做好车辆安全例检,对未按规定进行安全例检或安全例检不合格的车辆不得安排运输任务。

对于不在客运站进行安全例检的客运车辆,客运企业应当安排专业技术人员在每日出车前或收车后按照相关规定对客运车辆的技术状况进行检查。对于一个趟次超过1日的运输任务,途中的车辆技术状况检查由客运驾驶员具体实施。

客运企业应主动排查并及时消除车辆安全隐患,每月检查车内安全带、应急锤、灭火器、三角警告牌以及应急门、应急窗、安全顶窗的开启装置等是否齐全、有效,安全出口通道是否畅通，确保客运车辆应急装置和安全设施处于良好的技术状况。

客运企业配备新能源车辆的，应该根据新能源车辆种类、特点等，建立专门的检查制度，确保车辆技术状况良好。

客运企业不得要求客运驾驶员驾驶技术状况不良的客运车辆从事运输作业。发现客运驾驶员驾驶技术状况不良的客运车辆时，应及时采取措施纠正。

第三十三条 客运企业应当按照有关规定建立车辆安全技术状况检测和年度审验、检验制度。严格执行道路运输车辆安全技术状况检验、综合性能检测和技术等级评定制度，确保车辆符合安全技术条件。逾期未年审、年检或年审、年检不合格的车辆禁止从事道路旅客运输经营。

第三十四条 客运企业应当建立客运车辆改型和报废管理制度。

客运车辆改型与报废应当严格执行国家有关规定。对达到国家报废标准或者检测不符合国家强制性要求的客运车辆，不得继续从事客运经营。客运企业应当按规定将报废车辆交售给机动车回收企业，并及时办理车辆注销登记。车辆报废相关材料应至少保存24个月。

第三十五条 客运企业应当加强对停放客运车辆的安全管理，明确停放客运车辆的安全管理责任人。客运企业原则上应自备或租用停车场所，对停放客运车辆进行统一管理。

第三节 运输组织

第三十六条 客运企业在申请线路经营时应当进行实际线路考察，按照许可的要求投放客运车辆。

客运企业应当建立每一条客运线路的交通状况、限速情况、气候条件、沿线安全隐患路段情况等信息台账，对信息台账进行定期更新，并提供给客运驾驶员。

第三十七条 客运企业在制定运输计划时应当严格遵守通行道路的限速要求，以及客运车辆(9座以上)夜间(22时至次日6时，下同)行驶速度不得超过日间限速80%的要求，不得制定导致客运驾驶员按计划完成运输任务将违反通行道路限速要求的运输计划。

客运企业不得要求客运驾驶员超速驾驶客运车辆。企业应主动查处客运驾驶员超速驾驶客运车辆的行为，发现客运驾驶员超速驾驶客运车辆时，企业应及时采取措施纠正。

第三十八条 客运企业在制定运输计划时应当严格遵守客运驾驶员驾驶时间和休息时间等规定：

(一)日间连续驾驶时间不得超过4小时，夜间连续驾驶时间不得超过2小时，每次停车休息时间应不少于20分钟；

(二)在24小时内累计驾驶时间不得超过8小时；

(三)任意连续7日内累计驾驶时间不得超过44小时，期间有效落地休息；

(四)禁止在夜间驾驶客运车辆通行达不到安全通行条件的三级及以下山区公路；

(五)长途客运车辆凌晨2时至5时停止运行或实行接驳运输；从事线路固定的机场、高铁快线以及短途驳载且单程运营里程在100公里以内的客运车辆，在确保安全的前提下，不受凌晨2时至5时通行限制。

客运企业不得要求客运驾驶员违反驾驶时间和休息时间等规定驾驶客运车辆。企业应主动查处客运驾驶员违反驾驶时间和休息时间等规定的行为，发现客运驾驶员违反驾驶时间和休息时间等规定驾驶客运车辆时,应及时采取措施纠正。

第三十九条 客运企业应当严格遵守长途客运驾驶员配备要求:

(一)单程运行里程超过400公里(高速公路直达客运超过600公里)的客运车辆应当配备2名及以上客运驾驶员;

(二)实行接驳运输的,且接驳距离小于400公里(高速公路直达客运小于600公里)的,客运车辆运行过程中可只配备1名驾驶员,接驳点待换驾驶员视同出站随车驾驶员。

第四十条 客运企业应当规范运输经营行为。

班线客车应当严格按照许可的或经备案的线路、班次、站点运行,在规定的停靠站点上下旅客,不得随意站外上客或揽客。对于成立线路公司的道路客运班线或者实行区域经营的客运企业,在确保运输安全的前提下,可自主确定道路客运班线途经站点,报原许可部门备案,并提前向社会公布,方便乘客上下车。

客运车辆不得超过核定的载客人数,但按照规定免票的儿童除外,在载客人数已满的情况下,按照规定免票的儿童不得超过核定载客人数的10%。

客运车辆不得违反规定载货,行李堆放区和乘客区要隔离,不得在行李堆放区内载客,客运班车行李舱载货应当执行《客运班车行李舱载货运输规范》(JT/T 1135)。

客运包车应当凭包车客运标志牌,按照约定的时间、起始地、目的地和线路,持包车票或包车合同运行,不得承运包车合同约定之外的旅客。客运驾驶员应当提前了解和熟悉客运包车路线和路况,谨慎驾驶。

第四十一条 实行接驳运输的客运企业应当按照规定制定接驳运输安全生产管理制度和接驳运输线路运行组织方案,并向交通运输主管部门报备,为接驳运输车辆安装视频监控装置后,方可实行接驳运输。

客运企业制定接驳运输线路运行组织方案应当避免驾驶员疲劳驾驶,并对接驳点进行实地查验,保证接驳点满足停车、驾驶员住宿、视频监控及信息传输等安全管理功能需求。

客运企业直接管理接驳点的或者进驻接驳运输联盟和其他接驳运输企业运营的接驳点,应当在指定接驳点和接驳时段进行接驳,履行接驳手续,建立健全接驳运输台账。接驳运输台账、行车单、车辆动态监控信息、接驳过程相关图像信息等保存期限不少于6个月。

凌晨2时至5时运行的接驳运输车辆,应当在前续22时至凌晨2时之间完成接驳。在此时间段内未完成接驳的车辆,凌晨2时至5时应当在具备安全停车条件的地点停车休息。

客运企业应当通过动态监控、视频监控、接驳信息记录检查、现场抽查等方式,加强接驳运输管理和安全隐患排查治理,严格执行接驳运输流程和旅客引导等服务;发现违规操作的,应当立即纠正。

第四十二条 从事包车客运的客运企业应当建立包车客运标志牌统一管理制度。客运企业应当按规定将从事包车业务的客运车辆和客运驾驶员通过包车客运信息管理系统进行审核。审核通过后,客运企业方可打印包车客运标志牌并加盖公章,开展相关包车客运业务。客运企业应当指定专人签发包车客运标志牌,领用人应当签字登记,结束运输任务后及时交回客运标志牌。客运企业不得发放空白包车客运标志牌。

定线通勤包车可根据合同进行定期审核,使用定期(月、季、年)包车客运标志牌,最长不得超过12个月。

第四十三条 从事省际、市际班线客运和包车客运的客运企业应当建立客运驾驶员行车日志制度，督促客运驾驶员如实填写行车日志，行车日志式样见附件。行车日志信息应当包含：驾驶员姓名、车辆牌照号、起讫地点及中途站点，车辆技术状况检查情况（车辆故障等），客运驾驶员停车休息情况，以及行车安全事故等。行车日志保存期限不少于6个月。

客运企业安全管理人员应当对客运驾驶员每趟次填写的行车日志进行审核、检查，发现问题及时纠正。

第四十四条 客运企业开通农村客运班线，应当符合《道路旅客运输及站场管理规定》规定的条件，并通过相关部门联合开展的农村客运班线通行条件审核，确保农村客运班线途经公路的技术条件、安全设施，车辆技术要求、运行限速等相匹配。

经原许可机关同意，农村客运班车可采取区域经营、循环运行、设置临时发车点等灵活的方式运营。

第四十五条 对于城市（区）间公交化运营客运线路，客运车辆应当严格按照核定载客人数运营。

第四十六条 提供道路客运预约定制服务的客运企业应当具备道路旅客运输经营资格，客运驾驶员应当取得相应从业资格，车辆原则上使用7座及以上的营运客车。

第四十七条 客运企业应当建立并有效实施安全告知制度，由驾乘人员在发车前按照相关要求向旅客告知，或者在发车前向旅客播放安全告知、安全带宣传等音像资料。驾乘人员应当在发车前提醒乘客系好安全带。

第四十八条 客运企业应当与汽车客运站经营者签订进站协议，明确双方的安全责任，严格遵守汽车客运站的安全生产规定。

第四节　动态监控

第四十九条 客运企业应当建立具有行驶记录功能的卫星定位装置（以下简称卫星定位装置）安装、使用及维护制度。

客运企业应当按照相关规定为其客运车辆安装符合标准的卫星定位装置，并有效接入符合标准的道路运输车辆动态监控平台及全国重点营运车辆联网联控系统。

客运企业应当确保卫星定位装置正常使用，定期检查并及时排除卫星定位装置存在的故障，保持车辆运行时在线。卫星定位装置出现故障、不能保持在线的客运车辆，客运企业不得安排其承担道路旅客运输经营任务。

客运企业应当依法对恶意人为干扰、屏蔽卫星定位装置信号、破坏卫星定位装置、篡改卫星定位装置数据的人员给予处理，情节严重的应当调离相应岗位。

第五十条 客运企业应当建立道路运输车辆动态监控平台建设、维护及管理制度。

客运企业应当按照标准建设道路运输车辆动态监控平台，或者使用符合条件的社会化道路运输车辆动态监控平台，在监控平台中完整、准确地录入所属客运车辆和驾驶员的基础资料等信息，并及时更新。

客运企业应当确保道路运输车辆动态监控平台正常使用，定期检查并及时排除监控平台存在的故障，保持车辆运行时在线。客运企业应当按照相关法律法规规定以及车辆行驶道路的实际情况，在道路运输车辆动态监控平台中设置监控超速行驶、疲劳驾驶的限值，以及核定运营线路、区域及夜间行驶时间。

第五十一条 客运企业应当配备专职道路运输车辆动态监控人员，建立动态监控人员管理制度。

专职动态监控人员配置原则上按照监控平台每接入100辆车1人的标准配备，最低不少于2人。监控人员应当掌握国家相关法规和政策，熟悉动态监控系统的使用和动态监控数据的统计分析，经企业或者委托具备培训能力的机构培训、考试合格后上岗。

客运企业应当依法对不严格监控车辆行驶状况的动态监控人员给予处理，情节严重的应当调离相应工作岗位。

第五十二条 客运企业应当建立客运车辆动态信息处理制度。

客运企业应当在客运车辆运行期间对客运车辆和驾驶人进行实时监控和管理。动态监控人员应当实时分析、处理车辆行驶动态信息，及时提醒客运驾驶员纠正超速行驶、疲劳驾驶等违法行为，并记录存档至动态监控台账；对经提醒仍然继续违法驾驶的客运驾驶员，应当及时向企业安全生产管理机构报告，企业安全生产管理机构应当立即采取措施制止；对拒不执行制止措施仍然继续违法驾驶的，企业应当及时报告公安机关交通管理部门，并在事后解聘客运驾驶员。

第五十三条 客运车辆发生道路交通事故的，客运企业应当在接到事故信息后立即封存客运车辆动态监控数据，配合事故调查，如实提供车辆动态监控数据。车辆安装视频监控装置的，还应当提供视频资料。

第五十四条 客运企业应当建立客运车辆动态信息统计分析制度。

客运企业应当定期对道路运输车辆动态监控数据质量问题、驾驶员违法违规驾驶行为进行汇总分析，及时采取措施处理。

对存在交通违法、违规信息的客运驾驶员，客运企业应当在事后及时给予处理，对多次存在违法、违规行为的驾驶员应当作为重点监控和安全培训教育的重点对象。客运车辆动态监控数据应当至少保存6个月，违法驾驶信息及处理情况应当至少保存36个月。

鼓励客运企业利用道路运输车辆动态监控系统，对客运驾驶员安全行驶里程进行统计分析，开展安全行车竞赛活动。

第五十五条 客运企业应当运用动态监控手段做好客运车辆的组织调度，并及时发送重特大道路交通事故通报、安全提示、预警信息等。

第五十六条 鼓励客运企业在长途客运车辆和旅游客车上安装、使用视频监控装置及其他智能科技手段，对客运车辆超员、驾驶员违规操作、疲劳驾驶、违规使用手机等行为进行监控和管理。

第五十七条 客运企业可以委托第三方机构对企业所属客运车辆进行动态监控，但不因委托而改变企业的动态监控主体责任。

客运企业应当与第三方机构通过合同约定的形式，明确由第三方机构实时、准确地提供客运车辆和客运驾驶员的违法违规行为的动态监控信息。客运企业应当及时对相关违法违规行为进行查处。客运企业应当根据第三方机构提供的监控情况，建立企业内部动态监控管理台账。

客运企业委托第三方机构对所属客运车辆进行动态监控的,第三方专职动态监控人员视同企业专职动态监控人员配置。

第五节　安全生产操作规程

第五十八条　客运企业应当根据岗位特点,分类制定安全生产操作规程,推行安全生产标准化作业。

第五十九条　客运企业应当制定客运驾驶员行车操作规程。操作规程的内容应当包括:出车前、行车中、收车后的车辆技术状况检查,开车前向旅客的安全告知,高速公路及特殊路段行车注意事项,恶劣天气下的行车注意事项,夜间行车注意事项,应急驾驶操作程序,进出客运站注意事项等。

第六十条　客运企业应当制定客运车辆日常检查和日常维护操作规程。操作规程的内容应当包括:轮胎、制动、转向、悬架、灯光与信号装置、卫星定位装置、视频监控装置、应急设施及装置等安全部件检查要求和检查程序,不合格车辆返修及复检程序等。

第六十一条　客运企业应当制定车辆动态监控操作规程。操作规程的内容应当包括:卫星定位装置、视频监控装置、动态监控平台设备的检修和维护要求,动态监控信息采集、分析、处理规范和流程,违法违规信息统计、报送及处理要求及程序,动态监控信息保存要求和程序等。

第六十二条　客运企业配备乘务员的应当建立乘务员安全操作规程。操作规程的内容应当包括:乘务员值乘工作规范,值乘途中安全检查要求,车辆行驶中相关信息报送等。

第六十三条　客运企业应当根据安全运营实际需求,制定其他相关安全运营操作规程。

第六节　其他安全生产制度

第六十四条　客运企业应当建立安全生产基础档案制度,明确安全生产管理资料的归档、查阅。

第六十五条　客运企业应当建立生产安全事故应急处置制度。发生生产安全事故后,客运企业应当立即采取有效措施,组织抢救,防止事故扩大,减少人员伤亡和财产损失。

对于在旅客运输过程中发生的生产安全事故,客运驾驶员和乘务员应当及时向事发地的公安部门及所属客运企业报告,并迅速按本企业应急处置程序规定进行现场处置。客运企业应当按规定的时间、程序、内容向事故发生地和企业所属地县级以上的应急管理、公安、交通运输等相关部门报告事故情况,并启动生产安全事故应急处置预案。

客运企业应当定期统计和分析生产安全事故,总结事故特点和原因,提出针对性的事故预防措施。

第六十六条　客运企业应当建立生产安全事故责任倒查制度。按照“事故原因不查清不放过、事故责任者得不到处理不放过、整改措施不落实不放过、教训不吸取不放过”的原则,对相关责任人进行严肃处理。

客运企业应当认真吸取事故教训,落实防范和整改措施,防止事故再次发生。

发生生产安全事故的客运企业及其从业人员应当积极配合相关管理部门依法开展的生产安全事故调查处理工作,并提供必要的便利条件。任何企业和个人不得阻挠和干涉事故报告和依法调查处理。

第六十七条 客运企业应当建立应急救援制度。健全应急救援组织体系,制定完善应急救援预案,开展应急救援演练。

第六十八条 客运企业应当建立安全生产宣传和教育制度。普及安全知识,强化从业人员安全生产操作技能,提高从业人员安全生产能力。

客运企业应当配备和完善开展安全宣传、教育活动的设施和设备,定期更新宣传、教育的内容。安全宣传、教育与培训应当予以记录并建档保存,保存期限应当不少于 36 个月。

第六十九条 客运企业应当建立健全安全生产社会监督机制。

客运企业应当在车内明显位置清晰地标示客运车辆车牌号码、核定载客人数和投诉举报电话,从事班车客运的客车还应当在车内明显位置标示客运车辆行驶区间和线路、经批准或经备案的停靠站点,方便旅客监督。

客运企业应当公开举报电话号码、通信地址或者电子邮件信箱,完善举报制度,充分发挥乘客、新闻媒体及社会各界的监督作用。鼓励客运企业通过微信、微博、二维码、智能手机应用程序等多种方式畅通投诉举报途径。对接到的举报和投诉,客运企业应当及时予以调查和处理。

第七十条 客运企业应当建立本企业安全生产管理所需要的其他制度。

第五章 安全隐患排查治理与风险管控

第七十一条 客运企业应当建立事故隐患排查治理制度,依据相关法律法规及本企业管理规定,对客运车辆、客运驾驶员、运输线路、运营过程等安全生产各要素和环节进行安全隐患排查,及时消除安全隐患。

第七十二条 客运企业应当根据安全生产需要和特点,采用综合检查、专业检查、季节性检查、节假日检查、日常检查等方式,每月至少开展 1 次安全生产隐患排查工作,及时发现和消除安全隐患,加强安全隐患的闭环管理和动态管理。

第七十三条 客运企业应当对排查出的安全隐患进行登记和治理,落实整改措施、责任人和完成时限,及时消除安全隐患。

对于能够立即整改的安全隐患,客运企业立即组织整改;对于不能立即整改的安全隐患,客运企业应当组织制定安全隐患治理方案,依据方案及时进行整改;对于自身不能解决的安全隐患,客运企业应当立即向有关部门报告,依据有关规定进行整改。

第七十四条 客运企业应当建立安全隐患排查治理档案,档案应当包括:隐患排查治理日期,隐患排查的具体部位或场所,发现安全隐患的数量、类别和具体情况,安全隐患治理意见,参加隐患排查治理的人员及其签字,安全隐患治理情况、复查情况、复查时间、复查人员及其签字等。安全隐患排查治理档案保存期限应不少于 36 个月。

第七十五条 客运企业应当每月对本单位安全隐患排查治理情况进行统计,分析隐患形成的原因、特点及规律,对多发、普发的安全隐患要深入分析,建立安全隐患排查治理长效机制。

第七十六条 客运企业应当建立安全隐患报告制度,鼓励企业建立有奖举报机制,发动职工发现和排除安全隐患,鼓励社会公众举报。

第七十七条 客运企业应当积极配合有关部门监督检查人员依法进行的安全隐患监督

检查,不得拒绝和阻挠。对相关部门通报抄送的事故及违法问题应当及时落实整改。

第七十八条 客运企业应当按照相关法规的要求积极推行安全生产风险管理制度,及时开展安全生产风险源辨识和评估,做好风险控制。

客运企业应当每日关注运营客运线路的天气状况和道路通行情况,遇雾、冰冻、雨雪、自然灾害等达不到车辆安全通行条件的,应当按相关规定暂停或者调整客运线路。

第六章 安全生产绩效管理

第七十九条 客运企业应当根据相关法律法规、管理部门要求和自身实际情况,制定年度安全生产绩效目标。安全生产绩效目标应当包括:道路交通责任事故起数、死亡人数、受伤人数、百万车公里事故起数、百万车公里伤亡人数、安全行车公里数等。

第八十条 客运企业应当建立安全生产年度考核与奖惩制度。针对年度目标,对各部门、各岗位人员进行安全绩效考核,通报考核结果。

客运企业根据安全生产年终考核结果,对安全生产相关部门、岗位工作人员给予一定的奖惩。对全年无事故、无交通违法记录、无旅客投诉的安全文明驾驶人员予以表彰奖励。

第八十一条 客运企业应当建立安全生产内部评价机制,每年至少进行1次安全生产内部评价。评价内容应当包括:安全生产目标、安全生产责任制、安全投入、安全教育培训、从业人员管理、客运车辆管理、生产安全监督检查、应急响应与救援、事故处理与统计报告等安全生产制度的适宜性、充分性及有效性等。

客运企业可聘请第三方机构对本企业的安全生产情况进行评估,并根据评估结果,及时修订和完善安全生产制度,持续改进和提高安全管理水平。

第七章 附 则

第八十二条 本规范自2018年6月1日起施行。2012年1月19日原交通运输部、公安部、国家安全生产监督管理总局公布的《道路旅客运输企业安全管理规范(试行)》同时废止。

本规范有效期5年。

附件：

道路旅客运输安全行车日志(式样)

年　　月　　日

<table>
<tr><td rowspan="4">驾驶员</td><td colspan="2">姓名</td><td colspan="2">从业资格证号</td></tr>
<tr><td colspan="2"></td><td colspan="2"></td></tr>
<tr><td colspan="2"></td><td colspan="2"></td></tr>
<tr><td colspan="2"></td><td colspan="2"></td></tr>
<tr><td rowspan="4">车辆基本
信息</td><td>车辆牌照号</td><td colspan="3"></td></tr>
<tr><td>核定载客人数</td><td></td><td>实际载客人数</td><td></td></tr>
<tr><td>起始地</td><td></td><td>目的地</td><td></td></tr>
<tr><td>中途站点</td><td colspan="3"></td></tr>
<tr><td rowspan="2">车辆技术状况
检查情况</td><td>出车前检查</td><td colspan="3">转向□　轮胎□　制动□　灯光□
雨刮器□　安全带□　应急锤□　应急窗□
应急门□　灭火器□　安全顶窗□　GPS 监控装置□
视频监控装置□
其他：</td></tr>
<tr><td>行车过程中
出现的问题</td><td colspan="3"></td></tr>
</table>

车辆行驶记录

发车时间	当班驾驶员签名	载客数量	始发点(含中途停靠点)	停靠时间	终点(含中途停靠点)	行驶时间
时　分				时　分		分
时　分				时　分		分
时　分				时　分		分
时　分				时　分		分
时　分				时　分		分
时　分				时　分		分

行车情况(含故障、隐患、事故、违章、路况等)简要记录：

驾驶员签名：

9. 交通运输部办公厅关于做好2017年道路运输行业行车事故统计工作有关事项的通知（交办运〔2017〕5号）（节选）

各省、自治区、直辖市、新疆生产建设兵团交通运输厅（局、委）：

根据道路运输行业安全监管需要，按照《统计法》有关规定，部对《道路运输行业行业事故统计报表制度》进行了修订，重新履行了审批手续，并经国家统计局批准（国统制〔2016〕101号）。现印发给你们，请认真贯彻执行。有关事项通知如下：

一、各地要按照新《道路运输行业行车事故统计报表制度》要求，做到要素齐全、内容完整，及时、准确地上报道路运输行业行车事故。

二、为更好地开展道路运输行车事故统计工作，部重新组织开发了事故报送系统，新系统的网址为"http://124.207.79.164:9797/"。请及时联系技术支持单位科学研究院索要系统用户名、密码及使用方法。2017年2月1日起，事故快报及月报使用新系统填报，原系统停止使用。

三、2014年发布《道路运输行业行车事故统计报表制度》同时废止。

附件：道路运输行业行车事故统计报表制度

交通运输部办公厅

2017年1月9日

附件：

道路运输行业行车事故统计报表制度

中华人民共和国交通运输部制定
中华人民共和国国家统计局批准

2017 年 1 月

本报表制度根据《中华人民共和国统计法》的有关规定制定

《中华人民共和国统计法》第七条规定：国家机关、企业事业单位和其他组织以及个体工商户和个人等统计调查对象，必须依照本法和国家有关规定，真实、准确、完整、及时地提供统计调查所需的资料，不得提供不真实或者不完整的统计资料，不得迟报、拒报统计资料。

《中华人民共和国统计法》第九条规定：统计机构和统计人员对在统计工作中知悉的国家秘密、商业秘密和个人信息，应当予以保密。

《中华人民共和国统计法》第二十五条规定：统计调查中获得的能够识别或者推断单个统计调查对象身份的资料，任何单位和个人不得对外提供、泄露，不得用于统计以外的目的。

目　　录

一、总 说 明

(一)为加强道路运输行业安全生产监督管理,做好道路运输行业行车事故统计工作,及时、准确、完整地反映道路运输行业行车事故情况,保障及时、有效开展道路运输行业行车事故应急处理和全面统计分析,特制定本统计报表制度。

(二)本报表制度的统计范围为城市公共交通企业、出租汽车企业及个体运输业户、道路运输企业及个体运输业户(以下简称运输经营者)在运输活动中所发生的行车事故(以下简称运输行业行车事故)。

(三)本报表制度由各级交通运输主管部门或道路运输管理机构组织实施,各地发生运输行业行车事故后,应按照本制度的要求及时上报。

(四)运输经营者发生运输行业行车事故后,应当迅速报告事故发生地和运输经营者所属地交通运输主管部门或道路运输管理机构。事故发生地和运输经营者所属地交通运输主管部门或道路运输管理机构接到报告后应当及时报告省级交通运输主管部门或道路运输管理机构。

(五)各省级交通运输主管部门或道路运输管理机构对辖区内所属运输经营者所发生的一次死亡3人及以上10人以下的行车事故[包括客运班线车辆、旅游车及包车、货运车辆(含危险化学品运输车)、城市公共汽电车、出租汽车、城市轨道交通车辆]、涉及外籍人员(包括港、澳、台)死亡的行车事故、造成重大污染的危险化学品(包括剧毒、放射、爆炸品等)运输事故,应当在接到报告后12小时之内按照《道路运输行业行车事故快报》的表式报交通运输部,并及时续报事故伤亡人数变化、事故调查和处理情况。

各省级交通运输主管部门或道路运输管理机构对辖区内及所属运输经营者所发生的一次死亡10人及以上的行车事故,应当在接到报告后2小时之内按照《道路运输行业行车事故快报》的表式报交通运输部,并及时续报事故伤亡人数变化、事故调查和处理情况。

(六)各省级交通运输主管部门或道路运输管理机构对辖区内所属运输经营者发生的一次死亡1人及以上的行车事故,应当按照《道路运输行业行车事故统计表》的表式按月汇总后,于每月15日之前将上月的统计表报交通运输部。

(七)如事故报表存在错、漏,应及时用电话、传真等给予更正并随后报送更正的报表。

(八)上报统计表须标明单位负责人、统计负责人、填表人、联系电话、报出时间,并加盖单位公章。

(九)本报表制度采用的调查方法为全面调查。

(十)本报表制度由交通运输部运输服务司统一组织,分级实施,由各级交通运输部门负责数据的审核和上报。

(十一)本报表制度中的数据仅限行业内使用,以通报形式在行业内公布。

二、报 表 目 录

表　号	表　名	报告期别	填 报 范 围	报 送 单 位	报送日期及方式	页码
交运 15 表	道路运输行业行车事故快报	即时报	道路运输行业发生一次死亡 3 人及以上的行车事故[包括客运班线车辆、旅游车及包车、货运车辆(含危险化学品运输车)、城市公共汽电车、出租汽车、城市轨道交通车辆]、涉及外籍人员死亡的行车事故、造成重大污染的危险化学品运输事故	各省、自治区、直辖市交通运输主管部门或道路运输管理机构	不定期,纸质报表(传真)及报送系统	8
交运 16 表	道路运输行业行车事故统计表	月报、年报	道路运输行业发生一次死亡 1 人及以上的行车事故	各省、自治区、直辖市交通运输主管部门或道路运输管理机构	月报于月后 15 日前报送,年报于次年 1 月 15 日前报送,纸质报表(传真)及报送系统	9

三、调查表式(略)

四、指标解释及填报说明(略)

10.《交通运输部关于印发〈交通运输企业安全生产标准化建设评价管理办法〉的通知》(交安监发〔2016〕133号)(节选)

交通运输部关于印发《交通运输企业安全生产标准化建设评价管理办法》的通知

为深入贯彻落实《中华人民共和国安全生产法》,大力推进企业安全生产标准化建设,现将《交通运输企业安全生产标准化建设评价管理办法》印发给你们,请遵照执行。

交通运输部

2016年7月26日

交通运输企业安全生产标准化建设评价管理办法

第一章　总　　则

第一条　为推进交通运输企业安全生产标准化建设,规范评价工作,促进企业落实安全生产主体责任,依据《中华人民共和国安全生产法》,制定本办法。

第二条　本办法适用于中华人民共和国境内交通运输企业安全生产标准化建设评价及其监督管理工作。

第三条　交通运输部负责全国交通运输企业安全生产标准化建设工作的指导,具体负责一级评价机构的监督管理。

省级交通运输主管部门负责本管辖范围内交通运输企业安全生产标准化建设工作的指导,具体负责二、三级评价机构的监督管理。

……

第四条　交通运输企业安全生产标准化建设按领域分为道路运输、水路运输、港口营运、城市客运、交通运输工程建设、收费公路运营六个专业类型和其他类型(未列入前六种类型,但由交通运输管理部门审批或许可经营)。

道路运输专业类型含道路旅客运输、道路危险货物运输、道路普通货物运输、道路货物运输站场、汽车租赁、机动车维修和汽车客运站等类别;水路运输专业类型含水路旅客运输、水路普通货物运输、水路危险货物运输等类别;港口营运专业类型含港口客运、港口普通货物营运、港口危险货物营运等类别;城市客运专业类型含城市公共汽车客运、城市轨道交通运输和出租汽车营运等类别;交通运输工程建设专业类型含交通运输建筑施工企业和交通工程建设项目等类别;收费公路运营专业类型含高速公路运营、隧道运营和桥梁运营等类别。

第五条 交通运输企业安全生产标准化建设等级分为一级、二级、三级，其中一级为最高等级，三级为最低等级。水路危险货物运输、水路旅客运输、港口危险货物营运、城市轨道交通运输、高速公路、隧道和桥梁运营企业安全生产标准化建设等级不设三级，二级为最低等级。

交通运输企业安全生产标准化建设标准和评价指南，由交通运输部另行发布。

第六条 交通运输企业安全生产标准化建设评价工作应坚持“政策引导、依法推进、政府监管、社会监督”的原则。

第七条 交通运输企业安全生产标准化建设评价及相关工作应统一通过交通运输企业安全生产标准化管理系统(简称管理系统)开展。

第八条 交通运输部通过购买服务委托管理维护单位，具体承担管理系统的管理、维护与数据分析、评审员能力测试题库维护、评价机构备案和档案管理等日常工作。各省级主管机关可根据需要通过购买服务委托省级管理维护单位承担相关日常工作。

第九条 管理维护单位应具备以下条件：

(一)具有独立法人资格，从事交通运输业务的事业单位或经批准注册的交通运输行业社团组织；

(二)具有相适应的固定办公场所、设施和必要的技术条件；

(三)配有满足工作所需的管理和技术人员；

(四)3年内无重大违法记录，信用状况良好；

(五)具有完善的内部管理制度；

(六)法律、法规规定的其他条件。

第十条 主管机关应与委托的管理维护单位签订合同或协议，明确委托工作任务、要求及相关责任。

第十一条 管理维护单位因自身条件变化不满足第九条要求或不能履行合同承诺的，主管机关应解除合同并及时向社会公告。

……

第四章 评价与等级证明颁发

第二十八条 评价机构负责交通运输企业安全生产标准化建设评价活动的组织实施和评价等级证明的颁发。

第二十九条 交通运输企业安全生产标准化建设评价包括初次评价、换证评价和年度核查三种形式。

第三十条 交通运输企业安全生产标准化建设等级证明应按照交通运输部规定的统一样式制发，有效期3年。

第三十一条 已经通过低等级交通运输企业安全生产标准化建设评价的企业申请高等级交通运输企业安全生产标准化建设评价的，评价及颁发等级证明应按照初次评价的有关规定执行。

第三十二条 交通运输企业应根据经营范围分别申请相应专业类别建设评价，属同一专业类型不同专业类别的,可合并评价。

第三十三条 交通运输企业申请安全生产标准化建设评价应遵循以下规定:

(一)依照法律法规要求自主申请;

(二)自主选择相应等级的评价机构;

(三)评价过程中,向评价机构和评审员提供所需工作条件,如实提供相关资料,保障有效实施评价;

(四)有权向主管机关、管理维护单位举报、投诉评价机构或评审员的不正当行为。

第三十四条 交通运输企业在取得安全生产标准化等级证明后,应根据评价意见和标准要求不断完善其安全生产标准化管理体系,规范安全生产管理和行为,形成可持续改进的长效机制,并接受主管机关、评价机构的监督。

第一节　初 次 评 价

第三十五条 申请初次评价应具备以下条件:

(一)具有独立法人资格,从事交通运输生产经营建设的企业或独立运营的实体;

(二)具有与其生产经营活动相适应的经营资质、安全生产管理机构和人员,并建立相应的安全生产管理制度;

(三)近1年内没有发生较大以上安全生产责任事故;

(四)已开展企业安全生产标准化建设自评,结论符合申请等级要求。

第三十六条 交通运输企业应通过管理系统向所选择的评价机构提出企业安全生产标准化建设评价申请,申报初次评价应提交以下资料:

(一)标准化建设评价申请表(样式由管理系统提供);

(二)法律法规规定的企业法人营业执照、经营许可证、安全生产许可证等;

(三)企业安全生产标准化建设自评报告。自评报告应包含:企业简介和安全生产组织架构;企业安全生产基本情况(含近3年应急演练、一般以上安全事故和重大安全事故隐患及整改情况);从业人员资格、企业安全生产标准化建设过程;自评综述、自评记录、自评问题清单和整改确认;自评评分表和结论等。

第三十七条 评价机构接到交通运输企业评价申请后,应在5个工作日内完成申请材料完整性和符合性核查。核查不通过的,应及时告知企业,并说明原因。评价机构对申请材料核查后,认为自身能力不足或申请企业存在较大安全生产风险时,可拒绝受理申请,并向其说明,记录在案。

第三十八条 企业申请资料核查通过后,评价机构应成立评价组,任命评价组长,制定评价方案,提前5个工作日告知当地主管机关后,满足下列条件,可启动现场评价。

(一)评价组评审员不少于3人,其中自有评审员不少于1人;

(二)评价组长原则上应为自有评审员,且具有2年和8家以上同等级别企业安全生产标准化建设评价经历,3年内没有不良信用记录,并经评价机构培训,具有较强的现场沟通协调和组织能力;

(三)评价组应熟悉企业评价现场安全应急要求和当地相关法律法规和标准规范要求。

第三十九条 评价机构应在接受企业评价申请后30个工作日内完成对企业的现场评价工作,并提交评价报告。

第四十条 现场评价工作完成后,评价组应向企业反馈发现的安全事故隐患和问题、整改建议及现场评价结论,形成现场评价问题清单,问题清单应经企业和评价组签字确认。现场发现的重大安全事故隐患和问题应向负有直接安全生产监督管理职责的交通运输管理部门和相应的主管机关报告。

第四十一条 企业对评价发现的安全事故隐患和问题,在现场评价结束30日内按要求整改到位的,经申请,由评价机构确认整改合格,所完成的整改内容可视为达到相关要求;对于不影响评价结论的安全事故隐患和问题,企业应按评价机构有关建议积极组织整改,并在年度报告中予以说明。

第四十二条 评价案卷应包含下列内容:

(一)申请资料核查记录及结论;

(二)现场评价通知书(应包含评价时间、评价组成员等);

(三)评价方案;

(四)企业安全生产重大问题整改报告及验证记录;

(五)评价报告,包括现场评价记录、现场收集的证据材料、问题清单及整改建议、评价结论及评价等级意见;

(六)其他必要的评价证据材料。

第四十三条 评价机构应对评价案卷进行审核,评价报告及其他必要的评价资料通过管理系统向管理维护单位报备。评价机构评价结论认为符合颁发评价等级证明的,应报管理维护单位向社会公示5个工作日;公示结果不影响评价结论的,评价机构应向企业颁发交通运输企业安全生产标准化评价等级证明。

第四十四条 企业对评价结论存有异议的,可向评价机构提出复核申请,评价机构应针对复核申请事项组织非原评审员进行逐项复核,复核工作应在接受企业复核申请之日起20个工作日内完成,并反馈复核意见。企业对评价机构复核结论仍存异议的,可选择其他评价机构申请评价。涉及评价机构评价工作不公正和违规行为的,企业可向相应管理维护单位或主管机关投诉、举报。

第四十五条 交通运输企业安全生产标准化建设等级证明格式由交通运输部统一规定(附录B),证明应注明类型、类别、等级、适用范围和有效期等。

第四十六条 管理维护单位应在收到评价机构报备的评价等级证明、评价报告等资料5个工作日内,向社会公布获得交通运输企业安全生产标准化建设等级证明的企业和评价机构有关信息,接受社会监督。

第二节 换证评价

第四十七条 已经取得安全生产标准化评价等级证明的企业在证明有效期满之前可向评价机构申请换证评价,换证完成后,原证明自动失效。

第四十八条 企业申请换证评价时,应提交以下材料:

(一)企业法人营业执照、经营许可证等;

(二)原交通运输企业安全生产标准化建设等级证明;

(三)企业换证自评报告和企业基本情况、安全生产组织架构;

(四)企业安全生产标准化运行情况,以及近3年安全生产事故或险情、重大安全生产风险源及管控、重大安全事故隐患及治理等情况。

第四十九条 申请换证的企业在取得等级证明 3 年且满足下列条件，在原证明有效期满之日前 3 个月内可直接向评价机构申请换发同等级企业安全生产标准化建设等级证明：

（一）企业年度核查等级均为优秀（含换证年度）；

（二）企业未发生一般以上等级安全生产责任事故；

（三）企业未发生被主管机关安全生产挂牌督办或约谈；

（四）企业安全生产信用等级评为 B 级以上；

（五）企业未违反其他安全生产法律法规有关规定；

（六）安全生产标准化建设标准发生变化的，年度核查或有关证据证明其满足相关要求。

第五十条 换证评价及等级证明颁发的流程、范围和方法按照初次评价的有关规定执行。

第三节　年 度 核 查

第五十一条 企业取得安全生产标准化建设等级证明后，有效期内应按年度开展自评，自评时间间隔不超过 12 个月，自评报告应报颁发等级证明的评价机构核查。

第五十二条 评价机构对企业年度自评报告核查发现以下问题的，可进行现场核查：

（一）自评结论不能满足原有等级要求的；

（二）自评报告内容不全或存在不实，不能真实体现企业安全生产标准化建设实际情况的；

（三）企业生产经营状况发生重大变化的，包括生产经营规模、场所、范围或主要安全管理团队等；

（四）企业未按要求及时向评价机构报告重大安全事故隐患和较大以上安全生产责任事故的；

（五）相关方对企业的安全生产提出举报、投诉；

（六）企业主动申请现场复核。

第五十三条 评价机构应在企业提交年度自评报告 15 个工作日内完成自评报告年度核查，需进行现场核查的，应在 30 个工作日内完成。

第五十四条 年度核查结论分为不合格、合格和优秀三个等级评价，并通过管理系统向社会公开。企业安全生产标准化建设运行情况不能持续满足所取得的评价等级要求，或长期存在重大安全事故隐患且未有效整改的评为不合格；基本满足且对不影响评价结论的问题和重大安全事故隐患进行有效整改的评为合格；满足原评价等级所有要求，并建立有效的企业安全生产标准化持续改进工作机制，且运行良好，重大安全事故隐患和问题整改完成的，评为优秀。对于年度核查评为优秀，应由企业在年度自查报告中主动提出申请，经评价机构核查，包括进行现场抽查验证通过后，方可评为优秀。

第五十五条 评价机构对企业的年度核查评价在合格以上的，维持其安全生产标准化建设等级证明有效；年度核查评价不合格或未按要求提交自评报告的，评价机构应通知企业并提出相关整改建议，企业在 30 日内未经验收完成整改，或仍未提交自评报告，或拒绝评价机构现场复核的，评价机构应撤销并收回企业安全生产标准化建设等级证明，并通过管理系统向社会公告。

第五十六条 已经取得交通运输企业安全生产标准化建设等级证明的企业，在有效期内发现存在重大安全事故隐患或发生较大以上安全生产责任事故的，应在10个工作日内向颁发等级证明的评价机构报送相关信息，评价机构可视情况开展企业安全生产标准化建设核查工作。

第五十七条 评价机构撤销企业安全生产标准化建设等级证明的，应通过管理系统向管理维护单位备案。

第四节 证明补发和变更

第五十八条 企业安全生产标准化建设等级证明遗失的，可向颁发等级证明的评价机构申请补发。

第五十九条 企业法定代表人、名称、经营地址等变更的，应在变更后30日内，向颁发等级证明的评价机构提供有关证据材料，申请对企业安全生产标准化评价等级证明的变更。

第六十条 评价机构发现申请安全生产标准化建设等级证明变更的企业的安全生产条件发生重大变化，超出第四十九条情况的，可进行现场核实，核实结果不影响变更证明的，应予以变更，核实认为企业安全生产条件不满足维持原证明等级要求的，原证明应予以撤销并通过管理系统向社会公示。

第六十一条 评价机构应在接受企业提出的证明变更申请后30日内，完成证明变更。

第五章 监督管理

第六十二条 主管机关应加强对管理维护单位、评价机构和评审员的监督管理，建立健全日常监督、投诉举报处理、评价机构和评审员信用评价、违规处理和公示公告等机制，规范交通运输企业安全生产标准化建设评价工作。省级主管机关对日常监督管理工作中发现的一级评价机构存在的违法违规行为应通过管理系统上报。

第六十三条 主管机关应采取“双随机、一公开”的突击检查方式，组织抽查本管辖范围内从事相关业务的评价机构和评审员相关工作。抽查内容应包含：机构备案条件、管理制度、责任体系、评价活动管理、评审员管理、评价案卷、现场评价以及机构能力保持和建设等。

第六十四条 交通运输管理部门应将企业安全生产标准化建设工作情况纳入日常监督管理，通过政府购买服务委托第三方专业化服务机构，对下级管理部门及辖区企业推进企业安全生产标准化建设工作情况进行抽查，抽查情况应向行业通报。

第六十五条 已经取得交通运输企业安全生产标准化评价等级证明的企业，在有效期内发生重大以上安全生产责任事故，或1年内连续发生2次以上较大安全生产责任事故的，评价机构应对该企业安全生产标准化建设情况进行核查，不满足原等级要求的，应及时撤销其安全生产标准化等级证明。事故等级按照《生产安全事故报告和调查处理条例》（国务院令第493号）和《水上交通事故统计办法》（交通运输部令2014年15号）确定。

第六十六条 负有直接安全生产监督管理职责的交通运输管理部门应对企业安全生产标准化建设评价中发现的重大安全事故隐患及时进行核查，确认后责令企业立即整改，并依法依规追究相应人的责任。

第六十七条 主管机关应建立投诉举报渠道，公布邮箱、电话，接受实名投诉举报。

第六十八条 主管机关接到有关企业安全生产标准化建设评价实名举报或投诉的，经确认举报或投诉事项是属本单位管辖权限,应在60个工作日内完成调查核实处理,并将处理意见向举报人反馈。

第六十九条 投诉举报第一接报主管机关对确认不属本单位管辖权限的,应在5个工作日内告知举报人,并建议其向具有管辖权限的主管机关举报。

第七十条 评审员、评价机构违背承诺,其备案信息经核实存在弄虚作假的,管理维护单位应在3个工作日内将其列入黑名单,并通过管理系统向社会公告。

第七十一条 管理维护单位应对评审员、评价机构发生的违规违纪和违反承诺等失信行为,依据评审员、评价机构信用扣分细则(附录C)进行记录。

第七十二条 评审员、评价机构信用等级按其扣分情况分为AA、A、B、C、D共5个等级,未扣分的为AA;扣1~2分的为A;扣3~8分的为B;扣9~14分的为C;扣15~19分的为D;信用扣分超过20分(含20分)的列入黑名单。以上信用扣分按近3年扣分累计。

第七十三条 部管理维护单位应通过管理系统,按年度向社会公布管辖范围内一级评价机构、评审员3年内违规行为和信用等级汇总情况,以及评价机构所颁发等级证明的企业及其近5年发生等级以上安全生产事故情况。评审员发生信用扣分的,管理维护单位应告知评审员登记的评价机构。

省级管理维护单位应通过管理系统,按年度向社会公布管辖范围内二、三级评价机构,以及评价机构所颁发等级证明的企业及其近5年发生等级以上安全生产事故情况。

第七十四条 交通运输管理部门应将交通运输企业安全生产标准化建设情况和评价结果纳入企业安全生产信用评价范围,鼓励引导交通运输企业积极开展安全生产标准化建设。

第七十五条 交通运输管理部门应加强对企业安全生产标准化评价结果应用,作为实施分级分类、差异化监管的重要依据;对安全生产标准化未达标或被撤销等级证明的企业应加大执法检查力度,予以重点监管。客运、危险货物经营企业安全生产标准化建设评价及年度核查情况应作为企业经营资质年审和运力更新、新增审批、招投标的安全条件重要参考依据。

第七十六条 主管机关和管理维护单位的工作人员发生失职渎职的,应按规定追究相关责任人责任;评价机构的工作人员和评审员发生弄虚作假、违法违纪行为,依法依规追究相关人员法律责任。

第六章 附 则

第七十七条 交通运输企业安全生产标准化是指企业通过落实安全生产主体责任,全员全过程参与,建立安全生产各要素构成的企业安全生产管理体系,使生产经营各环节符合安全生产、职业病防治法律、法规和标准规范的要求,人、机、环、管处于受控状态,并持续改进。

第七十八条 交通运输企业安全生产标准化建设评价是指企业安全生产标准化评价机构,依据相关法律法规和企业安全生产标准化建设标准,评价企业安全生产标准化建设情况,对评价过程中发现安全生产的问题,提出整改建议,是促进企业安全生产标准化建设工作的重要方式。

第七十九条 对企业所实施的安全生产标准化建设评价,不解除企业遵守国际、国内有关安全生产法律法规的责任和所承担的企业安全生产主体责任。

第八十条 航运企业已建立安全管理体系并取得符合证明(DOC)的,视同满足企业安全生产标准化建设二级水平。

第八十一条 省际运输企业是指从事省际道路或水路运输的交通运输企业。

第八十二条 自有评审员是指与受聘评价机构签订正式劳动合同,且受聘评价机构已为其连续缴纳1年以上社保的人员。

第八十三条 本办法所称企业是指从事公路、水路交通运输的生产经营单位,包括直接从事生产经营行为的事业单位。

第八十四条 省级主管机关未委托管理维护单位的,本管理办法涉及的相关工作由其承担。

第八十五条 管理系统由交通运输部统一开发,委托管理维护单位负责日常维护。

第八十六条 本办法自发布之日实施,有效期5年。《关于印发交通运输企业安全生产标准化考评管理办法和达标考评指标的通知》(交安监发〔2012〕175号)及《关于印发交通运输企业安全生产标准化相关实施办法的通知》(厅安监字〔2012〕134号)同时废止。

11.《交通运输部安委办关于进一步规范推进企业安全生产标准化建设工作的通知》(交安委办函〔2016〕54号)

交通运输部安委办关于进一步规范推进企业安全生产标准化建设工作的通知

各省、自治区、直辖市、新疆生产建设兵团交通运输厅(局、委),长江、珠江航务管理局:

近期,我部修订印发了《交通运输企业安全生产标准化建设评价管理办法》(以下简称《办法》),为进一步规范交通运输企业安全生产标准化建设工作,现将有关事项通知如下:

一、依法规范推进企业安全生产标准化建设。新《办法》对原交通运输企业安全生产标准化达标考评工作制度进行了调整,各级交通运输管理部门要依据《办法》,结合实际,制定实施意见,完善工作机制,明确工作程序,细化落实措施,引导、规范生产经营单位积极推进安全生产标准化建设。省级交通运输管理部门实施意见请于11月20日前以书面形式报部安委办。

二、严格加强标准化建设评价监督管理。各级交通运输管理部门要按照《办法》要求,切实加强对企业安全生产标准化建设及评价工作的日常监督管理,并采取“双随机、一公开”的突击检查方式,加强对评价机构和评审员的监管检查,对经查实存在违规、违纪、违法行为的评价机构和评审员,一律依法依规严肃处理,确保企业安全生产标准化建设及评价工作公正、规范、有序开展。

三、严格落实企业第三方机构评价主体责任。评价机构是生产经营单位安全生产标准化建设评价工作受理、实施、发证和跟踪监督的主体,对评价工作的公平公正和规范准确负责。评价机构要按照规定,加强内部管理,主动接受管理部门监督管理,强化评审员现场评价技能培训,督促评审员认真开展年度继续教育,严格评价纪律,规范评价程序,确保评价质量。

四、切实做好有关工作衔接。一是交通运输企业安全生产标准化建设系列基本规范近期将陆续颁布,基本规范正式颁布前,相关建设及评价工作继续使用原考评指标。二是原有考评机构和考评员仍在有效期的,保持继续有效,并按照《办法》对评价机构、评审员的有关要求管理,评价机构有效期满后按新要求延期备案。三是评价机构发放等级证明应使用评价机构本级印章或评价专用章,不使用内设机构或下属单位印章。四是按照新《办法》要求,企业安全生产标准化建设评价工作应统一使用部交通运输企业安全生产标准化管理系统,相关数据将作为行业生产经营单位安全生产信用评价的重要依据,各地未纳入部交通运输企业安全生产标准化管理系统的原基础数据,应在2017年3月31日前完成数据迁移,相关工作部交通运输企业安全生产标准化管理系统维护单位将予以配合支持。五是原已获证生产经营单位年度核查和原有考评员年度继续教育应严格按照新《办法》实施,自2016年11

月1日起系统将自动执行新《办法》有关要求和处罚措施。六是根据新《办法》要求，部交通运输企业安全生产标准化管理系统将于2016年12月30日起，对登记在评价机构的评审员自动锁定，12个月内不可撤销。七是评价机构聘用退休人员为自有评审员的，应提供相关退休证明，且已登记在该评价机构满1年以上。

交通运输部安委办

2016年10月9日

12.《交通运输部办公厅关于印发交通运输从业人员安全素质提升实施方案的通知》(交办安监〔2016〕184 号)(节选)

交通运输部办公厅关于印发交通运输从业人员安全素质提升实施方案的通知

各省、自治区、直辖市、新疆生产建设兵团交通运输厅(局、委),各直属海事局,部属各单位,部内各司局:

经交通运输部同意,现将《交通运输从业人员安全素质提升实施方案》印发给你们,请认真组织实施。

附件:《交通运输从业人员安全素质提升实施方案》工作任务分解表(略)

交通运输部办公厅
2016 年 12 月 28 日

交通运输从业人员安全素质提升实施方案

为深入贯彻落实《中华人民共和国安全生产法》,进一步提升交通运输从业人员安全素质,提高交通运输行业安全水平,根据《交通运输部关于提升交通运输从业人员素质的指导意见》(交人教发〔2015〕180 号)和开展“6 + 1”平安交通专项行动有关要求,制定本方案。

一、总体要求

深入贯彻党的十八大和十八届三中、四中、五中、六中全会精神,认真落实党中央、国务院和交通运输部关于加强安全生产工作的决策部署,以“平安交通”建设为统领,以交通运输关键岗位从业人员为重点,全面加强从业人员安全素质建设,为持续推动交通运输科学发展安全发展提供坚强保障。

坚持安全为本,牢固树立“发展决不能以牺牲安全为代价”的红线意识,强化“以人民为中心”的安全理念;坚持问题导向,着力解决交通运输从业人员安全意识、知识、技能与交通运输科学发展安全发展不相适应的突出问题;坚持创新服务,依托“互联网”和“移动互联网”技术,积极推进网络安全培训和继续教育;坚持协同推进,健全企业、管理部门、社会协同做好从业人员安全素质提升的工作机制,形成分工明确、统筹推进、协同配合的良好格局。

二、工作目标

到“十三五”期末,交通运输从业人员安全素质提升长效机制基本建立,从业人员安全素质总体水平明显增强。交通运输企业对从业人员安全素质教育培训的主体责任和管理部门的监督管理责任有效落实;从业人员安全素质提升实体培训网络和互联网培训网络充分融合;从业人员安全生产法治意识、基本知识、专业技能明显提升;从业人员管理服务信息平台有序运行。

三、实施步骤

(一)细化方案阶段(2016 年 12 月至 2017 年 3 月)。

各部门、各单位结合实际进一步细化实化实施方案,建立工作机制,明确目标措施、进度安排,落实责任部门,提出预期成果,并将实施方案于 2017 年 3 月底前报送部安委办。

(二)推进实施阶段(2017 年 4 月至 2020 年 6 月)。

2017 年 4 月至 2018 年 12 月,推进从业人员安全素质提升相关重点制度、标准、规范制修订工作;深入推进从业人员继续教育、培训、考核评价等。2019 年 1 月至 2020 年 6 月,全面推进各项重点任务,完成培训平台和网络培训平台的搭建工作,引导企业利用平台开展相关培训;建立完善从业人员管理服务信息平台,实现从业人员安全素质提升管理服务信息化。

(三)总结评估阶段(2020 年 7 月至 2020 年 10 月)。

各部门、各单位对从业人员安全素质提升工作实施情况进行全面总结,将活动中形成的好经验、好做法,提炼固化为提升从业人员安全素质的政策制度,构建长效机制。

四、主要任务

(一)建立健全从业人员安全素质管理制度体系。

1. 完善管理制度。系统梳理从业人员安全素质相关管理制度,提出相关管理制度立改废清单,加快建立、修订、完善相关制度,形成各领域从业人员安全素质的管理制度体系。制定《〈中华人民共和国船员培训管理规则〉实施办法》和《海船船员船上培训管理办法》,进一步规范船员培训行为,提高船员实际操作能力。

2. 制修订操作规范。系统梳理从业人员安全素质相关规范,提出立改废清单和制修订计划,加快编制、修订、完善相关规范。按照制修订计划,修订完善港口相关安全作业规程,规范港口企业从业人员安全生产作业行为。制修订潜水员、水上救生员安全作业相关规程,规范潜水和水上救生操作。修订《汽车运输危险货物规则》,规范道路危险货物运输从业人员作业行为。更新《危险货物运输救援应急指南》,指导危险货物运输和应急处置人员安全操作和应急处置相关工作。

3. 完善职业标准。系统梳理从业人员安全素质相关职业标准,提出立改废清单,列出制修订计划并组织实施。依据相关法律法规,制修订道路客运、道路危险货物运输驾驶员、船员、引航员等交通运输安全生产关键岗位职业标准或适任标准,明确各岗位职业资格要求。

(二)建立健全从业人员安全素质教育培训体系。

1. 搭建培训服务平台。研究从业人员安全素质提升培训需求,编制交通运输各领域关键岗位从业人员安全素质培训目录,发挥部属单位、共建院校、交通运输职业院校、职业资格机构以及企业等单位优势,搭建实体培训和互联网培训网络平台,协商确定并发布各培训项目资源，供企业自主选择或委托培养，服务交通运输企业及广大从业人员。

2. 发展职业教育。将从业人员安全素质提升纳入现代交通运输职业教育人才培养体系，提升人才培养质量。推进从业人员安全素质教育进校园进课堂，开展交通运输安全认知教育。总结大客车驾驶员职业教育试点工作，形成可复制、可推广的经验，制定并落实《关于开展大型客货车辆驾驶员职业教育工作的意见》。

3. 加强继续教育。充分运用移动客户端和网络，对道路运输驾驶员、公路水运工程试验检测专业技术人员等关键岗位从业人员开展安全素质继续教育，强化船员知识更新培训，推动从业人员安全素质教育优质资源网上共享。

4. 强化警示教育。编制“举案说法”案例集读本，从法律视角解读分析重特大事故案例，提出改进安全工作的启示。督促企业开展交通运输事故案例分析，管控排查安全生产风险和隐患。督促企业组织一线从业人员开展上岗、开工前安全警示教育。制作企业交通运输安全警示教育片，强化从业人员岗前培训和警示教育，提升从业人员安全意识和应急能力。

（三）建立健全从业人员安全素质考试考核评价体系。

1. 推进从业人员安全素质考试考核。科学编制交通运输关键岗位从业人员职业资格考试考核和适任考试大纲、教材等，依法严格开展关键岗位职业资格适任考试考核和适任考试。按照《中华人民共和国安全生产法》等有关法律法规的要求，制定道路运输、港口危险化学品储存、公路水运工程施工企业负责人、安全管理人员及相关从业人员考核管理制度，编制考核大纲和基础题库，并组织开展考核。落实《危险货物水路运输从业人员考核和从业资格管理规定》，编制相应考核大纲，开展有关考核和职业资格认定工作。

2. 提高从业人员安全素质考试科学化水平。落实《道路运输从业人员管理规定》，严格道路危险货物运输从业人员从业资格考试。落实《中华人民共和国内河船员适任考试和发证规则》，调整内河船员理论考试和实操评估标准和比重，强化船员实操能力评价。

3. 开展从业人员安全素质竞赛活动。开展职业技能竞赛活动，促进从业人员提高安全意识，带动从业人员提升安全技能。鼓励交通运输企业开展安全技能、安全诚信集体和个人评比表彰活动，提高从业人员职业荣誉感。

4. 强化安全监督检查与信用管理。将企业落实安全生产培训情况、关键岗位从业人员持证上岗、企业主要负责人和安全生产管理人员参加安全生产知识和管理能力考核纳入安全生产监督检查范围。推进安全生产关键岗位从业人员信用体系建设，开展信用考核，实行守信激励、失信惩戒的制度，加强守信联合激励和失信联合惩戒工作；建立安全生产从业人员信用信息交换共享机制和信用信息公开查询机制，加大信息在“信用交通”网站等新闻媒体的公示力度。修订《道路运输驾驶员诚信考核办法》。

5. 强化安全与培训监管。建立完善道路运输驾驶员、出租汽车驾驶员、公路水运工程监理人员等职业资格注册管理制度，对发生重大及以上责任事故的从业人员实行职业资格退出。向社会开放道路运输驾驶员、出租汽车驾驶员、船员、公路水运工程监理人员等培训机构培训质量信息，完善培训机构社会化监督机制。

（四）建立健全从业人员安全素质支持保障体系。

1. 加强信息化建设。加大从业人员相关信息平台建设应用力度，为提升从业人员安全素质及管理水平提供支持保障。完善道路运输驾驶员计算机考试系统和应用能力虚拟场景考试系统，强化从业人员危险源辨识、应急处置能力考核。充分利用移动互联网技术，建立危险货物储运和应急操作查询平台。建设危险货物水路运输从业人员管理平台，强化危险货物水路运输从业人员管理。推进道路运政管理信息系统互联互通。建设船员自助服务平台、移动服务平台、远程培训平台和远程考试平台，充分利用“互联网＋”服务船员。

2. 加强职业健康保障。落实《“健康中国2030”规划纲要》，普及安全健康卫生知识，增强从业人员劳动保护、安全卫生和身心健康意识，督促交通运输企业依法落实从业人员强制休息、健康体检、保险等制度，提高交通运输从业人员职业病防治能力。加强对城市公交驾驶员、重点营运车辆（包括旅游客车、包车客车、三类以上班线客车和危险货物运输车辆）驾驶员、城市轨道交通从业人员的劳动保护，制定出台定期体检等政策。履行《2016年海事劳工公约》，落实《海事劳工条件检查办法》，促进船员职业健康，保障船员合法权益。

3. 加强安全文化建设。引导交通运输企业建立安全例会、安全风险告知等制度，设立事故警示日、警示教育活动周。引导企业在主要生产施工作业现场、运输场站码头，设立安全文化窗口或安全风险告知牌等。引导企业建立安全生产管理台账和从业人员安全素质提升台账，编写《员工安全行为规范》，制作安全操作动漫画册、挂图、视频等。引导企业加强安全法治教育，营造有利于交通运输安全生产的文化氛围。

五、保障措施

（一）筑牢责任体系。部安委办统筹协调从业人员安全素质提升工作，检查省级交通运输主管部门开展素质提升相关工作。部内相关司局在职责范围内开展从业人员安全素质提升各项工作。省级交通运输主管部门要制定监督检查计划，督促企业开展从业人员安全素质提升相关培训，抓好工作落实。

（二）确保经费投入。认真落实《财政部安全监管总局关于印发〈企业安全生产费用提取和使用管理办法〉的通知》（财企〔2012〕16号），监督企业严格按照规定的标准提取、使用安全经费，确保安全生产宣传、培训、教育支出。

（三）加大宣传力度。充分运用各类媒体及平台，广泛宣传交通运输从业人员安全素质提升工作开展情况，总结推广各级交通运输主管部门实施从业人员安全素质提升、企业落实从业人员安全素质培训主体责任的典型经验，努力形成全行业更加支持从业人员安全素质提升、全社会更加关注交通运输安全发展的良好氛围。

附件（略）

13.《交通运输部关于推进公路水路行业安全生产领域改革发展的实施意见》(交安监发〔2017〕39号)

交通运输部关于推进公路水路行业安全生产领域改革发展的实施意见

提高交通运输安全生产水平是践行以人民为中心、服务民生、保障民生的基本要求,也是实现交通运输事业健康发展的前提和基础。为贯彻落实《中共中央　国务院关于推进安全生产领域改革发展的意见》精神,进一步加强和改进安全生产工作,现就推进公路水路行业安全生产领域改革发展提出如下实施意见:

一、总体要求

(一)指导思想。全面贯彻党的十八大和十八届三中、四中、五中、六中全会精神,以邓小平理论、"三个代表"重要思想、科学发展观为指导,深入贯彻习近平总书记系列重要讲话精神和治国理政新理念新思想新战略,坚持安全发展,坚守发展决不能以牺牲安全为代价这条不可逾越的红线,以"平安交通"为统领,以防范遏制重特大安全生产事故为重点,加强领导、改革创新,着力强化企业安全生产主体责任,着力堵塞监督管理漏洞,着力夯实安全生产基础,扎实推动公路水路行业安全生产工作系统化、规范化、标准化,切实增强安全防范治理能力,为我国经济社会发展提供更加可靠的交通运输安全保障。

(二)基本原则。

——坚持安全发展。贯彻以人民为中心的发展思想,始终把人的生命安全放在首位,切实解决行业安全生产突出问题,补齐行业安全发展短板,增强行业安全发展能力。

——坚持改革创新。不断推进安全生产理论创新、制度创新、体制机制创新、科技创新和文化创新,增强内生动力,激发创新活力,推动安全生产与经济社会协调发展。

——坚持依法监管。运用法治思维和法治方式,完善安全生产法规制度和标准体系,严格规范公正文明执法,增强监管执法效能,提高行业安全生产法治化水平。

——坚持系统治理。构建风险分级管控和隐患排查治理双重预防工作机制,加强事中事后监管,综合运用法律、行政、经济、市场等手段,综合采取人防、技防、物防措施,提升行业安全生产治理能力。

(三)目标任务。"十三五"期比"十二五"期,较大以上等级道路运输行车事故死亡人数下降率20%,运输船舶百万吨港口吞吐量水上交通事故死亡人数下降率20%,港口营运亿吨吞吐量事故件数、死亡人数下降率5%,工程建设百亿元投资事故件数、死亡人数下降率4%,重特大事故频发势头得到有效遏制。公路水路行业安全体系基本建成,安全生产整体水平与全面建成小康社会和交通运输事业发展相适应。到2030年,实现行业安全生产治理体系和治理能力现代化，从业人员安全素质整体提升，安全保障能力显著增强，有效保障经济社会发展和人民群众安全便捷出行。

二、严格落实安全生产责任

（四）强化部门监管责任落实。坚持党政同责、一岗双责、齐抓共管、失职追责，按照管行业必须管安全、管业务必须管安全、管生产经营必须管安全的要求，制定《公路水路行业安全生产监督管理工作责任规范导则》，指导各级交通运输主管部门及行业负有安全生产监督管理职责的机构（以下简称交通运输管理部门）制定安全生产监督管理工作责任规范，规范履职行为。交通运输管理部门依法依规履行安全生产和职业健康监管职责，从法规、政策、标准、规划、行政许可、监督检查执法等方面加强安全生产工作。

（五）严格落实企业主体责任。交通运输企业对本单位安全生产和职业健康工作负全面责任，依法依规设置安全生产管理机构，配足安全生产专职管理人员，加大安全生产资金投入，提高运输工具、装备设施安全性能，建立健全自我约束、持续改进的内生机制。实行企业全员安全生产责任制度，细化并落实主要负责人、管理人员和每个岗位的责任。法定代表人和实际控制人同为安全生产第一责任人，主要技术负责人负有安全生产技术决策和指挥权，强化部门安全生产职责，落实一岗双责。建立全过程安全生产和职业健康管理制度，做到安全责任、管理、投入、培训和应急救援"五到位"。国有企业要发挥安全生产工作示范带头作用，自觉接受属地监管。按规定开展安全生产风险评估和辨识，建立管控制度，制定落实安全操作规程，做到"清单化""痕迹化"管理。树立"隐患就是事故"理念，建立健全隐患排查治理制度、重大隐患治理情况向交通运输有关部门和企业职代会"双报告"制度，实行自查自改自报闭环管理。大力推进企业安全生产标准化建设，开展经常性的应急演练，依法诚实守信开展安全生产工作。

（六）健全责任考核机制。建立省级交通运输主管部门"平安交通"建设和部属单位安全生产工作考核评价制度和指标体系，开展评价和考核工作。各地交通运输主管部门要对所属负有安全生产监督管理职责的部门和下级交通运输主管部门实施安全生产工作考核或评价。建立安全生产绩效与履职评定、职务晋升、奖励惩处挂钩制度，严格实行安全生产"一票否决"。

（七）严格责任追究和尽职免责制度。各级交通运输管理部门要实行党政领导干部任期安全生产责任制，依法依规制定安全生产权力和责任清单，尽职照单免责、失职照单问责。建立企业生产经营全过程安全生产责任追溯制度，完善安全生产事故和重大隐患的问责追责机制。按照"四不放过"原则，严格事故调查处理，依法严肃追究责任单位和相关责任人责任。严格事故报告制度，对瞒报、谎报、漏报、迟报事故的单位和个人依法依规追责。对被追究刑事责任的生产经营者依法实施相应的职业禁入，对事故发生负有重大责任的社会服务机构和人员依法严肃追究法律责任，并依法实施相应的行业禁入。

三、改革安全监管体制机制

（八）完善安全生产监督管理体制。各级交通运输主管部门要建立健全安全生产委员会，充分发挥统筹协调和督促检查作用，加强本单位安全生产工作的组织领导，切实解决突出问题。加强运政、路政、海事、航道、公安等单位的业务指导和监督检查，进一步加强安全生产监管队伍建设，充实基层安全生产监管人员。按照国家统一部署，建立安全生产和职业健康一体化监管执法体制，依法依规履行安全生产和职业健康监管职责。

（九）完善重点领域安全生产监管体制。按照《安全生产法》的规定，明确将公路水路行业安全生产执法职责纳入交通运输各业务领域现有执法机构或综合执法机构。各地交通运输主管部门要在地方政府领导下，进一步厘清存在重叠交叉的港区与经济开发区、保税区、海关监管区等功能区安全管理职责分工；指导和督促所在地港口行政管理部门进一步厘清与安全监管、公安等部门在港口危化品监管方面的职责边界，对管理职责不清的，应主动报告当地政府，推动地方政府明确部门职责分工。加快推动港航公安管理体制改革。

（十）完善部门协调机制。健全优化与安监、公安等相关部门以及交通运输各行业领域安全监管部门之间的沟通协调机制，依法开展联合检查和打非治违联合执法。推进建立部门间非法违规信息抄告机制，加强相关安全监管信息共享，提高监督检查效能。健全省、市、县三级安全生产应急救援管理工作机制。

四、大力推进依法治理

（十一）健全法规制度体系。结合实际，加快推进行业安全生产相关法规制度立改废工作，制定安全生产中长期立法规划，突出重点领域，加快制定针对性和操作性强、科学规范的法规制度。加强行业安全生产地方性法规制度建设，解决区域性安全生产突出问题。

（十二）健全标准规范。制定行业安全生产国家标准或行业标准，重点围绕公路水运基础设施建设运营与养护、运输工具和装备设施、生产作业等制定完善相应的安全生产标准规范。鼓励依法成立的社会团体和企业制定更加严格规范的安全生产标准，结合国情积极借鉴实施国际先进标准。

（十三）严格安全准入制度。严格道路水路客运和危险货物运输、危险货物港口作业、公路水运工程施工等高危领域安全准入条件。按照强化监管和便民服务相结合的原则，科学设置安全生产行政许可事项，对取消、下放、移交的行政许可事项，加强事中事后安全监管。建立安全生产倒逼机制和优胜劣汰机制，鼓励安全生产条件好和安全管理水平高的企业加快发展，对不满足安全生产条件或整改后仍达不到要求的企业，依法强制退出。

（十四）规范监管执法行为。完善安全生产监管执法制度，明确每个交通运输企业安全生产监督管理主体，制定实施安全监管执法计划，完善执法程序规定，依法严格查处各类违法违规行为。加大“四不两直”、暗查暗访、突击检查、“双随机”抽查力度。加强与公安、检察院、法院等协调配合，完善安全生产违法线索通报、案件移送与协查机制。对违法行为当事人拒不执行安全生产行政执法决定的，交通运输各有关部门应依法申请司法机关强制执行。完善执法监督机制，加强社会监督和舆论监督，保证执法严明、有错必纠。

（十五）健全监管执法保障体系。明确安全生产监管执法装备及现场执法和应急救援用车配备标准，将安全生产监管执法经费纳入同级财政保障范围，推动建立安全监管人员岗位津贴制度。加强安全生产监管执法制度化、标准化、信息化建设，确保规范高效监管执法。建立安全生产监管执法人员依法履行法定职责制度，激励保证监管执法人员忠于职守、履职尽责。严格安全生产监管执法人员资格管理，建立健全安全生产监管执法人员凡进必考、入职培训、持证上岗和定期轮训制度。

（十六）完善事故调查处理机制。健全组织或参与公路水路行业安全生产事故调查机制，完善事故调查组组长负责制。建立事故调查分析技术支撑体系，较大等级以上事故调查报告应设立技术和管理问题专篇，详细分析原因并全文发布，做好解读，回应公众关切。对事故调查发现有漏洞、缺陷的有关法律法规和标准制度，及时启动制定修订工作。建立事故暴露问题整改督办制度，对履职不力、整改措施不落实的，依法依规严肃追究有关单位和人员责任。

五、建立安全预防控制体系

（十七）加强安全风险管控。制定出台《公路水路行业安全生产风险管理暂行办法》，规范安全生产风险辨识、评估与管控工作，强化道路水路运输、港口营运、公路水运工程等重点领域的安全生产风险管理，实施重大安全风险备案。加强跨行业跨部门跨地区安全生产风险联防联控，充分利用科技和信息化手段，强化预测预警预控和过程监管。按照有关标准规范和要求加强规范引导，科学合理建设，优化港口危险货物集中区域布置，合理确定区域范围，降低区域风险。定期开展港口危险货物集中区域风险和应急能力评估，通过区域定量风险计算，确定安全容量，实施总量控制。

（十八）加强隐患排查治理。制定出台《公路水路行业安全生产事故隐患治理暂行办法》，明确安全生产事故隐患分类分级标准和整改措施，监督检查交通运输企业隐患排查治理工作，建立并严格落实重大隐患挂牌督办制度，对重大隐患督办整改不力的实行约谈告诫、公开曝光；情节严重的依法依规严肃问责。强化隐患排查治理监督执法，建立与企业隐患排查治理系统联网的信息平台，继续深入开展隐患排查治理攻坚行动。

（十九）加强重点领域治理。继续扎实开展“道路运输平安年”“平安船舶”、危险货物港口作业安全治理等专项行动。实施普通公路、特别是农村路中的急弯陡坡、临水临崖危险路段公路安全生命防护工程建设。加强跨海大桥、海底隧道、轨道交通、航运枢纽、港口等防灾监测、安全检测及防护系统建设。提高长途客运车辆、旅游客车、危险物品运输车辆和船舶安全性能，对已运行的要加快安全技术装备改造升级。强化重点营运车辆联网联控，推进道路、水路旅客运输实名制工作。

六、加强安全基础保障能力建设

（二十）推进安全与应急基础设施和装备建设。继续开展危桥改造和渡口改造、渡改桥工程、救生衣行动。加快安全监管应急救援船舶、飞机、基地和长江干线监管救助和抢险打捞能力建设，完善安全监管和应急配套设施建设。鼓励各地将渡口渡船纳入公共交通服务领域，加强安全设施和装备建设。全面提升水上交通运输安全保障和应急处置能力，建设完善近岸通信监控系统布局，加强深远海通信监控能力；加强大吨位抢险打捞、深海远海搜寻救助和打捞装备建设，加强长江等主要内河监管救助和抢险打捞能力建设。统筹公路水路应急物资储备基地布局和建设，研究推进危化品应急处置能力建设。

（二十一）建立安全科技支撑体系。加强公路水路行业安全生产理论和政策研究，运用大数据技术开展安全生产规律性分析，提高安全生产决策科学化水平。加强安全应急关键技术研究和装备研发,推广应用性能可靠、先进适用的新技术、新工艺、新设备和新材料。积极推动卫星导航、地理信息和大数据分析技术在防灾预警、应急救援等方面的应用,增强突发事件应急处置能力。重点推进安全生产监督监察、安全执法、安全生产与应急管理培训教育等信息化建设和企业安全生产标准化管理系统升级改造。

(二十二)发挥市场机制推动作用。建立交通运输企业增加安全投入的激励约束机制,鼓励企业购买和运用安全生产管理和技术服务。交通运输管理部门应建立和完善购买安全生产服务制度,支持和引导第三方机构开展安全生产评价等技术服务。积极推进实施安全生产责任保险制度,切实发挥保险机构参与风险评估管控和事故预防功能。积极推进交通运输企业安全生产诚信体系建设,实现与交通运输信用体系相对接,建立安全生产违法违规行为信息库,研究建立交通运输企业安全生产不良记录"黑名单"制度,完善失信惩戒和守信激励机制。

(二十三)健全安全培训教育体系。组织开展基于典型案例的港航特大安全风险防控研究,深入剖析典型事故案例,坚持以案说法,在行业中广泛开展安全警示教育。将安全生产监督管理纳入各级交通运输领导干部培训内容。实施从业人员安全素质提升工程,督促企业严格落实安全教育培训制度,切实做到先培训、后上岗。推进安全文化建设,加强安全生产公益宣传和社会监督,公开并畅通社会公众投诉举报渠道。加强行业安全生产与应急领域的国际交流合作,学习借鉴国外安全生产与职业健康先进经验。

七、强化实施保障

(二十四)加强组织领导。各部门、各单位要实行主要领导负责制,坚决抓好《中共中央国务院关于推进安全生产领域改革发展的意见》的贯彻落实,并按照本实施意见的要求,结合各地实际,制定本部门本单位的具体实施办法,进一步细化工作任务,明确责任分工和完成时限。贯彻落实情况要及时向交通运输部安委会报告。

(二十五)加强宣传引导。各部门、各单位要加强行业安全生产领域改革发展工作的宣传引导,周密安排,层层动员部署,充分利用各种宣传媒介,大力宣贯和解读安全生产领域改革发展的重要内容,推动各项改革举措有效落实。

(二十六)加强督查考核。各部门、各单位要把行业安全生产领域改革发展作为年度工作目标考核重要内容,加大督查力度,及时发现并解决存在的困难和问题,确保各项措施取得实实在在的成效。

交通运输部
2017 年 3 月 27 日

14.《交通运输部办公厅关于印发〈公路水路行业安全生产监督管理工作责任规范导则〉的通知》(交办安监〔2017〕59号)

交通运输部办公厅关于印发《公路水路行业安全生产监督管理工作责任规范导则》的通知

各省、自治区、直辖市、新疆生产建设兵团交通运输厅(局、委),长江、珠江航务管理局,各直属海事局:

经交通运输部同意,现将《公路水路行业安全生产监督管理工作责任规范导则》印发给你们,请遵照执行。

交通运输部办公厅

2017年4月26日

公路水路行业安全生产监督管理工作责任规范导则

第一章 总 则

第一条 为指导各级交通运输管理部门科学准确界定公路水路行业安全生产监督管理责任,规范安全生产监督管理履职行为,依据《中华人民共和国安全生产法》《中共中央国务院关于推进安全生产领域改革发展的意见》等有关法律法规和相关规定,制定本导则。

第二条 本导则明确了公路水路行业安全生产监督管理工作责任规范制定的原则、方法和要求等。

第三条 本导则适用于各级交通运输主管部门及负有安全生产监督管理职责的行业管理机构(以下统称交通运输管理部门)在公路、水路领域内安全生产监督管理工作责任规范的编制工作。

负有安全生产监督管理职责的行业管理机构包括公路、运政、港政、海事、航道(含船闸)、质监、交通公安、综合执法机构等。

第四条 交通运输管理部门应按照"党政同责、一岗双责、齐抓共管、失职追责""管行业必须管安全,管业务必须管安全,管生产经营必须管安全""尽职照单免责,失职照单问责"的要求,明确本单位的安全生产监督管理职责。

第二章 安全生产监督管理职责

第五条 明确安全生产监督管理工作职责的依据包括:有关法律行政法规、中央和国务院有关规定、部门“三定”规定、地方人民政府和上级交通运输管理部门有关规定。以上依据之间存在不一致的,按照法律效力优先的原则确定。

第六条 交通运输管理部门应按照“职责明确、权责一致、边界清晰”的要求,对本单位和内部相关部门安全生产监督管理工作职责和履职行为进行明确和规范,可根据实际细化到工作岗位。

第七条 公路水路行业安全生产监督管理职责可包括但不限于以下内容:

(一)法规制度、政策标准的制定实施;

(二)涉及安全生产相关事项的审查、批准、验收;

(三)对管理相对人的安全生产开展监督检查;

(四)对影响安全生产违法违规行为的行政处罚;

(五)事故应急救援与调查处理;

(六)宣传教育培训;

(七)对下级管理部门开展监督检查、目标考核与责任追究;

(八)举报受理和社会公告;

(九)安全生产信息报告及监测预警。

第八条 交通运输主管部门的安全生产监督管理工作责任规范应报告本级人民政府或本级人民政府规定的部门,按照有关规定备案或获得同意,并抄报上一级交通运输主管部门;交通运输行业管理机构的安全生产监督管理工作责任规范应报上一级交通运输管理部门备案或批准。

第九条 交通运输管理部门应向社会公开安全生产监督管理工作责任清单。

第三章 安全生产监督管理履职行为要求

第十条 交通运输管理部门应按下列要求履行安全生产监督管理职责:

(一)计划制定。交通运输管理部门应制定年度安全监督管理工作计划,内容包括时间安排、主要事项、履职方式和任务分工等,年度计划应经本部门主管领导审定。

(二)实施组织。交通运输管理部门应按照计划组织落实安全生产监督管理工作,并为计划落实提供必要的资源保障。相关工作人员应按规范的工作程序、按时限要求组织实施。如有特殊情况,应专门作出说明,并经本部门主管领导审定。

(三)检查督办。交通运输管理部门应安排对工作计划的落实情况进行跟踪督办,确保工作计划有效实施,取得效果。

(四)持续改进。交通运输管理部门应对其安全生产监督管理工作进行总结评价,查找问题和不足,改进工作。

第十一条 制定具体安全生产监督管理职责和工作规范时,应参照单位履职程序和要求,细化具体的工作指标、行为、形式和结果。

第十二条 交通运输管理部门应规范记录各项安全生产监督管理工作开展情况,并将有关文件、资料、报告、批件、图像和声像档案材料等存档备查,保存期一般为 3 年。

第十三条 交通运输管理部门依照相关规定,可以在其法定权限内通过政府购买服务的方式委托第三方服务机构,为履行监督管理工作提供专业技术支持,但不改变交通运输管理部门的监督管理责任。

第四章　考核、问责与免责

第十四条　交通运输管理部门应加强安全生产监督管理工作责任落实情况的考核，科学合理确定考核指标，明确考核方式，注重考核结果运用。

第十五条　交通运输管理部门应建立安全生产监督管理工作责任履行问责机制。

对于未严格履行职责导致发生责任安全生产事故的，应按照有关规定调查处理并严肃问责。

第十六条　交通运输管理部门在编制安全生产监督管理工作责任规范时，可以依据有关规定明确有下列情形之一的，不承担责任：

（一）因生产经营单位、中介机构等行政管理相对人的行为，致使交通运输管理部门和人员无法做出正确行政执法行为的；

（二）因有关行政执法依据规定不一致，致使行政执法行为适用法律、法规和规章依据不当的；

（三）因不能预见、不能避免并不能克服的不可抗力致使行政执法行为违法、不当或者未履行法定职责的；

（四）违法、不当的行政执法行为情节轻微并及时纠正，没有造成不良后果或者不良后果被及时消除的；

（五）对发现的安全生产非法、违法行为和事故隐患已经依法查处，因生产经营单位及其从业人员拒不执行安全生产监管执法行政指令导致生产安全事故的；

（六）生产经营单位非法经营或者经责令停产停业整顿后仍不具备安全生产条件，交通运输管理部门已经依法提请县级以上地方人民政府决定取缔或者关闭的；

（七）对拒不执行行政决定的生产经营单位，交通运输管理部门已经依法申请人民法院强制执行的；

（八）依法不承担责任的其他情形。

第五章　附　　则

第十七条　本导则自 2017 年 6 月 1 日起施行，有效期 3 年。

15.《交通运输部关于印发〈公路水路行业安全生产风险管理暂行办法〉〈公路水路行业安全生产事故隐患治理暂行办法〉的通知》(交安监发〔2017〕60号)

交通运输部关于印发《公路水路行业安全生产风险管理暂行办法》《公路水路行业安全生产事故隐患治理暂行办法》的通知

各省、自治区、直辖市、新疆生产建设兵团交通运输厅(局、委),长江、珠江航务管理局,各直属海事局:

为推进建立公路水路行业安全生产风险管理和隐患治理双重预防机制,部制定了《公路水路行业安全生产风险管理暂行办法》《公路水路行业安全生产事故隐患治理暂行办法》,现印发你们,请结合以下要求贯彻执行。

一、深刻认识加强安全生产风险管理和隐患治理工作的重要性。

构建安全生产风险管理和隐患治理双重预防体系是贯彻落实中共中央国务院关于推进安全生产领域改革发展的重要要求,是转变安全生产管理方式提高安全生产管理水平的重要途径,是有效防范和遏制安全生产重特大事故的重要举措。各部门、各单位要按照“标本兼治、综合治理、系统建设”的总要求,将安全生产风险管理和隐患治理作为当前和今后一段时期安全生产工作的重中之重,认真组织贯彻落实《公路水路行业安全生产风险管理暂行办法》《公路水路行业安全生产隐患治理暂行办法》,积极推进安全生产风险管理和隐患治理机制建设,持续推动交通运输事业安全发展。

二、加强组织领导,统筹谋划各项工作。

部安委会统一组织领导公路水路行业安全生产风险管理和隐患治理体系建设工作,部安委办具体负责统筹协调,并制定安全生产风险辨识评估基本规范;各业务主管司局应按职责分工,在负责领域内组织推进安全生产风险管理和隐患治理体系建设,具体制定行业安全生产风险和事故隐患等级判定指南,指导有关工作开展。各省级交通运输主管部门要加强组织领导,将相关工作纳入重点工作研究和部署,统筹协调推进各项工作;各行业主管部门要在负责领域内组织实施有关规章制度和标准规范,指导生产经营单位规范开展相关安全生产风险管理和隐患排查治理工作。

三、结合行业实际,分领域稳步推进。

推进风险管控和隐患治理体系建设是安全生产领域一项重要的改革发展任务,难度大、任务重,需要各行业领域结合实际,开拓创新、稳步推进、持续完善。要在客运、危险货物运输、工程建设等安全生产风险较大的重点领域率先开展风险管控和隐患治理体系建设。在其他领域可组织开展试点示范,尽快形成一批可复制、可推广的经验做法,以点带面,逐步推广实施。在各行业领域安全生产风险管理和隐患治理体系建设工作中,要充分结合行业工作实际和现有工作基础,并在实践中大胆创新、积极探索,不断建立完善相关工作制度、标准规范和操作规程,逐步形成完善的工作体系。

四、强化工作保障,确保取得实际效果。

各部门、各单位要切实加强安全生产风险管理和隐患治理体系建设的工作保障,加快信息平台建设,提升信息化水平,注重关键安防技术装备研发和推广应用,积极探索运用大数据、信息化、智能化等新技术新手段,解决实施过程中存在的问题。要加大工作指导力度,加强经验交流和工作总结,开展针对性培训教育工作,为公路水路行业安全生产风险管理和隐患治理体系建设创造良好条件。

请各部门、各部门将本行业、领域安全生产风险管理和隐患治理实施办法以及工作中好的经验做法和存在的问题及时报部。

交通运输部

2017 年 4 月 27 日

公路水路行业安全生产风险管理暂行办法

第一章　总　　则

第一条　为加强公路水路行业安全生产风险管理,规范安全生产风险辨识、评估与管控工作,防范和遏制安全生产事故,依据《中华人民共和国安全生产法》和交通运输有关法规制度,制定本办法。

第二条　本办法适用于公路水路行业安全生产风险辨识、评估、管控及其监督管理工作。

第三条　从事公路水路行业生产经营活动的企事业单位(以下简称生产经营单位)是安全生产风险管理的实施主体,应依法依规建立健全安全生产风险管理工作制度,开展本单位管理范围内的风险辨识、评估等工作,落实重大风险登记、重大危险源报备和控制责任,防范和减少安全生产事故。

第四条　交通运输部指导全国公路水路行业安全生产风险管理工作。地方交通运输管理部门和有关部属单位指导管辖范围内安全生产风险管理工作。属地负有安全生产监督管理职责的交通运输管理部门具体负责管辖范围内生产经营单位重大风险辨识、评估与管控的监督管理工作。

第五条　公路水路行业安全生产风险管理工作应坚持“单位负责、行业监管、动态实施、科学管控”的原则。

第二章　分类分级

第六条　公路水路行业安全生产风险(以下简称风险)是指生产经营过程中发生安全生产事故的可能性。

第七条　风险按业务领域分为道路运输风险、水路运输风险、港口营运风险、交通工程建设风险、交通设施养护工程风险和其他风险六个类型。每个类型可按照业务属性分为若干类别。

第八条　风险等级按照可能导致安全生产事故的后果和概率,由高到低依次分为重大、较大、一般和较小四个等级。

第九条　重大风险是指一定条件下易导致特别重大安全生产事故的风险。

较大风险是指一定条件下易导致重大安全生产事故的风险。

一般风险是指一定条件下易导致较大安全生产事故的风险。

较小风险是指一定条件下易导致一般安全生产事故的风险。

以上同时满足两个以上条件的,按最高等级确定风险等级。

第十条　各重点领域的风险等级判定指南由交通运输部另行发布。

第三章　辨识、评估与控制

第一节　辨识与评估

第十一条　生产经营单位应针对本单位生产经营活动范围及其生产经营环节,按照相关法规标准要求,编制风险辨识手册,明确风险辨识范围、方式和程序。

第十二条 生产经营单位风险辨识应针对影响发生安全生产事故及其损失程度的致险因素进行,致险因素一般包含以下方面:

(一)从业人员安全意识、安全与应急技能、安全行为或状态;

(二)生产经营基础设施、运输工具、工作场所等设施设备的安全可靠性;

(三)影响安全生产外部要素的可知性和应对措施;

(四)安全生产的管理机构、工作机制及安全生产管理制度合规和完备性。

第十三条 生产经营单位安全生产风险辨识分为全面辨识和专项辨识。全面辨识是生产经营单位为全面掌握地本单位安全生产风险,全面、系统对本单位生产经营活动开展的风险辨识;专项辨识是生产经营单位为及时掌握本单位重点业务、工作环节或重点部位、管理对象的安全生产风险,对本单位生产经营活动范围内部分领域开展的安全生产风险辨识。

第十四条 全面辨识应每年不少于1次,专项辨识应在生产经营环节或其要素发生重大变化或管理部门有特殊要求时及时开展。安全生产风险辨识结束后应形成风险清单。

第十五条 生产经营单位应依据风险等级判定指南,对风险清单中所列风险进行逐项评估,确定风险等级以及主要致险因素和控制范围。

第十六条 风险致险因素发生变化超出控制范围的,生产经营单位应及时组织重新评估并确定等级。

生产经营单位重大风险等级评定、等级变更和销号,可委托第三方服务机构进行评估或成立评估组进行评估,出具评估结论。生产经营单位成立的评估组成员应包括生产经营单位负责人或安全管理部门负责人和相关业务部门负责人、2名以上相关专业领域具有一定从业经历的专业技术人员。

第二节　管理与控制

第十七条 生产经营单位应依据风险的等级、性质等因素,科学制定管控措施。

第十八条 生产经营单位应建立风险动态监控机制,按要求进行监测、评估、预警,及时掌握风险的状态和变化趋势。

第十九条 生产经营单位应严格落实风险管控措施,保障必要的投入,将风险控制在可接受范围内。

第二十条 生产经营单位应当将风险基本情况、应急措施等信息通过安全手册、公告提醒、标识牌、讲解宣传等方式告知本单位从业人员和进入风险工作区域的外来人员,指导、督促做好安全防范。

第二十一条 生产经营单位应针对本单位风险可能导致的安全生产事故,制定或完善应急措施。

第二十二条 当风险的致险因素超出管控范围,达到预警条件的,生产经营单位应及时发出预警信息,并立即采取针对性管控措施,防范安全生产事故发生。发生安全生产事故的,应按有关规定,及时有效处置。

第二十三条 生产经营单位应对管理范围内风险辨识、评估、登记、管控、应急等情况进行年度总结和分析,针对存在的问题提出改进措施。

第二十四条 生产经营单位应如实记录风险辨识、评估、监测、管控等工作,并规范管理档案。重大风险应单独建立清单和专项档案。

第二十五条 生产经营单位应加大安全投入,积极开展风险辨识、评估、管控相关技术研究和应用,提升风险管控能力。

第三节 重大风险管控与登记

第二十六条 生产经营单位应按下列要求加强重大风险管控:

(一)对重大风险制定动态监测计划,定期更新监测数据或状态,每月不少于1次,并单独建档;

(二)重大风险应单独编制专项应急措施;

(三)重大风险确定后按年度组织专业技术人员对风险管控措施进行评估改进,年度评估报告应在次年1个月内通过交通运输安全生产风险管理系统向属地负有安全生产监督管理职责的交通运输管理部门报送。

第二十七条 生产经营单位应对进入重大风险影响区域的本单位从业人员组织开展安全防范、应急逃生避险和应急处置等相关培训和演练。

第二十八条 生产经营单位应当在重大风险所在场所设置明显的安全警示标志,标明重大风险危险特性、可能发生的事件后果、安全防范和应急措施。

第二十九条 生产经营单位应当将重大风险的名称、位置、危险特性、影响范围、可能发生的安全生产事故及后果、管控措施和安全防范与应急措施告知直接影响范围内的相关单位或人员。

第三十条 生产经营单位应当将本单位重大风险有关信息通过公路水路行业安全生产风险管理信息系统进行登记,构成重大危险源的应向属地综合安全生产监督管理部门备案。登记(含重大危险源报备,下同)信息应当及时、准确、真实。

第三十一条 重大风险登记主要内容包括基本信息、管控信息、预警信息和事故信息等。

(一)基本信息包括重大风险名称、类型、主要致险因素、评估报告,所属生产经营单位单位名称、联系人及方式等信息;

(二)管控信息包括管控措施(含应急措施)和可能发生的安全生产事故及影响范围与后果等信息;

(三)预警信息包括预警事件类型、级别,可能影响区域范围、持续时间、发布(报送)范围,应对措施等;

(四)事故信息包括重大风险管控失效发生的安全生产事故名称、类型、级别、发生时间、造成的人员伤亡和损失、应急处置情况、调查处理报告等;

(五)填报单位、人员、时间,以及需填报的其他信息。

上述第(三)、(四)款信息在预警或安全生产事故发生后登记或报备。

第三十二条 重大风险登记分为初次、定期和动态三种方式。

第三十三条 初次登记,应在评估确定重大风险后5个工作日内填报。

第三十四条 定期登记,采取季度和年度登记,季度登记截止时间为每季度结束后次月10日;年度登记时间为自然年,截止时间为次年1月30日。

第三十五条 生产经营单位发现重大风险的致险因素超出管控范围,或出现新的致险因素,导致发生安全生产事故概率显著增加或预估后果加重时,应在5个工作日内动态填报相关异常信息。

第三十六条 重大风险经评估确定等级降低或解除的,生产经营单位应于5个工作日内通过公路水路行业安全生产风险管理系统予以销号。

第三十七条 重大风险管控失效发生安全生产事故的,应急处置和调查处理结束后,应在15个工作日对相关工作进行评估总结,明确改进措施,评估总结应向属地负有安全生产监督管理职责的交通运输管理部门报送。

第四章 监督管理

第三十八条 属地负有安全生产监督管理职责的交通运输管理部门应将管辖范围内的生产经营单位安全生产风险管理工作纳入日常监督管理,将重大风险监督抽查纳入安全生产年度监督检查计划,明确抽查比例和方式,督促企业落实管控责任。

第三十九条 属地负有安全生产监督管理职责的交通运输管理部门对生产经营单位重大风险监督抽查的主要内容包括:

(一)重大风险管理制度、岗位责任制建设情况;

(二)重大风险登记、监测管控等落实情况;

(三)重大风险应急措施和应急演练情况。

第四十条 属地负有安全生产监督管理职责的交通运输管理部门应对监督抽查发现重大风险辨识、管控、登记等工作落实不到位的生产经营单位采取以下措施予以监督整改。

(一)对未建立完善的重大风险管理制度、机制、岗位责任体系和重大风险应急措施的予以督促整改;

(二)对未按规定开展重大风险辨识、评估、登记、评估改进和应急演练等工作的予以限期整改;

(三)对重大风险未有效实施监测和控制的纳入重大安全生产隐患予以挂牌督办;

(四)对重大风险控制不力,不能保证安全的,应依据相关法律法规予以处罚。

第四十一条 属地负有安全生产监督管理职责的交通运输管理部门应规范记录对生产经营单位风险管理监督抽查的有关信息,针对管辖范围内的重大风险建立档案,妥善保存相关文件资料。

第四十二条 交通运输管理部门可以通过购买服务的方式,委托专业第三方服务机构开展重大风险督查检查工作。

第四十三条 交通运输管理部门应通过政策、法规标准和科技项目支持等方式,鼓励引导行业开展风险管控技术装备研究与应用,充分运用信息化、智能化、大数据等技术手段和先进工艺、材料、技术、装备,提升风险管控水平和安全监管能力。

第四十四条 任何单位或者个人对生产经营单位安全生产风险管理违法违规行为,均有权向生产经营单位或交通运输管理部门投诉或举报。

第四十五条 交通运输管理部门或生产经营单位应对拟公布的风险信息进行评估,涉及社会稳定和国家安全的,应遵照国家保密法律法规,未经允许不得公开。

第四十六条 交通运输管理部门对不按有关规定开展风险辨识、评估以及监测、管控重大风险的生产经营单位和相关人员,应依法依规予以处理,并记入其安全生产不良信用记录。

第四十七条 受生产经营单位委托承担风险辨识、评估、管控支持和监督检查的第三方服务机构,应对其承担工作的合规性、准确性负责。生产经营单位委托第三方服务机构提供风险管理相关支持工作,不改变生产经营单位风险管理的主体责任。

第四十八条 属地负有安全生产监督管理职责的交通运输管理部门及工作人员,对生产经营单位重大风险监督管理失职渎职,导致发生安全生产事故的,应依法依规追究责任。

第五章 附 则

第四十九条 属地负有安全生产监督管理职责的交通运输管理部门是指依据相关法律法规或有关规定,直接对生产经营单位交通运输相关业务安全生产工作负有监督管理责任的单位或部门。

第五十条 本办法自2018年1月1日起实施,有效期3年。

公路水路行业安全生产事故隐患治理暂行办法

第一章　总　　则

第一条　为加强和规范公路水路行业安全生产隐患治理工作，督促从事交通运输生产经营活动的企事业单位（以下简称生产经营单位）落实安全生产主体责任，防范和遏制公路水路行业安全生产事故发生，保障人民群众生命财产安全，依据《中华人民共和国安全生产法》和交通运输有关法规制度，制定本办法。

第二条　本办法适用于公路水路行业安全生产隐患排查、整改及其监督管理工作。

第三条　本办法所称安全生产隐患，是生产经营单位违反安全生产法律、法规、规章、标准、规程和安全生产管理制度等规定，或因其他因素在生产经营活动中存在的可能导致安全生产事故发生的人的不安全行为、物的不安全状态、场所的不安全因素和管理上的缺陷。

第四条　生产经营单位是隐患治理的责任主体，生产经营单位主要负责人对本单位隐患治理工作全面负责，应当部署、督促、检查本单位或本单位职责范围内的隐患治理工作，及时消除隐患。

第五条　交通运输部指导全国公路水路行业安全生产隐患治理管理工作。地方交通运输管理部门和有关部属单位指导管辖范围内安全生产隐患治理管理工作。属地负有安全生产监督管理职责的交通运输管理部门具体负责管辖范围内生产经营单位安全生产隐患治理的监督，督促生产经营单位落实重大隐患治理和报备。

第六条　隐患治理工作应坚持"单位负责、行业监管、分级管理、社会监督"的原则。

第二章　分类分级

第七条　隐患按业务领域分为道路运输隐患、水路运输隐患、港口营运隐患、交通工程建设隐患、交通设施养护工程隐患和其他隐患六个类型。每个类型可按照业务属性分为若干类别。

第八条　隐患分为重大隐患和一般隐患两个等级。重大隐患是指极易导致重特大安全生产事故，且整改难度较大，需要全部或者局部停产停业，并经过一定时间整改治理方能消除的隐患，或者因外部因素影响致使生产经营单位自身难以消除的隐患。一般隐患是指除重大隐患外，可能导致安全生产事故发生的隐患。

各重点领域重大隐患分级判定指南由交通运输部另行颁布。

第三章　隐患排查与整改

第九条　生产经营单位应当建立健全隐患排查、告知（预警）、整改、评估验收、报备、奖惩考核、建档等制度，逐级明确隐患治理责任，落实到具体岗位和人员。

第十条　生产经营单位应当保障隐患治理投入，做到责任、措施、资金、时限、预案"五到位"。

第十一条 生产经营单位应当建立隐患日常排查、定期排查和专项排查工作机制，明确隐患排查的责任部门和人员、排查范围、程序、频次、统计分析、效果评价和评估改进等要求，及时发现并消除隐患。

第十二条 隐患日常排查是生产经营单位结合日常工作组织开展的经常性隐患排查，排查范围应覆盖日常生产作业环节，日常排查每周应不少于1次。

第十三条 隐患专项排查是生产经营单位在一定范围、领域组织开展的针对特定隐患的排查，一般包括：

（一）根据政府及有关管理部门安全工作专项部署，开展针对性的隐患排查；

（二）根据季节性、规律性安全生产条件变化，开展针对性的隐患排查；

（三）根据新工艺、新材料、新技术、新设备投入使用对安全生产条件形成的变化，开展针对性的隐患排查；

（四）根据安全生产事故情况，开展针对性的隐患排查。

第十四条 隐患定期排查是由生产经营单位根据生产经营活动特点，组织开展涵盖全部交通运输生产经营领域、环节的隐患排查。定期排查每半年应不少于1次。

第十五条 生产经营单位应指定专门机构负责本单位安全生产隐患治理工作，定期检查本单位的安全生产状况，及时组织排查隐患，提出改进安全生产管理的建议。

第十六条 从业人员发现隐患，应当立即向现场安全生产管理人员或者本单位负责人报告；接到报告的人员应当及时予以处理。

第十七条 生产经营单位应认真填写隐患排查记录，形成隐患排查工作台账，包括排查对象或范围、时间、人员、安全技术状况、处理意见等内容，经隐患排查直接责任人签字后妥善保存。

第十八条 生产经营单位对发现或排查出的隐患，应当按照隐患分级判定指南，确定隐患等级，形成隐患清单。

第十九条 生产经营单位应对排查出的隐患立即组织整改，隐患整改情况应当依法如实记录，并向从业人员通报。

第二十条 一般隐患整改完成后，应由生产经营单位组织验收，出具整改验收结论，并由验收主要负责人签字确认。

第二十一条 生产经营单位在隐患整改过程中，应当采取相应的安全防范措施，防范发生安全生产事故。

第二十二条 重大隐患整改应制定专项方案，包括以下内容：

（一）整改的目标和任务；

（二）整改技术方案和整改期的安全保障措施；

（三）经费和物资保障措施；

（四）整改责任部门和人员；

（五）整改时限及节点要求；

（六）应急处置措施；

（七）跟踪督办及验收部门和人员。

第二十三条 重大隐患整改完成后，生产经营单位应委托第三方服务机构或成立隐患整改验收组进行专项验收。生产经营单位成立的隐患整改验收组成员应包括生产经营单位负责人、安全管理部门负责人、相关业务部门负责人和2名以上相关专业领域具有一定从业经历的专业技术人员。整改验收应根据隐患暴露出的问题，全面评估，出具整改验收结论，并由组长签字确认。

第二十四条 重大隐患整改验收通过的，生产经营单位应将验收结论向属地负有安全生产监督管理职责的交通运输管理部门报备，并申请销号。报备申请材料包括：

（一）重大隐患基本情况及整改方案；

（二）重大隐患整改过程；

（三）验收机构或验收组基本情况；

（四）验收报告及结论；

（五）下一步改进措施。

第二十五条 重大隐患整改验收完成后，生产经营单位应对隐患形成原因及整改工作进行分析评估，及时完善相关制度和措施，依据有关规定和制度对相关责任人进行处理，并开展有针对性的培训教育。

第二十六条 生产经营单位应当根据生产经营活动特点，定期组织对本单位隐患治理情况进行统计分析，及时梳理、发现安全生产苗头性问题和规律，形成统计分析报告，改进安全生产工作。

第二十七条 生产经营单位应当建立隐患治理表彰、激励机制，鼓励从业人员主动参与排查和消除隐患，并将隐患治理责任落实情况作为重要内容纳入员工岗位绩效考核。

第二十八条 生产经营单位应当建立隐患治理全员参与机制，畅通投诉、举报渠道，鼓励从业人员对生产经营活动中隐患治理责任不落实，危及生产经营安全的行为和状态进行投诉或举报，并切实保障投诉或举报人合法权益。

第二十九条 工会发现生产经营单位存在隐患时，有权提出解决的建议，生产经营单位应当及时研究答复；对危及从业人员生命安全的隐患，工会有权向生产经营单位建议组织从业人员撤离危险场所，生产经营单位必须立即作出处理。

第三十条 生产经营单位在生产经营活动中存在项目发包、场地或设施设备出租的，应当对承包单位、承租单位的安全生产条件或者相应资质进行审查，并签订专门的安全生产管理协议，或者在承包合同、租赁合同中约定有关安全生产管理事项，明确双方隐患治理责任。

第三十一条 生产经营单位不得向不具备安全生产条件或者相应资质的单位发包项目或出租场地。

第三十二条 生产经营单位应对具备安全生产条件或者相应资质承包、承租单位的安全生产工作统一协调、管理，定期进行安全生产检查，发现隐患的，应当及时督促整改。

第三十三条 生产经营单位应加大安全投入，积极应用信息化、智能化技术手段和安全性能水平高的新工艺、新材料、新技术和新装备，减少和消除隐患。

第四章 重大隐患报备

第三十四条 生产经营单位应按照“及时报备、动态更新、真实准确”的原则，通过公路水路行业安全生产隐患治理信息系统向属地负有安全生产监督管理职责的管理部门及时报备重大隐患信息,负有直接监督管理责任的交通运输管理部门应审查报备信息的完整性。

第三十五条 重大隐患报备信息应包括以下内容:

(一)隐患名称、类型类别、所属生产经营单位及所在行政区划、属地负有安全生产监督管理职责的管理部门;

(二)隐患现状描述及产生原因;

(三)可能导致发生的安全生产事故及后果;

(四)整改方案或已经采取的治理措施,治理效果和可能存在的遗留问题;

(五)隐患整改验收情况、责任人处理结果;

(六)整改期间发生安全生产事故的,还应报送事故及处理结果等信息。

上述第(四)(五)(六)款信息在相关工作完成后报备。

第三十六条 重大隐患报备包括首次报备、定期报备和不定期报备三种方式。

(一)首次报备:应在重大隐患确定后进行报备;

(二)定期报备:报送重大隐患整改的进展情况;

(三)不定期报备:当重大隐患状态发生新的重大变化时,应及时报备相关情况。

第三十七条 生产经营单位的安全生产管理人员在检查中发现重大隐患,应向本单位有关负责人报告,有关负责人不及时处理的,安全生产管理人员应向属地负有安全生产监督管理职责的交通运输管理部门报告。

第三十八条 重大隐患首次报备应在重大隐患确定后 5 个工作日内报备,定期报备应在每季度结束后次月前 10 个工作日内报备,不定期报备应在重大隐患状态发生重大变化后 5 个工作日内进行报备。

第三十九条 生产经营单位应建立重大隐患专项档案,并规范管理。

第五章 隐患治理督查督办

第四十条 属地负有安全生产监督管理职责的交通运输管理部门应建立健全重大隐患治理督办制度,并将重大隐患整改情况纳入年度安全生产监督检查计划内容,明确督促检查责任部门、检查范围。

第四十一条 属地负有安全生产监督管理职责的交通运输管理部门对生产经营单位隐患治理工作督促检查的主要内容应当包括:

(一)贯彻落实管理部门关于隐患治理工作部署和要求的情况;

(二)隐患治理责任体系、岗位制度、工作程序、档案台账等建立、执行情况;

(三)重大隐患报备及统计分析情况;

(四)隐患整改措施落实情况;

(五)隐患告知和警示教育、责任追究情况。

第四十二条 交通运输管理部门对安全生产检查中发现的隐患,应及时告知被检查单位,并督促按照有关要求整改。

第四十三条 交通运输管理部门依法履行安全生产督促检查职责时,生产经营单位应当积极配合,不得拒绝和阻挠。

第四十四条 属地负有安全生产监督管理职责的交通运输管理部门对督促检查、社会举报核实发现的未按要求有效开展隐患排查或整改的生产经营单位，应当下达督促整改通知书，明确存在问题和整改要求，责令限期整改。

第四十五条 属地负有安全生产监督管理职责的交通运输管理部门应当按照管辖权限，对管辖范围内发现存在重大隐患的生产经营单位实行挂牌督办。上级交通运输管理部门发现的重大隐患，应当对下一级交通运输管理部门挂牌督办，要求属地负有安全生产监督管理职责的交通运输管理部门督促生产经营单位按要求进行整改。

第四十六条 属地负有安全生产监督管理职责的交通运输管理部门在接到生产经营单位重大隐患销号申请后，应在5个工作日内对验收结论及验收程序予以形式确认，并对形式确认通过的予以销号，不通过的应责令继续整改。

第四十七条 交通运输管理部门可通过购买服务方式委托第三方服务机构承担隐患治理监督抽查、检测和技术咨询服务。

第六章 监督管理

第四十八条 交通运输管理部门应依据管辖权限，将不按要求开展安全生产隐患排查、治理和报备重大隐患等不良行为记入相关生产经营单位及主要相关责任人的安全生产信用记录。

第四十九条 交通运输管理部门应充分运用信息化、智能化和大数据等技术手段，提升安全隐患治理能力。

第五十条 属地负有安全生产监督管理职责的交通运输管理部门对隐患排查治理不力满足法律法规规定处罚条件，或未按督办要求整改重大隐患，或存在重大隐患不能保证安全的生产经营单位，应依据《中华人民共和国安全生产法》等相关法律法规进行处理。

第五十一条 受交通运输管理部门或生产经营单位委托承担隐患治理相关工作的第三方服务机构，应对其承担工作的合规性、准确性负责。生产经营单位委托第三方专业服务机构提供隐患治理相关支持工作，不改变生产经营单位隐患治理主体责任。

第五十二条 对发现的重大隐患未履行督办责任，导致发生安全生产事故的交通运输管理部门和责任人员，应依法依规追究其法律责任。

第七章 附　　则

第五十三条 属地负有安全生产监督管理职责的交通运输管理部门是依据相关法律法规或有关规定，直接对生产经营单位相关业务安全生产工作负有监督管理责任的单位或部门。

第五十四条 本办法自2018年1月1日起实施，有效期3年。

16.《交通运输部办公厅关于印发〈公路水路行业安全生产工作考核评价办法〉的通知》(交办安监〔2017〕114 号)(节选)

交通运输部办公厅关于印发公路水路行业安全生产工作考核评价办法的通知

各省、自治区、直辖市、新疆生产建设兵团交通运输厅(局、委),部属各单位,部内各司局:

《公路水路行业安全生产工作考核评价办法》已经交通运输部领导同意,现印发给你们,请认真贯彻执行。

交通运输部办公厅

2017 年 8 月 4 日

公路水路行业安全生产工作考核评价办法

第一条 为严格落实安全生产责任,深化平安交通建设,提高安全发展水平,按照“党政同责、一岗双责、齐抓共管、失职追责”和“管行业必须管安全、管业务必须管安全、管生产经营必须管安全”的要求,根据《中华人民共和国安全生产法》等法律法规和有关规定,制定本办法。

第二条 本办法适用于各省(自治区、直辖市)和新疆生产建设兵团交通运输主管部门(以下统称省级交通运输主管部门)以及长江航务管理局、部直属海事局(以下统称部属单位),对省级交通运输主管部门开展平安交通建设评价,对部属单位开展安全生产工作考核。

第三条 考核评价工作由交通运输部安全委员会(以下简称部安委会)负责组织,部安全委员会办公室(以下简称部安委办)负责实施。

第四条 考核评价工作坚持客观公正、科学合理、公开透明、注重实效的原则。

第五条 考核评价指标包括省级交通运输主管部门平安交通建设评价指标和部属单位安全生产工作考核指标。

第六条 考核评价内容包括安全责任、法规制度、体制机制、预防控制、支撑保障、事故和重大隐患情况等。

第七条 考核评价实行千分制,按指标逐项评分。

第八条 考核评价结果分为 4 个等级(以上包括本数,以下不包括本数):

得分 900 分以上为优秀;

得分 800 分以上 900 分以下为良好;

得分 600 分以上 800 分以下为合格;

得分600分以下为不合格。

第九条 发生负有责任的特别重大安全生产事故扣400分;每发生一起负有责任的重大安全生产事故扣100分,最高扣400分。

第十条 各省级交通运输主管部门及部属单位每年1月底前报送上一年度自评报告和自评情况。部安委办组织核查。

第十一条 考核评价结果经部安委会审定后,由部安委办向被考核评价单位反馈。考核评价结果为优秀的予以表扬。省级交通运输主管部门评价结果不合格的,视情况通报省级人民政府。部属单位考核结果通报部人事教育司。

第十二条 对在考核评价工作中弄虚作假、瞒报谎报的单位,视情节轻重给予责令整改、通报批评、降低考核等次等惩处,造成不良影响的依法依规追究有关人员责任。

第十三条 依据本办法,《省级交通运输主管部门平安交通建设评价指标》和《交通运输部所属单位安全生产工作考核指标》由部安委办另行制定发布,并根据需要适时进行调整。

第十四条 各省级交通运输主管部门及部属单位应结合实际,制定和实施考核评价办法。

第十五条 本办法由部安委办负责解释,自2018年1月1日起施行。

附件1:省级交通运输主管部门平安交通建设评价指标(略)

附件2:部属单位安全生产工作考核指标(略)

第二部分

法律法规

1.《中华人民共和国安全生产法》(2002年6月29日中华人民共和国主席令第70号公布;依据2009年8月27日中华人民共和国主席令第18号第一次修正;依据2014年8月31日中华人民共和国主席令第13号第二次修正)

中华人民共和国安全生产法

第一章　总　　则

第一条　为了加强安全生产工作,防止和减少生产安全事故,保障人民群众生命和财产安全,促进经济社会持续健康发展,制定本法。

第二条　在中华人民共和国领域内从事生产经营活动的单位(以下统称生产经营单位)的安全生产,适用本法;有关法律、行政法规对消防安全和道路交通安全、铁路交通安全、水上交通安全、民用航空安全以及核与辐射安全、特种设备安全另有规定的,适用其规定。

第三条　安全生产工作应当以人为本,坚持安全发展,坚持安全第一、预防为主、综合治理的方针,强化和落实生产经营单位的主体责任,建立生产经营单位负责、职工参与、政府监管、行业自律和社会监督的机制。

第四条　生产经营单位必须遵守本法和其他有关安全生产的法律、法规,加强安全生产管理,建立、健全安全生产责任制和安全生产规章制度,改善安全生产条件,推进安全生产标准化建设,提高安全生产水平,确保安全生产。

第五条　生产经营单位的主要负责人对本单位的安全生产工作全面负责。

第六条　生产经营单位的从业人员有依法获得安全生产保障的权利,并应当依法履行安全生产方面的义务。

第七条　工会依法对安全生产工作进行监督。

生产经营单位的工会依法组织职工参加本单位安全生产工作的民主管理和民主监督,维护职工在安全生产方面的合法权益。生产经营单位制定或者修改有关安全生产的规章制度,应当听取工会的意见。

第八条　国务院和县级以上地方各级人民政府应当根据国民经济和社会发展规划制定安全生产规划,并组织实施。安全生产规划应当与城乡规划相衔接。

国务院和县级以上地方各级人民政府应当加强对安全生产工作的领导,支持、督促各有关部门依法履行安全生产监督管理职责,建立健全安全生产工作协调机制,及时协调、解决安全生产监督管理中存在的重大问题。

乡、镇人民政府以及街道办事处、开发区管理机构等地方人民政府的派出机关应当按照职责,加强对本行政区域内生产经营单位安全生产状况的监督检查,协助上级人民政府有关部门依法履行安全生产监督管理职责。

第九条 国务院安全生产监督管理部门依照本法,对全国安全生产工作实施综合监督管理;县级以上地方各级人民政府安全生产监督管理部门依照本法,对本行政区域内安全生产工作实施综合监督管理。

国务院有关部门依照本法和其他有关法律、行政法规的规定,在各自的职责范围内对有关行业、领域的安全生产工作实施监督管理;县级以上地方各级人民政府有关部门依照本法和其他有关法律、法规的规定,在各自的职责范围内对有关行业、领域的安全生产工作实施监督管理。

安全生产监督管理部门和对有关行业、领域的安全生产工作实施监督管理的部门,统称负有安全生产监督管理职责的部门。

第十条 国务院有关部门应当按照保障安全生产的要求,依法及时制定有关的国家标准或者行业标准,并根据科技进步和经济发展适时修订。

生产经营单位必须执行依法制定的保障安全生产的国家标准或者行业标准。

第十一条 各级人民政府及其有关部门应当采取多种形式,加强对有关安全生产的法律、法规和安全生产知识的宣传,增强全社会的安全生产意识。

第十二条 有关协会组织依照法律、行政法规和章程,为生产经营单位提供安全生产方面的信息、培训等服务,发挥自律作用,促进生产经营单位加强安全生产管理。

第十三条 依法设立的为安全生产提供技术、管理服务的机构,依照法律、行政法规和执业准则,接受生产经营单位的委托为其安全生产工作提供技术、管理服务。

生产经营单位委托前款规定的机构提供安全生产技术、管理服务的,保证安全生产的责任仍由本单位负责。

第十四条 国家实行生产安全事故责任追究制度,依照本法和有关法律、法规的规定,追究生产安全事故责任人员的法律责任。

第十五条 国家鼓励和支持安全生产科学技术研究和安全生产先进技术的推广应用,提高安全生产水平。

第十六条 国家对在改善安全生产条件、防止生产安全事故、参加抢险救护等方面取得显著成绩的单位和个人,给予奖励。

第二章 生产经营单位的安全生产保障

第十七条 生产经营单位应当具备本法和有关法律、行政法规和国家标准或者行业标准规定的安全生产条件;不具备安全生产条件的,不得从事生产经营活动。

第十八条 生产经营单位的主要负责人对本单位安全生产工作负有下列职责:

(一)建立、健全本单位安全生产责任制;

(二)组织制定本单位安全生产规章制度和操作规程;

(三)组织制定并实施本单位安全生产教育和培训计划;

(四)保证本单位安全生产投入的有效实施;

(五)督促、检查本单位的安全生产工作,及时消除生产安全事故隐患;

(六)组织制定并实施本单位的生产安全事故应急救援预案;

(七)及时、如实报告生产安全事故。

第十九条 生产经营单位的安全生产责任制应当明确各岗位的责任人员、责任范围和考核标准等内容。

生产经营单位应当建立相应的机制,加强对安全生产责任制落实情况的监督考核,保证安全生产责任制的落实。

第二十条 生产经营单位应当具备的安全生产条件所必需的资金投入,由生产经营单位的决策机构、主要负责人或者个人经营的投资人予以保证,并对由于安全生产所必需的资金投入不足导致的后果承担责任。

有关生产经营单位应当按照规定提取和使用安全生产费用,专门用于改善安全生产条件。安全生产费用在成本中据实列支。安全生产费用提取、使用和监督管理的具体办法由国务院财政部门会同国务院安全生产监督管理部门征求国务院有关部门意见后制定。

第二十一条 矿山、金属冶炼、建筑施工、道路运输单位和危险物品的生产、经营、储存单位,应当设置安全生产管理机构或者配备专职安全生产管理人员。

前款规定以外的其他生产经营单位,从业人员超过一百人的,应当设置安全生产管理机构或者配备专职安全生产管理人员;从业人员在一百人以下的,应当配备专职或者兼职的安全生产管理人员。

第二十二条 生产经营单位的安全生产管理机构以及安全生产管理人员履行下列职责:

(一)组织或者参与拟订本单位安全生产规章制度、操作规程和生产安全事故应急救援预案;

(二)组织或者参与本单位安全生产教育和培训,如实记录安全生产教育和培训情况;

(三)督促落实本单位重大危险源的安全管理措施;

(四)组织或者参与本单位应急救援演练;

(五)检查本单位的安全生产状况,及时排查生产安全事故隐患,提出改进安全生产管理的建议;

(六)制止和纠正违章指挥、强令冒险作业、违反操作规程的行为;

(七)督促落实本单位安全生产整改措施。

第二十三条 生产经营单位的安全生产管理机构以及安全生产管理人员应当恪尽职守,依法履行职责。

生产经营单位作出涉及安全生产的经营决策,应当听取安全生产管理机构以及安全生产管理人员的意见。

生产经营单位不得因安全生产管理人员依法履行职责而降低其工资、福利等待遇或者解除与其订立的劳动合同。

危险物品的生产、储存单位以及矿山、金属冶炼单位的安全生产管理人员的任免,应当告知主管的负有安全生产监督管理职责的部门。

第二十四条 生产经营单位的主要负责人和安全生产管理人员必须具备与本单位所从事的生产经营活动相应的安全生产知识和管理能力。

危险物品的生产、经营、储存单位以及矿山、金属冶炼、建筑施工、道路运输单位的主要负责人和安全生产管理人员，应当由主管的负有安全生产监督管理职责的部门对其安全生产知识和管理能力考核合格。考核不得收费。

危险物品的生产、储存单位以及矿山、金属冶炼单位应当有注册安全工程师从事安全生产管理工作。鼓励其他生产经营单位聘用注册安全工程师从事安全生产管理工作。注册安全工程师按专业分类管理，具体办法由国务院人力资源和社会保障部门、国务院安全生产监督管理部门会同国务院有关部门制定。

第二十五条 生产经营单位应当对从业人员进行安全生产教育和培训，保证从业人员具备必要的安全生产知识，熟悉有关的安全生产规章制度和安全操作规程，掌握本岗位的安全操作技能，了解事故应急处理措施，知悉自身在安全生产方面的权利和义务。未经安全生产教育和培训合格的从业人员，不得上岗作业。

生产经营单位使用被派遣劳动者的，应当将被派遣劳动者纳入本单位从业人员统一管理，对被派遣劳动者进行岗位安全操作规程和安全操作技能的教育和培训。劳务派遣单位应当对被派遣劳动者进行必要的安全生产教育和培训。

生产经营单位接收中等职业学校、高等学校学生实习的，应当对实习学生进行相应的安全生产教育和培训，提供必要的劳动防护用品。学校应当协助生产经营单位对实习学生进行安全生产教育和培训。

生产经营单位应当建立安全生产教育和培训档案，如实记录安全生产教育和培训的时间、内容、参加人员以及考核结果等情况。

第二十六条 生产经营单位采用新工艺、新技术、新材料或者使用新设备，必须了解、掌握其安全技术特性，采取有效的安全防护措施，并对从业人员进行专门的安全生产教育和培训。

第二十七条 生产经营单位的特种作业人员必须按照国家有关规定经专门的安全作业培训，取得相应资格，方可上岗作业。

特种作业人员的范围由国务院安全生产监督管理部门会同国务院有关部门确定。

第二十八条 生产经营单位新建、改建、扩建工程项目(以下统称建设项目)的安全设施，必须与主体工程同时设计、同时施工、同时投入生产和使用。安全设施投资应当纳入建设项目概算。

第二十九条 矿山、金属冶炼建设项目和用于生产、储存、装卸危险物品的建设项目，应当按照国家有关规定进行安全评价。

第三十条 建设项目安全设施的设计人、设计单位应当对安全设施设计负责。

矿山、金属冶炼建设项目和用于生产、储存、装卸危险物品的建设项目的安全设施设计应当按照国家有关规定报经有关部门审查，审查部门及其负责审查的人员对审查结果负责。

第三十一条 矿山、金属冶炼建设项目和用于生产、储存、装卸危险物品的建设项目的施工单位必须按照批准的安全设施设计施工，并对安全设施的工程质量负责。

矿山、金属冶炼建设项目和用于生产、储存危险物品的建设项目竣工投入生产或者使用前，应当由建设单位负责组织对安全设施进行验收；验收合格后，方可投入生产和使用。安全生产监督管理部门应当加强对建设单位验收活动和验收结果的监督核查。

第三十二条 生产经营单位应当在有较大危险因素的生产经营场所和有关设施、设备上,设置明显的安全警示标志。

第三十三条 安全设备的设计、制造、安装、使用、检测、维修、改造和报废,应当符合国家标准或者行业标准。

生产经营单位必须对安全设备进行经常性维护、保养,并定期检测,保证正常运转。维护、保养、检测应当作好记录,并由有关人员签字。

第三十四条 生产经营单位使用的危险物品的容器、运输工具,以及涉及人身安全、危险性较大的海洋石油开采特种设备和矿山井下特种设备,必须按照国家有关规定,由专业生产单位生产,并经具有专业资质的检测、检验机构检测、检验合格,取得安全使用证或者安全标志,方可投入使用。检测、检验机构对检测、检验结果负责。

第三十五条 国家对严重危及生产安全的工艺、设备实行淘汰制度,具体目录由国务院安全生产监督管理部门会同国务院有关部门制定并公布。法律、行政法规对目录的制定另有规定的,适用其规定。

省、自治区、直辖市人民政府可以根据本地区实际情况制定并公布具体目录,对前款规定以外的危及生产安全的工艺、设备予以淘汰。

生产经营单位不得使用应当淘汰的危及生产安全的工艺、设备。

第三十六条 生产、经营、运输、储存、使用危险物品或者处置废弃危险物品的,由有关主管部门依照有关法律、法规的规定和国家标准或者行业标准审批并实施监督管理。

生产经营单位生产、经营、运输、储存、使用危险物品或者处置废弃危险物品,必须执行有关法律、法规和国家标准或者行业标准,建立专门的安全管理制度,采取可靠的安全措施,接受有关主管部门依法实施的监督管理。

第三十七条 生产经营单位对重大危险源应当登记建档,进行定期检测、评估、监控,并制定应急预案,告知从业人员和相关人员在紧急情况下应当采取的应急措施。

生产经营单位应当按照国家有关规定将本单位重大危险源及有关安全措施、应急措施报有关地方人民政府安全生产监督管理部门和有关部门备案。

第三十八条 生产经营单位应当建立健全生产安全事故隐患排查治理制度,采取技术、管理措施,及时发现并消除事故隐患。事故隐患排查治理情况应当如实记录,并向从业人员通报。

县级以上地方各级人民政府负有安全生产监督管理职责的部门应当建立健全重大事故隐患治理督办制度,督促生产经营单位消除重大事故隐患。

第三十九条 生产、经营、储存、使用危险物品的车间、商店、仓库不得与员工宿舍在同一座建筑物内,并应当与员工宿舍保持安全距离。

生产经营场所和员工宿舍应当设有符合紧急疏散要求、标志明显、保持畅通的出口。禁止锁闭、封堵生产经营场所或者员工宿舍的出口。

第四十条 生产经营单位进行爆破、吊装以及国务院安全生产监督管理部门会同国务院有关部门规定的其他危险作业,应当安排专门人员进行现场安全管理,确保操作规程的遵守和安全措施的落实。

第四十一条 生产经营单位应当教育和督促从业人员严格执行本单位的安全生产规章

制度和安全操作规程；并向从业人员如实告知作业场所和工作岗位存在的危险因素、防范措施以及事故应急措施。

第四十二条 生产经营单位必须为从业人员提供符合国家标准或者行业标准的劳动防护用品，并监督、教育从业人员按照使用规则佩戴、使用。

第四十三条 生产经营单位的安全生产管理人员应当根据本单位的生产经营特点，对安全生产状况进行经常性检查；对检查中发现的安全问题，应当立即处理；不能处理的，应当及时报告本单位有关负责人，有关负责人应当及时处理。检查及处理情况应当如实记录在案。

生产经营单位的安全生产管理人员在检查中发现重大事故隐患，依照前款规定向本单位有关负责人报告，有关负责人不及时处理的，安全生产管理人员可以向主管的负有安全生产监督管理职责的部门报告，接到报告的部门应当依法及时处理。

第四十四条 生产经营单位应当安排用于配备劳动防护用品、进行安全生产培训的经费。

第四十五条 两个以上生产经营单位在同一作业区域内进行生产经营活动，可能危及对方生产安全的，应当签订安全生产管理协议，明确各自的安全生产管理职责和应当采取的安全措施，并指定专职安全生产管理人员进行安全检查与协调。

第四十六条 生产经营单位不得将生产经营项目、场所、设备发包或者出租给不具备安全生产条件或者相应资质的单位或者个人。

生产经营项目、场所发包或者出租给其他单位的，生产经营单位应当与承包单位、承租单位签订专门的安全生产管理协议，或者在承包合同、租赁合同中约定各自的安全生产管理职责；生产经营单位对承包单位、承租单位的安全生产工作统一协调、管理，定期进行安全检查，发现安全问题的，应当及时督促整改。

第四十七条 生产经营单位发生生产安全事故时，单位的主要负责人应当立即组织抢救，并不得在事故调查处理期间擅离职守。

第四十八条 生产经营单位必须依法参加工伤保险，为从业人员缴纳保险费。

国家鼓励生产经营单位投保安全生产责任保险。

第三章 从业人员的安全生产权利义务

第四十九条 生产经营单位与从业人员订立的劳动合同，应当载明有关保障从业人员劳动安全、防止职业危害的事项，以及依法为从业人员办理工伤保险的事项。

生产经营单位不得以任何形式与从业人员订立协议，免除或者减轻其对从业人员因生产安全事故伤亡依法应承担的责任。

第五十条 生产经营单位的从业人员有权了解其作业场所和工作岗位存在的危险因素、防范措施及事故应急措施，有权对本单位的安全生产工作提出建议。

第五十一条 从业人员有权对本单位安全生产工作中存在的问题提出批评、检举、控告；有权拒绝违章指挥和强令冒险作业。

生产经营单位不得因从业人员对本单位安全生产工作提出批评、检举、控告或者拒绝违章指挥、强令冒险作业而降低其工资、福利等待遇或者解除与其订立的劳动合同。

第五十二条 从业人员发现直接危及人身安全的紧急情况时，有权停止作业或者在采取可能的应急措施后撤离作业场所。

生产经营单位不得因从业人员在前款紧急情况下停止作业或者采取紧急撤离措施而降低其工资、福利等待遇或者解除与其订立的劳动合同。

第五十三条 因生产安全事故受到损害的从业人员，除依法享有工伤保险外，依照有关民事法律尚有获得赔偿的权利的，有权向本单位提出赔偿要求。

第五十四条 从业人员在作业过程中，应当严格遵守本单位的安全生产规章制度和操作规程，服从管理，正确佩戴和使用劳动防护用品。

第五十五条 从业人员应当接受安全生产教育和培训，掌握本职工作所需的安全生产知识，提高安全生产技能，增强事故预防和应急处理能力。

第五十六条 从业人员发现事故隐患或者其他不安全因素，应当立即向现场安全生产管理人员或者本单位负责人报告；接到报告的人员应当及时予以处理。

第五十七条 工会有权对建设项目的安全设施与主体工程同时设计、同时施工、同时投入生产和使用进行监督，提出意见。

工会对生产经营单位违反安全生产法律、法规，侵犯从业人员合法权益的行为，有权要求纠正；发现生产经营单位违章指挥、强令冒险作业或者发现事故隐患时，有权提出解决的建议，生产经营单位应当及时研究答复；发现危及从业人员生命安全的情况时，有权向生产经营单位建议组织从业人员撤离危险场所，生产经营单位必须立即作出处理。

工会有权依法参加事故调查，向有关部门提出处理意见，并要求追究有关人员的责任。

第五十八条 生产经营单位使用被派遣劳动者的，被派遣劳动者享有本法规定的从业人员的权利，并应当履行本法规定的从业人员的义务。

第四章　安全生产的监督管理

第五十九条 县级以上地方各级人民政府应当根据本行政区域内的安全生产状况，组织有关部门按照职责分工，对本行政区域内容易发生重大生产安全事故的生产经营单位进行严格检查。

安全生产监督管理部门应当按照分类分级监督管理的要求，制定安全生产年度监督检查计划，并按照年度监督检查计划进行监督检查，发现事故隐患，应当及时处理。

第六十条 负有安全生产监督管理职责的部门依照有关法律、法规的规定，对涉及安全生产的事项需要审查批准（包括批准、核准、许可、注册、认证、颁发证照等，下同）或者验收的，必须严格依照有关法律、法规和国家标准或者行业标准规定的安全生产条件和程序进行审查；不符合有关法律、法规和国家标准或者行业标准规定的安全生产条件的，不得批准或者验收通过。对未依法取得批准或者验收合格的单位擅自从事有关活动的，负责行政审批的部门发现或者接到举报后应当立即予以取缔，并依法予以处理。对已经依法取得批准的单位，负责行政审批的部门发现其不再具备安全生产条件的，应当撤销原批准。

第六十一条 负有安全生产监督管理职责的部门对涉及安全生产的事项进行审查、验收，不得收取费用；不得要求接受审查、验收的单位购买其指定品牌或者指定生产、销售单位的安全设备、器材或者其他产品。

第六十二条 安全生产监督管理部门和其他负有安全生产监督管理职责的部门依法开展安全生产行政执法工作,对生产经营单位执行有关安全生产的法律、法规和国家标准或者行业标准的情况进行监督检查,行使以下职权:

(一)进入生产经营单位进行检查,调阅有关资料,向有关单位和人员了解情况;

(二)对检查中发现的安全生产违法行为,当场予以纠正或者要求限期改正;对依法应当给予行政处罚的行为,依照本法和其他有关法律、行政法规的规定作出行政处罚决定;

(三)对检查中发现的事故隐患,应当责令立即排除;重大事故隐患排除前或者排除过程中无法保证安全的,应当责令从危险区域内撤出作业人员,责令暂时停产停业或者停止使用相关设施、设备;重大事故隐患排除后,经审查同意,方可恢复生产经营和使用;

(四)对有根据认为不符合保障安全生产的国家标准或者行业标准的设施、设备、器材以及违法生产、储存、使用、经营、运输的危险物品予以查封或者扣押,对违法生产、储存、使用、经营危险物品的作业场所予以查封,并依法作出处理决定。

监督检查不得影响被检查单位的正常生产经营活动。

第六十三条 生产经营单位对负有安全生产监督管理职责的部门的监督检查人员(以下统称安全生产监督检查人员)依法履行监督检查职责,应当予以配合,不得拒绝、阻挠。

第六十四条 安全生产监督检查人员应当忠于职守,坚持原则,秉公执法。

安全生产监督检查人员执行监督检查任务时,必须出示有效的监督执法证件;对涉及被检查单位的技术秘密和业务秘密,应当为其保密。

第六十五条 安全生产监督检查人员应当将检查的时间、地点、内容、发现的问题及其处理情况,作出书面记录,并由检查人员和被检查单位的负责人签字;被检查单位的负责人拒绝签字的,检查人员应当将情况记录在案,并向负有安全生产监督管理职责的部门报告。

第六十六条 负有安全生产监督管理职责的部门在监督检查中,应当互相配合,实行联合检查;确需分别进行检查的,应当互通情况,发现存在的安全问题应当由其他有关部门进行处理的,应当及时移送其他有关部门并形成记录备查,接受移送的部门应当及时进行处理。

第六十七条 负有安全生产监督管理职责的部门依法对存在重大事故隐患的生产经营单位作出停产停业、停止施工、停止使用相关设施或者设备的决定,生产经营单位应当依法执行,及时消除事故隐患。生产经营单位拒不执行,有发生生产安全事故的现实危险的,在保证安全的前提下,经本部门主要负责人批准,负有安全生产监督管理职责的部门可以采取通知有关单位停止供电、停止供应民用爆炸物品等措施,强制生产经营单位履行决定。通知应当采用书面形式,有关单位应当予以配合。

负有安全生产监督管理职责的部门依照前款规定采取停止供电措施,除有危及生产安全的紧急情形外,应当提前二十四小时通知生产经营单位。生产经营单位依法履行行政决定、采取相应措施消除事故隐患的,负有安全生产监督管理职责的部门应当及时解除前款规定的措施。

第六十八条 监察机关依照行政监察法的规定,对负有安全生产监督管理职责的部门及其工作人员履行安全生产监督管理职责实施监察。

第六十九条 承担安全评价、认证、检测、检验的机构应当具备国家规定的资质条件,并对其作出的安全评价、认证、检测、检验的结果负责。

第七十条 负有安全生产监督管理职责的部门应当建立举报制度，公开举报电话、信箱或者电子邮件地址，受理有关安全生产的举报；受理的举报事项经调查核实后，应当形成书面材料；需要落实整改措施的，报经有关负责人签字并督促落实。

第七十一条 任何单位或者个人对事故隐患或者安全生产违法行为，均有权向负有安全生产监督管理职责的部门报告或者举报。

第七十二条 居民委员会、村民委员会发现其所在区域内的生产经营单位存在事故隐患或者安全生产违法行为时，应当向当地人民政府或者有关部门报告。

第七十三条 县级以上各级人民政府及其有关部门对报告重大事故隐患或者举报安全生产违法行为的有功人员，给予奖励。具体奖励办法由国务院安全生产监督管理部门会同国务院财政部门制定。

第七十四条 新闻、出版、广播、电影、电视等单位有进行安全生产公益宣传教育的义务，有对违反安全生产法律、法规的行为进行舆论监督的权利。

第七十五条 负有安全生产监督管理职责的部门应当建立安全生产违法行为信息库，如实记录生产经营单位的安全生产违法行为信息；对违法行为情节严重的生产经营单位，应当向社会公告，并通报行业主管部门、投资主管部门、国土资源主管部门、证券监督管理机构以及有关金融机构。

第五章　生产安全事故的应急救援与调查处理

第七十六条 国家加强生产安全事故应急能力建设，在重点行业、领域建立应急救援基地和应急救援队伍，鼓励生产经营单位和其他社会力量建立应急救援队伍，配备相应的应急救援装备和物资，提高应急救援的专业化水平。

国务院安全生产监督管理部门建立全国统一的生产安全事故应急救援信息系统，国务院有关部门建立健全相关行业、领域的生产安全事故应急救援信息系统。

第七十七条 县级以上地方各级人民政府应当组织有关部门制定本行政区域内生产安全事故应急救援预案，建立应急救援体系。

第七十八条 生产经营单位应当制定本单位生产安全事故应急救援预案，与所在地县级以上地方人民政府组织制定的生产安全事故应急救援预案相衔接，并定期组织演练。

第七十九条 危险物品的生产、经营、储存单位以及矿山、金属冶炼、城市轨道交通运营、建筑施工单位应当建立应急救援组织；生产经营规模较小的，可以不建立应急救援组织，但应当指定兼职的应急救援人员。

危险物品的生产、经营、储存、运输单位以及矿山、金属冶炼、城市轨道交通运营、建筑施工单位应当配备必要的应急救援器材、设备和物资，并进行经常性维护、保养，保证正常运转。

第八十条 生产经营单位发生生产安全事故后，事故现场有关人员应当立即报告本单位负责人。

单位负责人接到事故报告后，应当迅速采取有效措施，组织抢救，防止事故扩大，减少人员伤亡和财产损失，并按照国家有关规定立即如实报告当地负有安全生产监督管理职责的部门,不得隐瞒不报、谎报或者迟报,不得故意破坏事故现场、毁灭有关证据。

第八十一条 负有安全生产监督管理职责的部门接到事故报告后,应当立即按照国家有关规定上报事故情况。负有安全生产监督管理职责的部门和有关地方人民政府对事故情况不得隐瞒不报、谎报或者迟报。

第八十二条 有关地方人民政府和负有安全生产监督管理职责的部门的负责人接到生产安全事故报告后,应当按照生产安全事故应急救援预案的要求立即赶到事故现场,组织事故抢救。

参与事故抢救的部门和单位应当服从统一指挥,加强协同联动,采取有效的应急救援措施,并根据事故救援的需要采取警戒、疏散等措施,防止事故扩大和次生灾害的发生,减少人员伤亡和财产损失。

事故抢救过程中应当采取必要措施,避免或者减少对环境造成的危害。

任何单位和个人都应当支持、配合事故抢救,并提供一切便利条件。

第八十三条 事故调查处理应当按照科学严谨、依法依规、实事求是、注重实效的原则,及时、准确地查清事故原因,查明事故性质和责任,总结事故教训,提出整改措施,并对事故责任者提出处理意见。事故调查报告应当依法及时向社会公布。事故调查和处理的具体办法由国务院制定。

事故发生单位应当及时全面落实整改措施,负有安全生产监督管理职责的部门应当加强监督检查。

第八十四条 生产经营单位发生生产安全事故,经调查确定为责任事故的,除了应当查明事故单位的责任并依法予以追究外,还应当查明对安全生产的有关事项负有审查批准和监督职责的行政部门的责任,对有失职、渎职行为的,依照本法第八十七条的规定追究法律责任。

第八十五条 任何单位和个人不得阻挠和干涉对事故的依法调查处理。

第八十六条 县级以上地方各级人民政府安全生产监督管理部门应当定期统计分析本行政区域内发生生产安全事故的情况,并定期向社会公布。

第六章 法律责任

第八十七条 负有安全生产监督管理职责的部门的工作人员,有下列行为之一的,给予降级或者撤职的处分;构成犯罪的,依照刑法有关规定追究刑事责任:

(一)对不符合法定安全生产条件的涉及安全生产的事项予以批准或者验收通过的;

(二)发现未依法取得批准、验收的单位擅自从事有关活动或者接到举报后不予取缔或者不依法予以处理的;

(三)对已经依法取得批准的单位不履行监督管理职责,发现其不再具备安全生产条件而不撤销原批准或者发现安全生产违法行为不予查处的;

(四)在监督检查中发现重大事故隐患,不依法及时处理的。

负有安全生产监督管理职责的部门的工作人员有前款规定以外的滥用职权、玩忽职守、徇私舞弊行为的,依法给予处分;构成犯罪的,依照刑法有关规定追究刑事责任。

第八十八条 负有安全生产监督管理职责的部门,要求被审查、验收的单位购买其指定的安全设备、器材或者其他产品的，在对安全生产事项的审查、验收中收取费用的，由其上级机关或者监察机关责令改正，责令退还收取的费用；情节严重的，对直接负责的主管人员和其他直接责任人员依法给予处分。

第八十九条 承担安全评价、认证、检测、检验工作的机构，出具虚假证明的，没收违法所得；违法所得在十万元以上的，并处违法所得二倍以上五倍以下的罚款；没有违法所得或者违法所得不足十万元的，单处或者并处十万元以上二十万元以下的罚款；对其直接负责的主管人员和其他直接责任人员处二万元以上五万元以下的罚款；给他人造成损害的，与生产经营单位承担连带赔偿责任；构成犯罪的，依照刑法有关规定追究刑事责任。

对有前款违法行为的机构，吊销其相应资质。

第九十条 生产经营单位的决策机构、主要负责人或者个人经营的投资人不依照本法规定保证安全生产所必需的资金投入，致使生产经营单位不具备安全生产条件的，责令限期改正，提供必需的资金；逾期未改正的，责令生产经营单位停产停业整顿。

有前款违法行为，导致发生生产安全事故的，对生产经营单位的主要负责人给予撤职处分，对个人经营的投资人处二万元以上二十万元以下的罚款；构成犯罪的，依照刑法有关规定追究刑事责任。

第九十一条 生产经营单位的主要负责人未履行本法规定的安全生产管理职责的，责令限期改正；逾期未改正的，处二万元以上五万元以下的罚款，责令生产经营单位停产停业整顿。

生产经营单位的主要负责人有前款违法行为，导致发生生产安全事故的，给予撤职处分；构成犯罪的，依照刑法有关规定追究刑事责任。

生产经营单位的主要负责人依照前款规定受刑事处罚或者撤职处分的，自刑罚执行完毕或者受处分之日起，五年内不得担任任何生产经营单位的主要负责人；对重大、特别重大生产安全事故负有责任的，终身不得担任本行业生产经营单位的主要负责人。

第九十二条 生产经营单位的主要负责人未履行本法规定的安全生产管理职责，导致发生生产安全事故的，由安全生产监督管理部门依照下列规定处以罚款：

（一）发生一般事故的，处上一年年收入百分之三十的罚款；

（二）发生较大事故的，处上一年年收入百分之四十的罚款；

（三）发生重大事故的，处上一年年收入百分之六十的罚款；

（四）发生特别重大事故的，处上一年年收入百分之八十的罚款。

第九十三条 生产经营单位的安全生产管理人员未履行本法规定的安全生产管理职责的，责令限期改正；导致发生生产安全事故的，暂停或者撤销其与安全生产有关的资格；构成犯罪的，依照刑法有关规定追究刑事责任。

第九十四条 生产经营单位有下列行为之一的，责令限期改正，可以处五万元以下的罚款；逾期未改正的，责令停产停业整顿，并处五万元以上十万元以下的罚款，对其直接负责的主管人员和其他直接责任人员处一万元以上二万元以下的罚款：

（一）未按照规定设置安全生产管理机构或者配备安全生产管理人员的；

（二）危险物品的生产、经营、储存单位以及矿山、金属冶炼、建筑施工、道路运输单位的主要负责人和安全生产管理人员未按照规定经考核合格的；

（三）未按照规定对从业人员、被派遣劳动者、实习学生进行安全生产教育和培训，或者未按照规定如实告知有关的安全生产事项的；

（四）未如实记录安全生产教育和培训情况的；

（五）未将事故隐患排查治理情况如实记录或者未向从业人员通报的；

（六）未按照规定制定生产安全事故应急救援预案或者未定期组织演练的；

（七）特种作业人员未按照规定经专门的安全作业培训并取得相应资格，上岗作业的。

第九十五条 生产经营单位有下列行为之一的，责令停止建设或者停产停业整顿，限期改正；逾期未改正的，处五十万元以上一百万元以下的罚款，对其直接负责的主管人员和其他直接责任人员处二万元以上五万元以下的罚款；构成犯罪的，依照刑法有关规定追究刑事责任：

（一）未按照规定对矿山、金属冶炼建设项目或者用于生产、储存、装卸危险物品的建设项目进行安全评价的；

（二）矿山、金属冶炼建设项目或者用于生产、储存、装卸危险物品的建设项目没有安全设施设计或者安全设施设计未按照规定报经有关部门审查同意的；

（三）矿山、金属冶炼建设项目或者用于生产、储存、装卸危险物品的建设项目的施工单位未按照批准的安全设施设计施工的；

（四）矿山、金属冶炼建设项目或者用于生产、储存危险物品的建设项目竣工投入生产或者使用前，安全设施未经验收合格的。

第九十六条 生产经营单位有下列行为之一的，责令限期改正，可以处五万元以下的罚款；逾期未改正的，处五万元以上二十万元以下的罚款，对其直接负责的主管人员和其他直接责任人员处一万元以上二万元以下的罚款；情节严重的，责令停产停业整顿；构成犯罪的，依照刑法有关规定追究刑事责任：

（一）未在有较大危险因素的生产经营场所和有关设施、设备上设置明显的安全警示标志的；

（二）安全设备的安装、使用、检测、改造和报废不符合国家标准或者行业标准的；

（三）未对安全设备进行经常性维护、保养和定期检测的；

（四）未为从业人员提供符合国家标准或者行业标准的劳动防护用品的；

（五）危险物品的容器、运输工具，以及涉及人身安全、危险性较大的海洋石油开采特种设备和矿山井下特种设备未经具有专业资质的机构检测、检验合格，取得安全使用证或者安全标志，投入使用的；

（六）使用应当淘汰的危及生产安全的工艺、设备的。

第九十七条 未经依法批准，擅自生产、经营、运输、储存、使用危险物品或者处置废弃危险物品的，依照有关危险物品安全管理的法律、行政法规的规定予以处罚；构成犯罪的，依照刑法有关规定追究刑事责任。

第九十八条 生产经营单位有下列行为之一的，责令限期改正，可以处十万元以下的罚款；逾期未改正的，责令停产停业整顿，并处十万元以上二十万元以下的罚款，对其直接负责的主管人员和其他直接责任人员处二万元以上五万元以下的罚款；构成犯罪的，依照刑法有关规定追究刑事责任：

(一)生产、经营、运输、储存、使用危险物品或者处置废弃危险物品,未建立专门安全管理制度、未采取可靠的安全措施的;

(二)对重大危险源未登记建档,或者未进行评估、监控,或者未制定应急预案的;

(三)进行爆破、吊装以及国务院安全生产监督管理部门会同国务院有关部门规定的其他危险作业,未安排专门人员进行现场安全管理的;

(四)未建立事故隐患排查治理制度的。

第九十九条 生产经营单位未采取措施消除事故隐患的,责令立即消除或者限期消除;生产经营单位拒不执行的,责令停产停业整顿,并处十万元以上五十万元以下的罚款,对其直接负责的主管人员和其他直接责任人员处二万元以上五万元以下的罚款。

第一百条 生产经营单位将生产经营项目、场所、设备发包或者出租给不具备安全生产条件或者相应资质的单位或者个人的,责令限期改正,没收违法所得;违法所得十万元以上的,并处违法所得二倍以上五倍以下的罚款;没有违法所得或者违法所得不足十万元的,单处或者并处十万元以上二十万元以下的罚款;对其直接负责的主管人员和其他直接责任人员处一万元以上二万元以下的罚款;导致发生生产安全事故给他人造成损害的,与承包方、承租方承担连带赔偿责任。

生产经营单位未与承包单位、承租单位签订专门的安全生产管理协议或者未在承包合同、租赁合同中明确各自的安全生产管理职责,或者未对承包单位、承租单位的安全生产统一协调、管理的,责令限期改正,可以处五万元以下的罚款,对其直接负责的主管人员和其他直接责任人员可以处一万元以下的罚款;逾期未改正的,责令停产停业整顿。

第一百零一条 两个以上生产经营单位在同一作业区域内进行可能危及对方安全生产的生产经营活动,未签订安全生产管理协议或者未指定专职安全生产管理人员进行安全检查与协调的,责令限期改正,可以处五万元以下的罚款,对其直接负责的主管人员和其他直接责任人员可以处一万元以下的罚款;逾期未改正的,责令停产停业。

第一百零二条 生产经营单位有下列行为之一的,责令限期改正,可以处五万元以下的罚款,对其直接负责的主管人员和其他直接责任人员可以处一万元以下的罚款;逾期未改正的,责令停产停业整顿;构成犯罪的,依照刑法有关规定追究刑事责任:

(一)生产、经营、储存、使用危险物品的车间、商店、仓库与员工宿舍在同一座建筑内,或者与员工宿舍的距离不符合安全要求的;

(二)生产经营场所和员工宿舍未设有符合紧急疏散需要、标志明显、保持畅通的出口,或者锁闭、封堵生产经营场所或者员工宿舍出口的。

第一百零三条 生产经营单位与从业人员订立协议,免除或者减轻其对从业人员因生产安全事故伤亡依法应承担的责任的,该协议无效;对生产经营单位的主要负责人、个人经营的投资人处二万元以上十万元以下的罚款。

第一百零四条 生产经营单位的从业人员不服从管理,违反安全生产规章制度或者操作规程的,由生产经营单位给予批评教育,依照有关规章制度给予处分;构成犯罪的,依照刑法有关规定追究刑事责任。

第一百零五条 违反本法规定,生产经营单位拒绝、阻碍负有安全生产监督管理职责的部门依法实施监督检查的,责令改正;拒不改正的,处二万元以上二十万元以下的罚款;对其直接负责的主管人员和其他直接责任人员处一万元以上二万元以下的罚款;构成犯罪的,依照刑法有关规定追究刑事责任。

第一百零六条 生产经营单位的主要负责人在本单位发生生产安全事故时,不立即组织抢救或者在事故调查处理期间擅离职守或者逃匿的,给予降级、撤职的处分,并由安全生产监督管理部门处上一年年收入百分之六十至百分之一百的罚款;对逃匿的处十五日以下拘留;构成犯罪的,依照刑法有关规定追究刑事责任。

生产经营单位的主要负责人对生产安全事故隐瞒不报、谎报或者迟报的,依照前款规定处罚。

第一百零七条 有关地方人民政府、负有安全生产监督管理职责的部门,对生产安全事故隐瞒不报、谎报或者迟报的,对直接负责的主管人员和其他直接责任人员依法给予处分;构成犯罪的,依照刑法有关规定追究刑事责任。

第一百零八条 生产经营单位不具备本法和其他有关法律、行政法规和国家标准或者行业标准规定的安全生产条件,经停产停业整顿仍不具备安全生产条件的,予以关闭;有关部门应当依法吊销其有关证照。

第一百零九条 发生生产安全事故,对负有责任的生产经营单位除要求其依法承担相应的赔偿等责任外,由安全生产监督管理部门依照下列规定处以罚款:

(一)发生一般事故的,处二十万元以上五十万元以下的罚款;

(二)发生较大事故的,处五十万元以上一百万元以下的罚款;

(三)发生重大事故的,处一百万元以上五百万元以下的罚款;

(四)发生特别重大事故的,处五百万元以上一千万元以下的罚款;情节特别严重的,处一千万元以上二千万元以下的罚款。

第一百一十条 本法规定的行政处罚,由安全生产监督管理部门和其他负有安全生产监督管理职责的部门按照职责分工决定。予以关闭的行政处罚由负有安全生产监督管理职责的部门报请县级以上人民政府按照国务院规定的权限决定;给予拘留的行政处罚由公安机关依照治安管理处罚法的规定决定。

第一百一十一条 生产经营单位发生生产安全事故造成人员伤亡、他人财产损失的,应当依法承担赔偿责任;拒不承担或者其负责人逃匿的,由人民法院依法强制执行。

生产安全事故的责任人未依法承担赔偿责任,经人民法院依法采取执行措施后,仍不能对受害人给予足额赔偿的,应当继续履行赔偿义务;受害人发现责任人有其他财产的,可以随时请求人民法院执行。

第七章 附　　则

第一百一十二条 本法下列用语的含义:

危险物品,是指易燃易爆物品、危险化学品、放射性物品等能够危及人身安全和财产安全的物品。

重大危险源,是指长期地或者临时地生产、搬运、使用或者储存危险物品,且危险物品的数量等于或者超过临界量的单元(包括场所和设施)。

第一百一十三条 本法规定的生产安全一般事故、较大事故、重大事故、特别重大事故的划分标准由国务院规定。

国务院安全生产监督管理部门和其他负有安全生产监督管理职责的部门应当根据各自的职责分工，制定相关行业、领域重大事故隐患的判定标准。

第一百一十四条　本法自 2002 年 11 月 1 日起施行。

2.《中华人民共和国反恐怖主义法》(2015年12月27日中华人民共和国主席令第36号公布)(节选)

中华人民共和国反恐怖主义法

第一章 总 则

第一条 为了防范和惩治恐怖活动,加强反恐怖主义工作,维护国家安全、公共安全和人民生命财产安全,根据宪法,制定本法。

第二条 国家反对一切形式的恐怖主义,依法取缔恐怖活动组织,对任何组织、策划、准备实施、实施恐怖活动,宣扬恐怖主义,煽动实施恐怖活动,组织、领导、参加恐怖活动组织,为恐怖活动提供帮助的,依法追究法律责任。

国家不向任何恐怖活动组织和人员作出妥协,不向任何恐怖活动人员提供庇护或者给予难民地位。

第三条 本法所称恐怖主义,是指通过暴力、破坏、恐吓等手段,制造社会恐慌、危害公共安全、侵犯人身财产,或者胁迫国家机关、国际组织,以实现其政治、意识形态等目的的主张和行为。

本法所称恐怖活动,是指恐怖主义性质的下列行为:

(一)组织、策划、准备实施、实施造成或者意图造成人员伤亡、重大财产损失、公共设施损坏、社会秩序混乱等严重社会危害的活动的;

(二)宣扬恐怖主义,煽动实施恐怖活动,或者非法持有宣扬恐怖主义的物品,强制他人在公共场所穿戴宣扬恐怖主义的服饰、标志的;

(三)组织、领导、参加恐怖活动组织的;

(四)为恐怖活动组织、恐怖活动人员、实施恐怖活动或者恐怖活动培训提供信息、资金、物资、劳务、技术、场所等支持、协助、便利的;

(五)其他恐怖活动。

本法所称恐怖活动组织,是指三人以上为实施恐怖活动而组成的犯罪组织。

本法所称恐怖活动人员,是指实施恐怖活动的人和恐怖活动组织的成员。

本法所称恐怖事件,是指正在发生或者已经发生的造成或者可能造成重大社会危害的恐怖活动。

第四条 国家将反恐怖主义纳入国家安全战略,综合施策,标本兼治,加强反恐怖主义的能力建设,运用政治、经济、法律、文化、教育、外交、军事等手段,开展反恐怖主义工作。

国家反对一切形式的以歪曲宗教教义或者其他方法煽动仇恨、煽动歧视、鼓吹暴力等极端主义,消除恐怖主义的思想基础。

第五条 反恐怖主义工作坚持专门工作与群众路线相结合，防范为主、惩防结合和先发制敌、保持主动的原则。

第六条 反恐怖主义工作应当依法进行，尊重和保障人权，维护公民和组织的合法权益。

在反恐怖主义工作中，应当尊重公民的宗教信仰自由和民族风俗习惯，禁止任何基于地域、民族、宗教等理由的歧视性做法。

第七条 国家设立反恐怖主义工作领导机构，统一领导和指挥全国反恐怖主义工作。

设区的市级以上地方人民政府设立反恐怖主义工作领导机构，县级人民政府根据需要设立反恐怖主义工作领导机构，在上级反恐怖主义工作领导机构的领导和指挥下，负责本地区反恐怖主义工作。

第八条 公安机关、国家安全机关和人民检察院、人民法院、司法行政机关以及其他有关国家机关，应当根据分工，实行工作责任制，依法做好反恐怖主义工作。

中国人民解放军、中国人民武装警察部队和民兵组织依照本法和其他有关法律、行政法规、军事法规以及国务院、中央军事委员会的命令，并根据反恐怖主义工作领导机构的部署，防范和处置恐怖活动。

有关部门应当建立联动配合机制，依靠、动员村民委员会、居民委员会、企业事业单位、社会组织，共同开展反恐怖主义工作。

第九条 任何单位和个人都有协助、配合有关部门开展反恐怖主义工作的义务，发现恐怖活动嫌疑或者恐怖活动嫌疑人员的，应当及时向公安机关或者有关部门报告。

第十条 对举报恐怖活动或者协助防范、制止恐怖活动有突出贡献的单位和个人，以及在反恐怖主义工作中作出其他突出贡献的单位和个人，按照国家有关规定给予表彰、奖励。

第十一条 对在中华人民共和国领域外对中华人民共和国国家、公民或者机构实施的恐怖活动犯罪，或者实施的中华人民共和国缔结、参加的国际条约所规定的恐怖活动犯罪，中华人民共和国行使刑事管辖权，依法追究刑事责任。

……

第三章 安全防范

……

第二十条 铁路、公路、水上、航空的货运和邮政、快递等物流运营单位应当实行安全查验制度，对客户身份进行查验，依照规定对运输、寄递物品进行安全检查或者开封验视。对禁止运输、寄递，存在重大安全隐患，或者客户拒绝安全查验的物品，不得运输、寄递。

前款规定的物流运营单位，应当实行运输、寄递客户身份、物品信息登记制度。

第二十一条 电信、互联网、金融、住宿、长途客运、机动车租赁等业务经营者、服务提供者，应当对客户身份进行查验。对身份不明或者拒绝身份查验的，不得提供服务。

第二十二条 生产和进口单位应当依照规定对枪支等武器、弹药、管制器具、危险化学品、民用爆炸物品、核与放射物品作出电子追踪标识，对民用爆炸物品添加安检示踪标识物。

运输单位应当依照规定对运营中的危险化学品、民用爆炸物品、核与放射物品的运输工具通过定位系统实行监控。

有关单位应当依照规定对传染病病原体等物质实行严格的监督管理，严密防范传染病病原体等物质扩散或者流入非法渠道。

对管制器具、危险化学品、民用爆炸物品，国务院有关主管部门或者省级人民政府根据需要，在特定区域、特定时间，可以决定对生产、进出口、运输、销售、使用、报废实施管制，可以禁止使用现金、实物进行交易或者对交易活动作出其他限制。

第二十三条 发生枪支等武器、弹药、危险化学品、民用爆炸物品、核与放射物品、传染病病原体等物质被盗、被抢、丢失或者其他流失的情形，案发单位应当立即采取必要的控制措施，并立即向公安机关报告，同时依照规定向有关主管部门报告。公安机关接到报告后，应当及时开展调查。有关主管部门应当配合公安机关开展工作。

任何单位和个人不得非法制作、生产、储存、运输、进出口、销售、提供、购买、使用、持有、报废、销毁前款规定的物品。公安机关发现的，应当予以扣押；其他主管部门发现的，应当予以扣押，并立即通报公安机关；其他单位、个人发现的，应当立即向公安机关报告。

……

第三十二条 重点目标的管理单位应当履行下列职责：

（一）制定防范和应对处置恐怖活动的预案、措施，定期进行培训和演练；

（二）建立反恐怖主义工作专项经费保障制度，配备、更新防范和处置设备、设施；

（三）指定相关机构或者落实责任人员，明确岗位职责；

（四）实行风险评估，实时监测安全威胁，完善内部安全管理；

（五）定期向公安机关和有关部门报告防范措施落实情况。

重点目标的管理单位应当根据城乡规划、相关标准和实际需要，对重点目标同步设计、同步建设、同步运行符合本法第二十七条规定的技防、物防设备、设施。

重点目标的管理单位应当建立公共安全视频图像信息系统值班监看、信息保存使用、运行维护等管理制度，保障相关系统正常运行。采集的视频图像信息保存期限不得少于九十日。

对重点目标以外的涉及公共安全的其他单位、场所、活动、设施，其主管部门和管理单位应当依照法律、行政法规规定，建立健全安全管理制度，落实安全责任。

第三十三条 重点目标的管理单位应当对重要岗位人员进行安全背景审查。对有不适合情形的人员，应当调整工作岗位，并将有关情况通报公安机关。

第三十四条 大型活动承办单位以及重点目标的管理单位应当依照规定，对进入大型活动场所、机场、火车站、码头、城市轨道交通站、公路长途客运站、口岸等重点目标的人员、物品和交通工具进行安全检查。发现违禁品和管制物品，应当予以扣留并立即向公安机关报告；发现涉嫌违法犯罪人员，应当立即向公安机关报告。

第三十五条 对航空器、列车、船舶、城市轨道车辆、公共电汽车等公共交通运输工具，营运单位应当依照规定配备安保人员和相应设备、设施，加强安全检查和保卫工作。

……

第九章 法律责任

……

第八十五条 铁路、公路、水上、航空的货运和邮政、快递等物流运营单位有下列情形之一的，由主管部门处十万元以上五十万元以下罚款，并对其直接负责的主管人员和其他直接责任人员处十万元以下罚款：

（一）未实行安全查验制度，对客户身份进行查验，或者未依照规定对运输、寄递物品进行安全检查或者开封验视的；

（二）对禁止运输、寄递，存在重大安全隐患，或者客户拒绝安全查验的物品予以运输、寄递的；

（三）未实行运输、寄递客户身份、物品信息登记制度的。

第八十六条　电信、互联网、金融业务经营者、服务提供者未按规定对客户身份进行查验，或者对身份不明、拒绝身份查验的客户提供服务的，主管部门应当责令改正；拒不改正的，处二十万元以上五十万元以下罚款，并对其直接负责的主管人员和其他直接责任人员处十万元以下罚款；情节严重的，处五十万元以上罚款，并对其直接负责的主管人员和其他直接责任人员，处十万元以上五十万元以下罚款。

住宿、长途客运、机动车租赁等业务经营者、服务提供者有前款规定情形的，由主管部门处十万元以上五十万元以下罚款，并对其直接负责的主管人员和其他直接责任人员处十万元以下罚款。

第八十七条　违反本法规定，有下列情形之一的，由主管部门给予警告，并责令改正；拒不改正的，处十万元以下罚款，并对其直接负责的主管人员和其他直接责任人员处一万元以下罚款：

（一）未依照规定对枪支等武器、弹药、管制器具、危险化学品、民用爆炸物品、核与放射物品作出电子追踪标识，对民用爆炸物品添加安检示踪标识物的；

（二）未依照规定对运营中的危险化学品、民用爆炸物品、核与放射物品的运输工具通过定位系统实行监控的；

（三）未依照规定对传染病病原体等物质实行严格的监督管理，情节严重的；

（四）违反国务院有关主管部门或者省级人民政府对管制器具、危险化学品、民用爆炸物品决定的管制或者限制交易措施的。

第八十八条　防范恐怖袭击重点目标的管理、营运单位违反本法规定，有下列情形之一的，由公安机关给予警告，并责令改正；拒不改正的，处十万元以下罚款，并对其直接负责的主管人员和其他直接责任人员处一万元以下罚款：

（一）未制定防范和应对处置恐怖活动的预案、措施的；

（二）未建立反恐怖主义工作专项经费保障制度，或者未配备防范和处置设备、设施的；

（三）未落实工作机构或者责任人员的；

（四）未对重要岗位人员进行安全背景审查，或者未将有不适合情形的人员调整工作岗位的；

（五）对公共交通运输工具未依照规定配备安保人员和相应设备、设施的；

（六）未建立公共安全视频图像信息系统值班监看、信息保存使用、运行维护等管理制度的。

大型活动承办单位以及重点目标的管理单位未依照规定对进入大型活动场所、机场、火车站、码头、城市轨道交通站、公路长途客运站、口岸等重点目标的人员、物品和交通工具进行安全检查的，公安机关应当责令改正；拒不改正的，处十万元以下罚款，并对其直接负责的主管人员和其他直接责任人员处一万元以下罚款。

……

第十章　附　　则

第九十七条　本法自 2016 年 1 月 1 日起施行。2011 年 10 月 29 日第十一届全国人民代表大会常务委员会第二十三次会议通过的《全国人民代表大会常务委员会关于加强反恐怖工作有关问题的决定》同时废止。

3.《中华人民共和国道路交通安全法》(2003 年 10 月 28 日中华人民共和国主席令第 8 号公布;依据 2007 年 12 月 29 日中华人民共和国主席令第 81 号第一次修正;依据 2011 年 4 月 22 日中华人民共和国主席令第 47 号第二次修正)(节选)

中华人民共和国道路交通安全法

第一章 总 则

第一条 为了维护道路交通秩序,预防和减少交通事故,保护人身安全,保护公民、法人和其他组织的财产安全及其他合法权益,提高通行效率,制定本法。

第二条 中华人民共和国境内的车辆驾驶人、行人、乘车人以及与道路交通活动有关的单位和个人,都应当遵守本法。

第三条 道路交通安全工作,应当遵循依法管理、方便群众的原则,保障道路交通有序、安全、畅通。

第四条 各级人民政府应当保障道路交通安全管理工作与经济建设和社会发展相适应。

县级以上地方各级人民政府应当适应道路交通发展的需要,依据道路交通安全法律、法规和国家有关政策,制定道路交通安全管理规划,并组织实施。

第五条 国务院公安部门负责全国道路交通安全管理工作。县级以上地方各级人民政府公安机关交通管理部门负责本行政区域内的道路交通安全管理工作。

县级以上各级人民政府交通、建设管理部门依据各自职责,负责有关的道路交通工作。

第六条 各级人民政府应当经常进行道路交通安全教育,提高公民的道路交通安全意识。

公安机关交通管理部门及其交通警察执行职务时,应当加强道路交通安全法律、法规的宣传,并模范遵守道路交通安全法律、法规。

机关、部队、企业事业单位、社会团体以及其他组织,应当对本单位的人员进行道路交通安全教育。

教育行政部门、学校应当将道路交通安全教育纳入法制教育的内容。

新闻、出版、广播、电视等有关单位,有进行道路交通安全教育的义务。

第七条 对道路交通安全管理工作,应当加强科学研究,推广、使用先进的管理方法、技术、设备。

……

第四章 道路通行规定

……

第四十八条 机动车载物应当符合核定的载质量,严禁超载;载物的长、宽、高不得违反装载要求,不得遗洒、飘散载运物。

机动车运载超限的不可解体的物品,影响交通安全的,应当按照公安机关交通管理部门指定的时间、路线、速度行驶,悬挂明显标志。在公路上运载超限的不可解体的物品,并应当依照公路法的规定执行。

机动车载运爆炸物品、易燃易爆化学物品以及剧毒、放射性等危险物品,应当经公安机关批准后,按指定的时间、路线、速度行驶,悬挂警示标志并采取必要的安全措施。

第四十九条 机动车载人不得超过核定的人数,客运机动车不得违反规定载货。

第五十条 禁止货运机动车载客。

货运机动车需要附载作业人员的,应当设置保护作业人员的安全措施。

……

第七章 法律责任

……

第九十一条 饮酒后驾驶机动车的,处暂扣六个月机动车驾驶证,并处一千元以上二千元以下罚款。因饮酒后驾驶机动车被处罚,再次饮酒后驾驶机动车的,处十日以下拘留,并处一千元以上二千元以下罚款,吊销机动车驾驶证。

醉酒驾驶机动车的,由公安机关交通管理部门约束至酒醒,吊销机动车驾驶证,依法追究刑事责任;五年内不得重新取得机动车驾驶证。

饮酒后驾驶营运机动车的,处十五日拘留,并处五千元罚款,吊销机动车驾驶证,五年内不得重新取得机动车驾驶证。

醉酒驾驶营运机动车的,由公安机关交通管理部门约束至酒醒,吊销机动车驾驶证,依法追究刑事责任;十年内不得重新取得机动车驾驶证,重新取得机动车驾驶证后,不得驾驶营运机动车。

饮酒后或者醉酒驾驶机动车发生重大交通事故,构成犯罪的,依法追究刑事责任,并由公安机关交通管理部门吊销机动车驾驶证,终生不得重新取得机动车驾驶证。

第九十二条 公路客运车辆载客超过额定乘员的,处二百元以上五百元以下罚款;超过额定乘员百分之二十或者违反规定载货的,处五百元以上二千元以下罚款。

货运机动车超过核定载质量的,处二百元以上五百元以下罚款;超过核定载质量百分之三十或者违反规定载客的,处五百元以上二千元以下罚款。

有前两款行为的,由公安机关交通管理部门扣留机动车至违法状态消除。

运输单位的车辆有本条第一款、第二款规定的情形,经处罚不改的,对直接负责的主管人员处二千元以上五千元以下罚款。

……

第一百零二条 对六个月内发生二次以上特大交通事故负有主要责任或者全部责任的专业运输单位,由公安机关交通管理部门责令消除安全隐患,未消除安全隐患的机动车,禁止上道路行驶。

……

4.《中华人民共和国刑法修正案(九)》(2015 年 8 月 29 日中华人民共和国主席令第 30 号公布)(节选)

中华人民共和国刑法修正案(九)

《中华人民共和国刑法修正案(九)》已由中华人民共和国第十二届全国人民代表大会常务委员会第十六次会议于 2015 年 8 月 29 日通过,现予公布,自 2015 年 11 月 1 日起施行。

2015 年 8 月 29 日

……

八、将刑法第一百三十三条之一修改为:"在道路上驾驶机动车,有下列情形之一的,处拘役,并处罚金:

(一)追逐竞驶,情节恶劣的;

(二)醉酒驾驶机动车的;

(三)从事校车业务或者旅客运输,严重超过额定乘员载客,或者严重超过规定时速行驶的;

(四)违反危险化学品安全管理规定运输危险化学品,危及公共安全的。

机动车所有人、管理人对前款第三项、第四项行为负有直接责任的,依照前款的规定处罚。

有前两款行为,同时构成其他犯罪的,依照处罚较重的规定定罪处罚。"

……

四十一、将刑法第三百五十条第一款、第二款修改为:"违反国家规定,非法生产、买卖、运输醋酸酐、乙醚、三氯甲烷或者其他用于制造毒品的原料、配剂,或者携带上述物品进出境,情节较重的,处三年以下有期徒刑、拘役或者管制,并处罚金;情节严重的,处三年以上七年以下有期徒刑,并处罚金;情节特别严重的,处七年以上有期徒刑,并处罚金或者没收财产。

明知他人制造毒品而为其生产、买卖、运输前款规定的物品的,以制造毒品罪的共犯论处。"

……

5.《最高人民法院、最高人民检察院关于办理危害生产安全刑事案件适用法律若干问题的解释》(法释〔2015〕22 号)

最高人民法院、最高人民检察院关于办理危害生产安全刑事案件适用法律若干问题的解释

为依法惩治危害生产安全犯罪,根据刑法有关规定,现就办理此类刑事案件适用法律的若干问题解释如下:

第一条 刑法第一百三十四条第一款规定的犯罪主体,包括对生产、作业负有组织、指挥或者管理职责的负责人、管理人员、实际控制人、投资人等人员,以及直接从事生产、作业的人员。

第二条 刑法第一百三十四条第二款规定的犯罪主体,包括对生产、作业负有组织、指挥或者管理职责的负责人、管理人员、实际控制人、投资人等人员。

第三条 刑法第一百三十五条规定的"直接负责的主管人员和其他直接责任人员",是指对安全生产设施或者安全生产条件不符合国家规定负有直接责任的生产经营单位负责人、管理人员、实际控制人、投资人,以及其他对安全生产设施或者安全生产条件负有管理、维护职责的人员。

第四条 刑法第一百三十九条之一规定的"负有报告职责的人员",是指负有组织、指挥或者管理职责的负责人、管理人员、实际控制人、投资人,以及其他负有报告职责的人员。

第五条 明知存在事故隐患、继续作业存在危险,仍然违反有关安全管理的规定,实施下列行为之一的,应当认定为刑法第一百三十四条第二款规定的"强令他人违章冒险作业":

(一)利用组织、指挥、管理职权,强制他人违章作业的;

(二)采取威逼、胁迫、恐吓等手段,强制他人违章作业的;

(三)故意掩盖事故隐患,组织他人违章作业的;

(四)其他强令他人违章作业的行为。

第六条 实施刑法第一百三十二条、第一百三十四条第一款、第一百三十五条、第一百三十五条之一、第一百三十六条、第一百三十九条规定的行为,因而发生安全事故,具有下列情形之一的,应当认定为"造成严重后果"或者"发生重大伤亡事故或者造成其他严重后果",对相关责任人员,处三年以下有期徒刑或者拘役:

(一)造成死亡一人以上,或者重伤三人以上的;

(二)造成直接经济损失一百万元以上的;

(三)其他造成严重后果或者重大安全事故的情形。

实施刑法第一百三十四条第二款规定的行为,因而发生安全事故,具有本条第一款规定情形的,应当认定为"发生重大伤亡事故或者造成其他严重后果",对相关责任人员,处五年

以下有期徒刑或者拘役。

实施刑法第一百三十七条规定的行为，因而发生安全事故，具有本条第一款规定情形的，应当认定为“造成重大安全事故”，对直接责任人员，处五年以下有期徒刑或者拘役，并处罚金。

实施刑法第一百三十八条规定的行为，因而发生安全事故，具有本条第一款第一项规定情形的，应当认定为“发生重大伤亡事故”，对直接责任人员，处三年以下有期徒刑或者拘役。

第七条 实施刑法第一百三十二条、第一百三十四条第一款、第一百三十五条、第一百三十五条之一、第一百三十六条、第一百三十九条规定的行为，因而发生安全事故，具有下列情形之一的，对相关责任人员，处三年以上七年以下有期徒刑：

(一)造成死亡三人以上或者重伤十人以上，负事故主要责任的；

(二)造成直接经济损失五百万元以上，负事故主要责任的；

(三)其他造成特别严重后果、情节特别恶劣或者后果特别严重的情形。

实施刑法第一百三十四条第二款规定的行为，因而发生安全事故，具有本条第一款规定情形的，对相关责任人员，处五年以上有期徒刑。

实施刑法第一百三十七条规定的行为，因而发生安全事故，具有本条第一款规定情形的，对直接责任人员，处五年以上十年以下有期徒刑，并处罚金。

实施刑法第一百三十八条规定的行为，因而发生安全事故，具有下列情形之一的，对直接责任人员，处三年以上七年以下有期徒刑：

(一)造成死亡三人以上或者重伤十人以上，负事故主要责任的；

(二)具有本解释第六条第一款第一项规定情形，同时造成直接经济损失五百万元以上并负事故主要责任的，或者同时造成恶劣社会影响的。

第八条 在安全事故发生后，负有报告职责的人员不报或者谎报事故情况，贻误事故抢救，具有下列情形之一的，应当认定为刑法第一百三十九条之一规定的“情节严重”：

(一)导致事故后果扩大，增加死亡一人以上，或者增加重伤三人以上，或者增加直接经济损失一百万元以上的；

(二)实施下列行为之一，致使不能及时有效开展事故抢救的：

1. 决定不报、迟报、谎报事故情况或者指使、串通有关人员不报、迟报、谎报事故情况的；

2. 在事故抢救期间擅离职守或者逃匿的；

3. 伪造、破坏事故现场，或者转移、藏匿、毁灭遇难人员尸体，或者转移、藏匿受伤人员的；

4. 毁灭、伪造、隐匿与事故有关的图纸、记录、计算机数据等资料以及其他证据的；

(三)其他情节严重的情形。

具有下列情形之一的，应当认定为刑法第一百三十九条之一规定的“情节特别严重”：

(一)导致事故后果扩大，增加死亡三人以上，或者增加重伤十人以上，或者增加直接经济损失五百万元以上的；

(二)采用暴力、胁迫、命令等方式阻止他人报告事故情况，导致事故后果扩大的；

(三)其他情节特别严重的情形。

第九条 在安全事故发生后，与负有报告职责的人员串通，不报或者谎报事故情况，贻误事故抢救,情节严重的,依照刑法第一百三十九条之一的规定,以共犯论处。

第十条 在安全事故发生后,直接负责的主管人员和其他直接责任人员故意阻挠开展抢救,导致人员死亡或者重伤,或者为了逃避法律追究,对被害人进行隐藏、遗弃,致使被害人因无法得到救助而死亡或者重度残疾的,分别依照刑法第二百三十二条、第二百三十四条的规定,以故意杀人罪或者故意伤害罪定罪处罚。

第十一条 生产不符合保障人身、财产安全的国家标准、行业标准的安全设备,或者明知安全设备不符合保障人身、财产安全的国家标准、行业标准而进行销售,致使发生安全事故,造成严重后果的,依照刑法第一百四十六条的规定,以生产、销售不符合安全标准的产品罪定罪处罚。

第十二条 实施刑法第一百三十二条、第一百三十四条至第一百三十九条之一规定的犯罪行为,具有下列情形之一的,从重处罚:

(一)未依法取得安全许可证件或者安全许可证件过期、被暂扣、吊销、注销后从事生产经营活动的;

(二)关闭、破坏必要的安全监控和报警设备的;

(三)已经发现事故隐患,经有关部门或者个人提出后,仍不采取措施的;

(四)一年内曾因危害生产安全违法犯罪活动受过行政处罚或者刑事处罚的;

(五)采取弄虚作假、行贿等手段,故意逃避、阻挠负有安全监督管理职责的部门实施监督检查的;

(六)安全事故发生后转移财产意图逃避承担责任的;

(七)其他从重处罚的情形。

实施前款第五项规定的行为,同时构成刑法第三百八十九条规定的犯罪的,依照数罪并罚的规定处罚。

第十三条 实施刑法第一百三十二条、第一百三十四条至第一百三十九条之一规定的犯罪行为,在安全事故发生后积极组织、参与事故抢救,或者积极配合调查、主动赔偿损失的,可以酌情从轻处罚。

第十四条 国家工作人员违反规定投资入股生产经营,构成本解释规定的有关犯罪的,或者国家工作人员的贪污、受贿犯罪行为与安全事故发生存在关联性的,从重处罚;同时构成贪污、受贿犯罪和危害生产安全犯罪的,依照数罪并罚的规定处罚。

第十五条 国家机关工作人员在履行安全监督管理职责时滥用职权、玩忽职守,致使公共财产、国家和人民利益遭受重大损失的,或者徇私舞弊,对发现的刑事案件依法应当移交司法机关追究刑事责任而不移交,情节严重的,分别依照刑法第三百九十七条、第四百零二条的规定,以滥用职权罪、玩忽职守罪或者徇私舞弊不移交刑事案件罪定罪处罚。

公司、企业、事业单位的工作人员在依法或者受委托行使安全监督管理职责时滥用职权或者玩忽职守,构成犯罪的,应当依照《全国人民代表大会常务委员会关于〈中华人民共和国刑法〉第九章渎职罪主体适用问题的解释》的规定,适用渎职罪的规定追究刑事责任。

第十六条 对于实施危害生产安全犯罪适用缓刑的犯罪分子,可以根据犯罪情况,禁止其在缓刑考验期限内从事与安全生产相关联的特定活动;对于被判处刑罚的犯罪分子,可以根据犯罪情况和预防再犯罪的需要,禁止其自刑罚执行完毕之日或者假释之日起三年至五年内从事与安全生产相关的职业。

第十七条 本解释自 2015 年 12 月 16 日起施行。本解释施行后,《最高人民法院、最高人民检察院关于办理危害矿山生产安全刑事案件具体应用法律若干问题的解释》(法释〔2007〕5 号)同时废止。最高人民法院、最高人民检察院此前发布的司法解释和规范性文件与本解释不一致的,以本解释为准。

6.《最高人民法院、最高人民检察院关于办理渎职刑事案件适用法律若干问题的解释(一)》(法释〔2012〕18号)

最高人民法院、最高人民检察院关于办理渎职刑事案件适用法律若干问题的解释(一)

为依法惩治渎职犯罪,根据刑法有关规定,现就办理渎职刑事案件适用法律的若干问题解释如下:

第一条 国家机关工作人员滥用职权或者玩忽职守,具有下列情形之一的,应当认定为第三百九十七条规定的"致使公共财产、国家和人民利益遭受重大损失":

(一)造成死亡1人以上,或者重伤3人以上,或者轻伤9人以上,或者重伤2人、轻伤3人以上,或者重伤1人、轻伤6人以上的;

(二)造成经济损失30万元以上的;

(三)造成恶劣社会影响的;

(四)其他致使公共财产、国家和人民利益遭受重大损失的情形。

具有下列情形之一的,应当认定为刑法第三百九十七条规定的"情节特别严重":

(一)造成伤亡达到前款第(一)项规定人数3倍以上的;

(二)造成经济损失150万元以上的;

(三)造成前款规定的损失后果,不报、迟报、谎报或者授意、指使、强令他人不报、迟报、谎报事故情况,致使损失后果持续、扩大或者抢救工作延误的;

(四)造成特别恶劣社会影响的;

(五)其他特别严重的情节。

第二条 国家机关工作人员实施滥用职权或者玩忽职守犯罪行为,触犯刑法分则第九章第三百九十八条至第四百一十九条规定的,依照该规定定罪处罚。

国家机关工作人员滥用职权或者玩忽职守,因不具备徇私舞弊等情形,不符合刑法分则第九章第三百九十八条至第四百一十九条的规定,但依法构成第三百九十七条规定的犯罪的,以滥用职权罪或者玩忽职守罪定罪处罚。

第三条 国家机关工作人员实施渎职犯罪并收受贿赂,同时构成受贿罪的,除刑法另有规定外,以渎职犯罪和受贿罪数罪并罚。

第四条 国家机关工作人员实施渎职行为,放纵他人犯罪或者帮助他人逃避刑事处罚,构成犯罪的,依照渎职罪的规定定罪处罚。

国家机关工作人员与他人共谋,利用其职务行为帮助他人实施其他犯罪行为,同时构成渎职犯罪和共谋实施的其他犯罪共犯的,依照处罚较重的规定定罪处罚。

国家机关工作人员与他人共谋,既利用其职务行为帮助他人实施其他犯罪,又以非职务行为与他人共同实施该其他犯罪行为，同时构成渎职犯罪和其他犯罪的共犯的，依照数罪并罚的规定定罪处罚。

第五条 国家机关负责人员违法决定，或者指使、授意、强令其他国家机关工作人员违法履行职务或者不履行职务，构成刑法分则第九章规定的渎职犯罪的，应当依法追究刑事责任。

以“集体研究”形式实施的渎职犯罪，应当依照刑法分则第九章的规定追究国家机关负有责任的人员的刑事责任。对于具体执行人员，应当在综合认定其行为性质、是否提出反对意见、危害结果大小等情节的基础上决定是否追究刑事责任和应当判处的刑罚。

第六条 以危害结果为条件的渎职犯罪的追诉期限，从危害结果发生之日起计算；有数个危害结果的，从最后一个危害结果发生之日起计算。

第七条 依法或者受委托行使国家行政管理职权的公司、企业、事业单位的工作人员，在行使行政管理职权时滥用职权或者玩忽职守，构成犯罪的，应当依照《全国人民代表大会常务委员会关于〈中华人民共和国刑法〉第九章渎职罪主体适用问题的解释》的规定，适用渎职罪的规定追究刑事责任。

第八条 本解释规定的“经济损失”，是指渎职犯罪或者与渎职犯罪相关联的犯罪立案时已经实际造成的财产损失，包括为挽回渎职犯罪所造成损失而支付的各种开支、费用等。立案后至提起公诉前持续发生的经济损失，应一并计入渎职犯罪造成的经济损失。

债务人经法定程序被宣告破产，债务人潜逃、去向不明，或者因行为人的责任超过诉讼时效等，致使债权已经无法实现的，无法实现的债权部分应当认定为渎职犯罪的经济损失。

渎职犯罪或者与渎职犯罪相关联的犯罪立案后，犯罪分子及其亲友自行挽回的经济损失，司法机关或者犯罪分子所在单位及其上级主管部门挽回的经济损失，或者因客观原因减少的经济损失，不予扣减，但可以作为酌定从轻处罚的情节。

第九条 负有监督管理职责的国家机关工作人员滥用职权或者玩忽职守，致使不符合安全标准的食品、有毒有害食品、假药、劣药等流入社会，对人民群众生命、健康造成严重危害后果的，依照渎职罪的规定从严惩处。

第十条 最高人民法院、最高人民检察院此前发布的司法解释与本解释不一致的，以本解释为准。

7.《中华人民共和国道路运输条例》(2004 年 4 月 14 日中华人民共和国国务院令第 406 号公布;依据 2012 年 11 月 9 日中华人民共和国国务院令第 628 号第一次修订;依据 2016 年 2 月 6 日中华人民共和国国务院令第 666 号第二次修订)

中华人民共和国道路运输条例

第一章　总　　则

第一条　为了维护道路运输市场秩序,保障道路运输安全,保护道路运输有关各方当事人的合法权益,促进道路运输业的健康发展,制定本条例。

第二条　从事道路运输经营以及道路运输相关业务的,应当遵守本条例。

前款所称道路运输经营包括道路旅客运输经营(以下简称客运经营)和道路货物运输经营(以下简称货运经营);道路运输相关业务包括站(场)经营、机动车维修经营、机动车驾驶员培训。

第三条　从事道路运输经营以及道路运输相关业务,应当依法经营,诚实信用,公平竞争。

第四条　道路运输管理,应当公平、公正、公开和便民。

第五条　国家鼓励发展乡村道路运输,并采取必要的措施提高乡镇和行政村的通班车率,满足广大农民的生活和生产需要。

第六条　国家鼓励道路运输企业实行规模化、集约化经营。任何单位和个人不得封锁或者垄断道路运输市场。

第七条　国务院交通主管部门主管全国道路运输管理工作。

县级以上地方人民政府交通主管部门负责组织领导本行政区域的道路运输管理工作。

县级以上道路运输管理机构负责具体实施道路运输管理工作。

第二章　道路运输经营

第一节　客　　运

第八条　申请从事客运经营的,应当具备下列条件:

(一)有与其经营业务相适应并经检测合格的车辆;

(二)有符合本条例第九条规定条件的驾驶人员;

(三)有健全的安全生产管理制度。

申请从事班线客运经营的,还应当有明确的线路和站点方案。

第九条 从事客运经营的驾驶人员,应当符合下列条件:

(一)取得相应的机动车驾驶证;

(二)年龄不超过60周岁;

(三)3年内无重大以上交通责任事故记录;

(四)经设区的市级道路运输管理机构对有关客运法律法规、机动车维修和旅客急救基本知识考试合格。

第十条 申请从事客运经营的,应当依法向工商行政管理机关办理有关登记手续后,按照下列规定提出申请并提交符合本条例第八条规定条件的相关材料:

(一)从事县级行政区域内客运经营的,向县级道路运输管理机构提出申请;

(二)从事省、自治区、直辖市行政区域内跨2个县级以上行政区域客运经营的,向其共同的上一级道路运输管理机构提出申请;

(三)从事跨省、自治区、直辖市行政区域客运经营的,向所在地的省、自治区、直辖市道路运输管理机构提出申请。

依照前款规定收到申请的道路运输管理机构,应当自受理申请之日起20日内审查完毕,作出许可或者不予许可的决定。予以许可的,向申请人颁发道路运输经营许可证,并向申请人投入运输的车辆配发车辆营运证;不予许可的,应当书面通知申请人并说明理由。

对从事跨省、自治区、直辖市行政区域客运经营的申请,有关省、自治区、直辖市道路运输管理机构依照本条第二款规定颁发道路运输经营许可证前,应当与运输线路目的地的省、自治区、直辖市道路运输管理机构协商;协商不成的,应当报国务院交通主管部门决定。

第十一条 取得道路运输经营许可证的客运经营者,需要增加客运班线的,应当依照本条例第十条的规定办理有关手续。

第十二条 县级以上道路运输管理机构在审查客运申请时,应当考虑客运市场的供求状况、普遍服务和方便群众等因素。

同一线路有3个以上申请人时,可以通过招标的形式作出许可决定。

第十三条 县级以上道路运输管理机构应当定期公布客运市场供求状况。

第十四条 客运班线的经营期限为4年到8年。经营期限届满需要延续客运班线经营许可的,应当重新提出申请。

第十五条 客运经营者需要终止客运经营的,应当在终止前30日内告知原许可机关。

第十六条 客运经营者应当为旅客提供良好的乘车环境,保持车辆清洁、卫生,并采取必要的措施防止在运输过程中发生侵害旅客人身、财产安全的违法行为。

第十七条 旅客应当持有效客票乘车,遵守乘车秩序,讲究文明卫生,不得携带国家规定的危险物品及其他禁止携带的物品乘车。

第十八条 班线客运经营者取得道路运输经营许可证后,应当向公众连续提供运输服务,不得擅自暂停、终止或者转让班线运输。

第十九条 从事包车客运的,应当按照约定的起始地、目的地和线路运输。

从事旅游客运的,应当在旅游区域按照旅游线路运输。

第二十条 客运经营者不得强迫旅客乘车,不得甩客、敲诈旅客;不得擅自更换运输车辆。

第二节 货 运

第二十一条 申请从事货运经营的，应当具备下列条件：

（一）有与其经营业务相适应并经检测合格的车辆；

（二）有符合本条例第二十二条规定条件的驾驶人员；

（三）有健全的安全生产管理制度。

第二十二条 从事货运经营的驾驶人员，应当符合下列条件：

（一）取得相应的机动车驾驶证；

（二）年龄不超过60周岁；

（三）经设区的市级道路运输管理机构对有关货运法律法规、机动车维修和货物装载保管基本知识考试合格。

第二十三条 申请从事危险货物运输经营的，还应当具备下列条件：

（一）有5辆以上经检测合格的危险货物运输专用车辆、设备；

（二）有经所在地设区的市级人民政府交通主管部门考试合格，取得上岗资格证的驾驶人员、装卸管理人员、押运人员；

（三）危险货物运输专用车辆配有必要的通讯工具；

（四）有健全的安全生产管理制度。

第二十四条 申请从事货运经营的，应当依法向工商行政管理机关办理有关登记手续后，按照下列规定提出申请并分别提交符合本条例第二十一条、第二十三条规定条件的相关材料：

（一）从事危险货物运输经营以外的货运经营的，向县级道路运输管理机构提出申请；

（二）从事危险货物运输经营的，向设区的市级道路运输管理机构提出申请。

依照前款规定收到申请的道路运输管理机构，应当自受理申请之日起20日内审查完毕，作出许可或者不予许可的决定。予以许可的，向申请人颁发道路运输经营许可证，并向申请人投入运输的车辆配发车辆营运证；不予许可的，应当书面通知申请人并说明理由。

第二十五条 货运经营者不得运输法律、行政法规禁止运输的货物。

法律、行政法规规定必须办理有关手续后方可运输的货物，货运经营者应当查验有关手续。

第二十六条 国家鼓励货运经营者实行封闭式运输，保证环境卫生和货物运输安全。

货运经营者应当采取必要措施，防止货物脱落、扬撒等。

运输危险货物应当采取必要措施，防止危险货物燃烧、爆炸、辐射、泄漏等。

第二十七条 运输危险货物应当配备必要的押运人员，保证危险货物处于押运人员的监管之下，并悬挂明显的危险货物运输标志。

托运危险货物的，应当向货运经营者说明危险货物的品名、性质、应急处置方法等情况，并严格按照国家有关规定包装，设置明显标志。

第三节 客运和货运的共同规定

第二十八条 客运经营者、货运经营者应当加强对从业人员的安全教育、职业道德教育，确保道路运输安全。

道路运输从业人员应当遵守道路运输操作规程,不得违章作业。驾驶人员连续驾驶时间不得超过4个小时。

第二十九条 生产(改装)客运车辆、货运车辆的企业应当按照国家规定标定车辆的核定人数或者载重量,严禁多标或者少标车辆的核定人数或者载重量。

客运经营者、货运经营者应当使用符合国家规定标准的车辆从事道路运输经营。

第三十条 客运经营者、货运经营者应当加强对车辆的维护和检测,确保车辆符合国家规定的技术标准;不得使用报废的、擅自改装的和其他不符合国家规定的车辆从事道路运输经营。

第三十一条 客运经营者、货运经营者应当制定有关交通事故、自然灾害以及其他突发事件的道路运输应急预案。应急预案应当包括报告程序、应急指挥、应急车辆和设备的储备以及处置措施等内容。

第三十二条 发生交通事故、自然灾害以及其他突发事件,客运经营者和货运经营者应当服从县级以上人民政府或者有关部门的统一调度、指挥。

第三十三条 道路运输车辆应当随车携带车辆营运证,不得转让、出租。

第三十四条 道路运输车辆运输旅客的,不得超过核定的人数,不得违反规定载货;运输货物的,不得运输旅客,运输的货物应当符合核定的载重量,严禁超载;载物的长、宽、高不得违反装载要求。

违反前款规定的,由公安机关交通管理部门依照《中华人民共和国道路交通安全法》的有关规定进行处罚。

第三十五条 客运经营者、危险货物运输经营者应当分别为旅客或者危险货物投保承运人责任险。

第三章 道路运输相关业务

第三十六条 申请从事道路运输站(场)经营的,应当具备下列条件:

(一)有经验收合格的运输站(场);

(二)有相应的专业人员和管理人员;

(三)有相应的设备、设施;

(四)有健全的业务操作规程和安全管理制度。

第三十七条 申请从事机动车维修经营的,应当具备下列条件:

(一)有相应的机动车维修场地;

(二)有必要的设备、设施和技术人员;

(三)有健全的机动车维修管理制度;

(四)有必要的环境保护措施。

第三十八条 申请从事机动车驾驶员培训的,应当具备下列条件:

(一)取得企业法人资格;

(二)有健全的培训机构和管理制度;

(三)有与培训业务相适应的教学人员、管理人员;

(四)有必要的教学车辆和其他教学设施、设备、场地。

第三十九条 申请从事道路运输站(场)经营、机动车维修经营和机动车驾驶员培训业务的,应当在依法向工商行政管理机关办理有关登记手续后,向所在地县级道路运输管理机构提出申请,并分别附送符合本条例第三十六条、第三十七条、第三十八条规定条件的相关材料。县级道路运输管理机构应当自受理申请之日起15日内审查完毕,作出许可或者不予许可的决定,并书面通知申请人。

第四十条 道路运输站(场)经营者应当对出站的车辆进行安全检查,禁止无证经营的车辆进站从事经营活动,防止超载车辆或者未经安全检查的车辆出站。

道路运输站(场)经营者应当公平对待使用站(场)的客运经营者和货运经营者,无正当理由不得拒绝道路运输车辆进站从事经营活动。

道路运输站(场)经营者应当向旅客和货主提供安全、便捷、优质的服务;保持站(场)卫生、清洁;不得随意改变站(场)用途和服务功能。

第四十一条 道路旅客运输站(场)经营者应当为客运经营者合理安排班次,公布其运输线路、起止经停站点、运输班次、始发时间、票价,调度车辆进站、发车,疏导旅客,维持上下车秩序。

道路旅客运输站(场)经营者应当设置旅客购票、候车、行李寄存和托运等服务设施,按照车辆核定载客限额售票,并采取措施防止携带危险品的人员进站乘车。

第四十二条 道路货物运输站(场)经营者应当按照国务院交通主管部门规定的业务操作规程装卸、储存、保管货物。

第四十三条 机动车维修经营者应当按照国家有关技术规范对机动车进行维修,保证维修质量,不得使用假冒伪劣配件维修机动车。

机动车维修经营者应当公布机动车维修工时定额和收费标准,合理收取费用。

第四十四条 机动车维修经营者对机动车进行二级维护、总成修理或者整车修理的,应当进行维修质量检验。检验合格的,维修质量检验人员应当签发机动车维修合格证。

机动车维修实行质量保证期制度。质量保证期内因维修质量原因造成机动车无法正常使用的,机动车维修经营者应当无偿返修。

机动车维修质量保证期制度的具体办法,由国务院交通主管部门制定。

第四十五条 机动车维修经营者不得承修已报废的机动车,不得擅自改装机动车。

第四十六条 机动车驾驶员培训机构应当按照国务院交通主管部门规定的教学大纲进行培训,确保培训质量。培训结业的,应当向参加培训的人员颁发培训结业证书。

第四章 国际道路运输

第四十七条 国务院交通主管部门应当及时向社会公布中国政府与有关国家政府签署的双边或者多边道路运输协定确定的国际道路运输线路。

第四十八条 申请从事国际道路运输经营的,应当具备下列条件:

(一)依照本条例第十条、第二十四条规定取得道路运输经营许可证的企业法人;

(二)在国内从事道路运输经营满3年,且未发生重大以上道路交通责任事故。

第四十九条 申请从事国际道路运输的,应当向省、自治区、直辖市道路运输管理机构提出申请并提交符合本条例第四十八条规定条件的相关材料。省、自治区、直辖市道路运输管理机构应当自受理申请之日起20日内审查完毕,作出批准或者不予批准的决定。予以批准的,应当向国务院交通主管部门备案;不予批准的,应当向当事人说明理由。

国际道路运输经营者应当持批准文件依法向有关部门办理相关手续。

第五十条 中国国际道路运输经营者应当在其投入运输车辆的显著位置,标明中国国籍识别标志。

外国国际道路运输经营者的车辆在中国境内运输,应当标明本国国籍识别标志,并按照规定的运输线路行驶;不得擅自改变运输线路,不得从事起止地都在中国境内的道路运输经营。

第五十一条 在口岸设立的国际道路运输管理机构应当加强对出入口岸的国际道路运输的监督管理。

第五十二条 外国国际道路运输经营者依法在中国境内设立的常驻代表机构不得从事经营活动。

第五章 执法监督

第五十三条 县级以上人民政府交通主管部门应当加强对道路运输管理机构实施道路运输管理工作的指导监督。

第五十四条 道路运输管理机构应当加强执法队伍建设,提高其工作人员的法制、业务素质。

道路运输管理机构的工作人员应当接受法制和道路运输管理业务培训、考核,考核不合格的,不得上岗执行职务。

第五十五条 上级道路运输管理机构应当对下级道路运输管理机构的执法活动进行监督。

道路运输管理机构应当建立健全内部监督制度,对其工作人员执法情况进行监督检查。

第五十六条 道路运输管理机构及其工作人员执行职务时,应当自觉接受社会和公民的监督。

第五十七条 道路运输管理机构应当建立道路运输举报制度,公开举报电话号码、通信地址或者电子邮件信箱。

任何单位和个人都有权对道路运输管理机构的工作人员滥用职权、徇私舞弊的行为进行举报。交通主管部门、道路运输管理机构及其他有关部门收到举报后,应当依法及时查处。

第五十八条 道路运输管理机构的工作人员应当严格按照职责权限和程序进行监督检查,不得乱设卡、乱收费、乱罚款。

道路运输管理机构的工作人员应当重点在道路运输及相关业务经营场所、客货集散地进行监督检查。

道路运输管理机构的工作人员在公路路口进行监督检查时,不得随意拦截正常行驶的道路运输车辆。

第五十九条 道路运输管理机构的工作人员实施监督检查时,应当有2名以上人员参加,并向当事人出示执法证件。

第六十条 道路运输管理机构的工作人员实施监督检查时,可以向有关单位和个人了解情况,查阅、复制有关资料。但是,应当保守被调查单位和个人的商业秘密。

被监督检查的单位和个人应当接受依法实施的监督检查,如实提供有关资料或者情况。

第六十一条 道路运输管理机构的工作人员在实施道路运输监督检查过程中,发现车辆超载行为的,应当立即予以制止,并采取相应措施安排旅客改乘或者强制卸货。

第六十二条 道路运输管理机构的工作人员在实施道路运输监督检查过程中,对没有车辆营运证又无法当场提供其他有效证明的车辆予以暂扣的,应当妥善保管,不得使用,不得收取或者变相收取保管费用。

第六章 法律责任

第六十三条 违反本条例的规定,未取得道路运输经营许可,擅自从事道路运输经营的,由县级以上道路运输管理机构责令停止经营;有违法所得的,没收违法所得,处违法所得2倍以上10倍以下的罚款;没有违法所得或者违法所得不足2万元的,处3万元以上10万元以下的罚款;构成犯罪的,依法追究刑事责任。

第六十四条 不符合本条例第九条、第二十二条规定条件的人员驾驶道路运输经营车辆的,由县级以上道路运输管理机构责令改正,处200元以上2000元以下的罚款;构成犯罪的,依法追究刑事责任。

第六十五条 违反本条例的规定,未经许可擅自从事道路运输站(场)经营、机动车维修经营、机动车驾驶员培训的,由县级以上道路运输管理机构责令停止经营;有违法所得的,没收违法所得,处违法所得2倍以上10倍以下的罚款;没有违法所得或者违法所得不足1万元的,处2万元以上5万元以下的罚款;构成犯罪的,依法追究刑事责任。

第六十六条 违反本条例的规定,客运经营者、货运经营者、道路运输相关业务经营者非法转让、出租道路运输许可证件的,由县级以上道路运输管理机构责令停止违法行为,收缴有关证件,处2000元以上1万元以下的罚款;有违法所得的,没收违法所得。

第六十七条 违反本条例的规定,客运经营者、危险货物运输经营者未按规定投保承运人责任险的,由县级以上道路运输管理机构责令限期投保;拒不投保的,由原许可机关吊销道路运输经营许可证。

第六十八条 违反本条例的规定,客运经营者、货运经营者不按照规定携带车辆营运证的,由县级以上道路运输管理机构责令改正,处警告或者20元以上200元以下的罚款。

第六十九条 违反本条例的规定,客运经营者、货运经营者有下列情形之一的,由县级以上道路运输管理机构责令改正,处1000元以上3000元以下的罚款;情节严重的,由原许可机关吊销道路运输经营许可证:

(一)不按批准的客运站点停靠或者不按规定的线路、公布的班次行驶的;

(二)强行招揽旅客、货物的;

(三)在旅客运输途中擅自变更运输车辆或者将旅客移交他人运输的;

(四)未报告原许可机关,擅自终止客运经营的;

(五)没有采取必要措施防止货物脱落、扬撒等的。

第七十条 违反本条例的规定,客运经营者、货运经营者不按规定维护和检测运输车辆的，由县级以上道路运输管理机构责令改正，处1000元以上5000元以下的罚款。

违反本条例的规定，客运经营者、货运经营者擅自改装已取得车辆营运证的车辆的，由县级以上道路运输管理机构责令改正，处5000元以上2万元以下的罚款。

第七十一条 违反本条例的规定，道路运输站(场)经营者允许无证经营的车辆进站从事经营活动以及超载车辆、未经安全检查的车辆出站或者无正当理由拒绝道路运输车辆进站从事经营活动的，由县级以上道路运输管理机构责令改正，处1万元以上3万元以下的罚款。

违反本条例的规定，道路运输站(场)经营者擅自改变道路运输站(场)的用途和服务功能，或者不公布运输线路、起止经停站点、运输班次、始发时间、票价的，由县级以上道路运输管理机构责令改正；拒不改正的，处3000元的罚款；有违法所得的，没收违法所得。

第七十二条 违反本条例的规定，机动车维修经营者使用假冒伪劣配件维修机动车，承修已报废的机动车或者擅自改装机动车的，由县级以上道路运输管理机构责令改正；有违法所得的，没收违法所得，处违法所得2倍以上10倍以下的罚款；没有违法所得或者违法所得不足1万元的，处2万元以上5万元以下的罚款，没收假冒伪劣配件及报废车辆；情节严重的，由原许可机关吊销其经营许可；构成犯罪的，依法追究刑事责任。

第七十三条 违反本条例的规定，机动车维修经营者签发虚假的机动车维修合格证，由县级以上道路运输管理机构责令改正；有违法所得的，没收违法所得，处违法所得2倍以上10倍以下的罚款；没有违法所得或者违法所得不足3000元的，处5000元以上2万元以下的罚款；情节严重的，由原许可机关吊销其经营许可；构成犯罪的，依法追究刑事责任。

第七十四条 违反本条例的规定，机动车驾驶员培训机构不严格按照规定进行培训或者在培训结业证书发放时弄虚作假的，由县级以上道路运输管理机构责令改正；拒不改正的，由原许可机关吊销其经营许可。

第七十五条 违反本条例的规定，外国国际道路运输经营者未按照规定的线路运输，擅自从事中国境内道路运输或者未标明国籍识别标志的，由省、自治区、直辖市道路运输管理机构责令停止运输；有违法所得的，没收违法所得，处违法所得2倍以上10倍以下的罚款；没有违法所得或者违法所得不足1万元的，处3万元以上6万元以下的罚款。

第七十六条 违反本条例的规定，道路运输管理机构的工作人员有下列情形之一的，依法给予行政处分；构成犯罪的，依法追究刑事责任：

(一)不依照本条例规定的条件、程序和期限实施行政许可的；

(二)参与或者变相参与道路运输经营以及道路运输相关业务的；

(三)发现违法行为不及时查处的；

(四)违反规定拦截、检查正常行驶的道路运输车辆的；

(五)违法扣留运输车辆、车辆营运证的；

(六)索取、收受他人财物，或者谋取其他利益的；

(七)其他违法行为。

第七章 附 则

第七十七条 内地与香港特别行政区、澳门特别行政区之间的道路运输，参照本条例的有关规定执行。

第七十八条 外商可以依照有关法律、行政法规和国家有关规定,在中华人民共和国境内采用中外合资、中外合作、独资形式投资有关的道路运输经营以及道路运输相关业务。

第七十九条 从事非经营性危险货物运输的,应当遵守本条例有关规定。

第八十条 道路运输管理机构依照本条例发放经营许可证件和车辆营运证,可以收取工本费。工本费的具体收费标准由省、自治区、直辖市人民政府财政部门、价格主管部门会同同级交通主管部门核定。

第八十一条 出租车客运和城市公共汽车客运的管理办法由国务院另行规定。

第八十二条 本条例自2004年7月1日起施行。

8.《危险化学品安全管理条例》(2002年1月26日中华人民共和国国务院令第344号公布;依据2011年3月2日中华人民共和国国务院令第591号修订;依据2013年12月7日中华人民共和国国务院令第645号修订)(节选)

危险化学品安全管理条例

第一章 总 则

第一条 为了加强危险化学品的安全管理,预防和减少危险化学品事故,保障人民群众生命财产安全,保护环境,制定本条例。

第二条 危险化学品生产、储存、使用、经营和运输的安全管理,适用本条例。

废弃危险化学品的处置,依照有关环境保护的法律、行政法规和国家有关规定执行。

第三条 本条例所称危险化学品,是指具有毒害、腐蚀、爆炸、燃烧、助燃等性质,对人体、设施、环境具有危害的剧毒化学品和其他化学品。

危险化学品目录,由国务院安全生产监督管理部门会同国务院工业和信息化、公安、环境保护、卫生、质量监督检验检疫、交通运输、铁路、民用航空、农业主管部门,根据化学品危险特性的鉴别和分类标准确定、公布,并适时调整。

第四条 危险化学品安全管理,应当坚持安全第一、预防为主、综合治理的方针,强化和落实企业的主体责任。

生产、储存、使用、经营、运输危险化学品的单位(以下统称危险化学品单位)的主要负责人对本单位的危险化学品安全管理工作全面负责。

危险化学品单位应当具备法律、行政法规规定和国家标准、行业标准要求的安全条件,建立、健全安全管理规章制度和岗位安全责任制度,对从业人员进行安全教育、法制教育和岗位技术培训。从业人员应当接受教育和培训,考核合格后上岗作业;对有资格要求的岗位,应当配备依法取得相应资格的人员。

第五条 任何单位和个人不得生产、经营、使用国家禁止生产、经营、使用的危险化学品。

国家对危险化学品的使用有限制性规定的,任何单位和个人不得违反限制性规定使用危险化学品。

第六条 对危险化学品的生产、储存、使用、经营、运输实施安全监督管理的有关部门(以下统称负有危险化学品安全监督管理职责的部门),依照下列规定履行职责:

(一)安全生产监督管理部门负责危险化学品安全监督管理综合工作,组织确定、公布、调整危险化学品目录,对新建、改建、扩建生产、储存危险化学品(包括使用长输管道输送危险化学品,下同)的建设项目进行安全条件审查,核发危险化学品安全生产许可证、危险化学品安全使用许可证和危险化学品经营许可证,并负责危险化学品登记工作。

(二)公安机关负责危险化学品的公共安全管理,核发剧毒化学品购买许可证、剧毒化学品道路运输通行证,并负责危险化学品运输车辆的道路交通安全管理。

(三)质量监督检验检疫部门负责核发危险化学品及其包装物、容器(不包括储存危险化学品的固定式大型储罐,下同)生产企业的工业产品生产许可证,并依法对其产品质量实施监督,负责对进出口危险化学品及其包装实施检验。

(四)环境保护主管部门负责废弃危险化学品处置的监督管理,组织危险化学品的环境危害性鉴定和环境风险程度评估,确定实施重点环境管理的危险化学品,负责危险化学品环境管理登记和新化学物质环境管理登记;依照职责分工调查相关危险化学品环境污染事故和生态破坏事件,负责危险化学品事故现场的应急环境监测。

(五)交通运输主管部门负责危险化学品道路运输、水路运输的许可以及运输工具的安全管理,对危险化学品水路运输安全实施监督,负责危险化学品道路运输企业、水路运输企业驾驶人员、船员、装卸管理人员、押运人员、申报人员、集装箱装箱现场检查员的资格认定。铁路监管部门负责危险化学品铁路运输及其运输工具的安全管理。民用航空主管部门负责危险化学品航空运输以及航空运输企业及其运输工具的安全管理。

(六)卫生主管部门负责危险化学品毒性鉴定的管理,负责组织、协调危险化学品事故受伤人员的医疗卫生救援工作。

(七)工商行政管理部门依据有关部门的许可证件,核发危险化学品生产、储存、经营、运输企业营业执照,查处危险化学品经营企业违法采购危险化学品的行为。

(八)邮政管理部门负责依法查处寄递危险化学品的行为。

第七条 负有危险化学品安全监督管理职责的部门依法进行监督检查,可以采取下列措施:

(一)进入危险化学品作业场所实施现场检查,向有关单位和人员了解情况,查阅、复制有关文件、资料;

(二)发现危险化学品事故隐患,责令立即消除或者限期消除;

(三)对不符合法律、行政法规、规章规定或者国家标准、行业标准要求的设施、设备、装置、器材、运输工具,责令立即停止使用;

(四)经本部门主要负责人批准,查封违法生产、储存、使用、经营危险化学品的场所,扣押违法生产、储存、使用、经营、运输的危险化学品以及用于违法生产、使用、运输危险化学品的原材料、设备、运输工具;

(五)发现影响危险化学品安全的违法行为,当场予以纠正或者责令限期改正。

负有危险化学品安全监督管理职责的部门依法进行监督检查,监督检查人员不得少于2人,并应当出示执法证件;有关单位和个人对依法进行的监督检查应当予以配合,不得拒绝、阻碍。

第八条 县级以上人民政府应当建立危险化学品安全监督管理工作协调机制,支持、督促负有危险化学品安全监督管理职责的部门依法履行职责,协调、解决危险化学品安全监督管理工作中的重大问题。

负有危险化学品安全监督管理职责的部门应当相互配合、密切协作，依法加强对危险化学品的安全监督管理。

第九条 任何单位和个人对违反本条例规定的行为，有权向负有危险化学品安全监督管理职责的部门举报。负有危险化学品安全监督管理职责的部门接到举报，应当及时依法处理；对不属于本部门职责的，应当及时移送有关部门处理。

第十条 国家鼓励危险化学品生产企业和使用危险化学品从事生产的企业采用有利于提高安全保障水平的先进技术、工艺、设备以及自动控制系统，鼓励对危险化学品实行专门储存、统一配送、集中销售。

……

第五章 运输安全

第四十三条 从事危险化学品道路运输、水路运输的，应当分别依照有关道路运输、水路运输的法律、行政法规的规定，取得危险货物道路运输许可、危险货物水路运输许可，并向工商行政管理部门办理登记手续。

危险化学品道路运输企业、水路运输企业应当配备专职安全管理人员。

第四十四条 危险化学品道路运输企业、水路运输企业的驾驶人员、船员、装卸管理人员、押运人员、申报人员、集装箱装箱现场检查员应当经交通运输主管部门考核合格，取得从业资格。具体办法由国务院交通运输主管部门制定。

危险化学品的装卸作业应当遵守安全作业标准、规程和制度，并在装卸管理人员的现场指挥或者监控下进行。水路运输危险化学品的集装箱装箱作业应当在集装箱装箱现场检查员的指挥或者监控下进行，并符合积载、隔离的规范和要求；装箱作业完毕后，集装箱装箱现场检查员应当签署装箱证明书。

第四十五条 运输危险化学品，应当根据危险化学品的危险特性采取相应的安全防护措施，并配备必要的防护用品和应急救援器材。

用于运输危险化学品的槽罐以及其他容器应当封口严密，能够防止危险化学品在运输过程中因温度、湿度或者压力的变化发生渗漏、洒漏；槽罐以及其他容器的溢流和泄压装置应当设置准确、起闭灵活。

运输危险化学品的驾驶人员、船员、装卸管理人员、押运人员、申报人员、集装箱装箱现场检查员，应当了解所运输的危险化学品的危险特性及其包装物、容器的使用要求和出现危险情况时的应急处置方法。

第四十六条 通过道路运输危险化学品的，托运人应当委托依法取得危险货物道路运输许可的企业承运。

第四十七条 通过道路运输危险化学品的，应当按照运输车辆的核定载质量装载危险化学品，不得超载。

危险化学品运输车辆应当符合国家标准要求的安全技术条件，并按照国家有关规定定期进行安全技术检验。

危险化学品运输车辆应当悬挂或者喷涂符合国家标准要求的警示标志。

第四十八条 通过道路运输危险化学品的,应当配备押运人员,并保证所运输的危险化学品处于押运人员的监控之下。

运输危险化学品途中因住宿或者发生影响正常运输的情况,需要较长时间停车的,驾驶人员、押运人员应当采取相应的安全防范措施;运输剧毒化学品或者易制爆危险化学品的,还应当向当地公安机关报告。

第四十九条 未经公安机关批准,运输危险化学品的车辆不得进入危险化学品运输车辆限制通行的区域。危险化学品运输车辆限制通行的区域由县级人民政府公安机关划定,并设置明显的标志。

第五十条 通过道路运输剧毒化学品的,托运人应当向运输始发地或者目的地县级人民政府公安机关申请剧毒化学品道路运输通行证。

申请剧毒化学品道路运输通行证,托运人应当向县级人民政府公安机关提交下列材料:

(一)拟运输的剧毒化学品品种、数量的说明;

(二)运输始发地、目的地、运输时间和运输路线的说明;

(三)承运人取得危险货物道路运输许可、运输车辆取得营运证以及驾驶人员、押运人员取得上岗资格的证明文件;

(四)本条例第三十八条第一款、第二款规定的购买剧毒化学品的相关许可证件,或者海关出具的进出口证明文件。

县级人民政府公安机关应当自收到前款规定的材料之日起 7 日内,作出批准或者不予批准的决定。予以批准的,颁发剧毒化学品道路运输通行证;不予批准的,书面通知申请人并说明理由。

剧毒化学品道路运输通行证管理办法由国务院公安部门制定。

第五十一条 剧毒化学品、易制爆危险化学品在道路运输途中丢失、被盗、被抢或者出现流散、泄漏等情况的,驾驶人员、押运人员应当立即采取相应的警示措施和安全措施,并向当地公安机关报告。公安机关接到报告后,应当根据实际情况立即向安全生产监督管理部门、环境保护主管部门、卫生主管部门通报。有关部门应当采取必要的应急处置措施。

……

第六十三条 托运危险化学品的,托运人应当向承运人说明所托运的危险化学品的种类、数量、危险特性以及发生危险情况的应急处置措施,并按照国家有关规定对所托运的危险化学品妥善包装,在外包装上设置相应的标志。

运输危险化学品需要添加抑制剂或者稳定剂的,托运人应当添加,并将有关情况告知承运人。

第六十四条 托运人不得在托运的普通货物中夹带危险化学品,不得将危险化学品匿报或者谎报为普通货物托运。

任何单位和个人不得交寄危险化学品或者在邮件、快件内夹带危险化学品,不得将危险化学品匿报或者谎报为普通物品交寄。邮政企业、快递企业不得收寄危险化学品。

对涉嫌违反本条第一款、第二款规定的,交通运输主管部门、邮政管理部门可以依法开拆查验。

……

第六章　危险化学品登记与事故应急救援

……

第六十八条　危险化学品登记机构应当定期向工业和信息化、环境保护、公安、卫生、交通运输、铁路、质量监督检验检疫等部门提供危险化学品登记的有关信息和资料。

第六十九条　县级以上地方人民政府安全生产监督管理部门应当会同工业和信息化、环境保护、公安、卫生、交通运输、铁路、质量监督检验检疫等部门，根据本地区实际情况，制定危险化学品事故应急预案，报本级人民政府批准。

第七十条　危险化学品单位应当制定本单位危险化学品事故应急预案，配备应急救援人员和必要的应急救援器材、设备，并定期组织应急救援演练。

危险化学品单位应当将其危险化学品事故应急预案报所在地设区的市级人民政府安全生产监督管理部门备案。

第七十一条　发生危险化学品事故，事故单位主要负责人应当立即按照本单位危险化学品应急预案组织救援，并向当地安全生产监督管理部门和环境保护、公安、卫生主管部门报告；道路运输、水路运输过程中发生危险化学品事故的，驾驶人员、船员或者押运人员还应当向事故发生地交通运输主管部门报告。

第七十二条　发生危险化学品事故，有关地方人民政府应当立即组织安全生产监督管理、环境保护、公安、卫生、交通运输等有关部门，按照本地区危险化学品事故应急预案组织实施救援，不得拖延、推诿。

有关地方人民政府及其有关部门应当按照下列规定，采取必要的应急处置措施，减少事故损失，防止事故蔓延、扩大：

（一）立即组织营救和救治受害人员，疏散、撤离或者采取其他措施保护危害区域内的其他人员；

（二）迅速控制危害源，测定危险化学品的性质、事故的危害区域及危害程度；

（三）针对事故对人体、动植物、土壤、水源、大气造成的现实危害和可能产生的危害，迅速采取封闭、隔离、洗消等措施；

（四）对危险化学品事故造成的环境污染和生态破坏状况进行监测、评估，并采取相应的环境污染治理和生态修复措施。

第七十三条　有关危险化学品单位应当为危险化学品事故应急救援提供技术指导和必要的协助。

……

第七章　法 律 责 任

……

第八十五条　未依法取得危险货物道路运输许可、危险货物水路运输许可，从事危险化学品道路运输、水路运输的，分别依照有关道路运输、水路运输的法律、行政法规的规定处罚。

第八十六条　有下列情形之一的，由交通运输主管部门责令改正，处 5 万元以上 10 万

元以下的罚款;拒不改正的,责令停产停业整顿;构成犯罪的,依法追究刑事责任:

(一)危险化学品道路运输企业、水路运输企业的驾驶人员、船员、装卸管理人员、押运人员、申报人员、集装箱装箱现场检查员未取得从业资格上岗作业的;

(二)运输危险化学品,未根据危险化学品的危险特性采取相应的安全防护措施,或者未配备必要的防护用品和应急救援器材的;

(三)使用未依法取得危险货物适装证书的船舶,通过内河运输危险化学品的;

(四)通过内河运输危险化学品的承运人违反国务院交通运输主管部门对单船运输的危险化学品数量的限制性规定运输危险化学品的;

(五)用于危险化学品运输作业的内河码头、泊位不符合国家有关安全规范,或者未与饮用水取水口保持国家规定的安全距离,或者未经交通运输主管部门验收合格投入使用的;

(六)托运人不向承运人说明所托运的危险化学品的种类、数量、危险特性以及发生危险情况的应急处置措施,或者未按照国家有关规定对所托运的危险化学品妥善包装并在外包装上设置相应标志的;

(七)运输危险化学品需要添加抑制剂或者稳定剂,托运人未添加或者未将有关情况告知承运人的。

第八十七条 有下列情形之一的,由交通运输主管部门责令改正,处10万元以上20万元以下的罚款,有违法所得的,没收违法所得;拒不改正的,责令停产停业整顿;构成犯罪的,依法追究刑事责任:

(一)委托未依法取得危险货物道路运输许可、危险货物水路运输许可的企业承运危险化学品的;

(二)通过内河封闭水域运输剧毒化学品以及国家规定禁止通过内河运输的其他危险化学品的;

(三)通过内河运输国家规定禁止通过内河运输的剧毒化学品以及其他危险化学品的;

(四)在托运的普通货物中夹带危险化学品,或者将危险化学品谎报或者匿报为普通货物托运的。

在邮件、快件内夹带危险化学品,或者将危险化学品谎报为普通物品交寄的,依法给予治安管理处罚;构成犯罪的,依法追究刑事责任。

邮政企业、快递企业收寄危险化学品的,依照《中华人民共和国邮政法》的规定处罚。

第八十八条 有下列情形之一的,由公安机关责令改正,处5万元以上10万元以下的罚款;构成违反治安管理行为的,依法给予治安管理处罚;构成犯罪的,依法追究刑事责任:

(一)超过运输车辆的核定载质量装载危险化学品的;

(二)使用安全技术条件不符合国家标准要求的车辆运输危险化学品的;

(三)运输危险化学品的车辆未经公安机关批准进入危险化学品运输车辆限制通行的区域的;

(四)未取得剧毒化学品道路运输通行证,通过道路运输剧毒化学品的。

第八十九条 有下列情形之一的,由公安机关责令改正,处1万元以上5万元以下的罚款;构成违反治安管理行为的,依法给予治安管理处罚:

(一)危险化学品运输车辆未悬挂或者喷涂警示标志,或者悬挂或者喷涂的警示标志不符合国家标准要求的；

（二）通过道路运输危险化学品，不配备押运人员的；

（三）运输剧毒化学品或者易制爆危险化学品途中需要较长时间停车，驾驶人员、押运人员不向当地公安机关报告的；

（四）剧毒化学品、易制爆危险化学品在道路运输途中丢失、被盗、被抢或者发生流散、泄露等情况，驾驶人员、押运人员不采取必要的警示措施和安全措施，或者不向当地公安机关报告的。

第九十条 对发生交通事故负有全部责任或者主要责任的危险化学品道路运输企业，由公安机关责令消除安全隐患，未消除安全隐患的危险化学品运输车辆，禁止上道路行驶。

第九十一条 有下列情形之一的，由交通运输主管部门责令改正，可以处1万元以下的罚款；拒不改正的，处1万元以上5万元以下的罚款：

（一）危险化学品道路运输企业、水路运输企业未配备专职安全管理人员的；

（二）用于危险化学品运输作业的内河码头、泊位的管理单位未制定码头、泊位危险化学品事故应急救援预案，或者未为码头、泊位配备充足、有效的应急救援器材和设备的。

……

第九十三条 伪造、变造或者出租、出借、转让危险化学品安全生产许可证、工业产品生产许可证，或者使用伪造、变造的危险化学品安全生产许可证、工业产品生产许可证的，分别依照《安全生产许可证条例》《中华人民共和国工业产品生产许可证管理条例》的规定处罚。

伪造、变造或者出租、出借、转让本条例规定的其他许可证，或者使用伪造、变造的本条例规定的其他许可证的，分别由相关许可证的颁发管理机关处10万元以上20万元以下的罚款，有违法所得的，没收违法所得；构成违反治安管理行为的，依法给予治安管理处罚；构成犯罪的，依法追究刑事责任。

第九十四条 危险化学品单位发生危险化学品事故，其主要负责人不立即组织救援或者不立即向有关部门报告的，依照《生产安全事故报告和调查处理条例》的规定处罚。

危险化学品单位发生危险化学品事故，造成他人人身伤害或者财产损失的，依法承担赔偿责任。

第九十五条 发生危险化学品事故，有关地方人民政府及其有关部门不立即组织实施救援，或者不采取必要的应急处置措施减少事故损失，防止事故蔓延、扩大的，对直接负责的主管人员和其他直接责任人员依法给予处分；构成犯罪的，依法追究刑事责任。

第九十六条 负有危险化学品安全监督管理职责的部门的工作人员，在危险化学品安全监督管理工作中滥用职权、玩忽职守、徇私舞弊，构成犯罪的，依法追究刑事责任；尚不构成犯罪的，依法给予处分。

第八章 附 则

……

第九十八条 危险化学品的进出口管理，依照有关对外贸易的法律、行政法规、规章的规定执行;进口的危险化学品的储存、使用、经营、运输的安全管理,依照本条例的规定执行。

危险化学品环境管理登记和新化学物质环境管理登记,依照有关环境保护的法律、行政法规、规章的规定执行。危险化学品环境管理登记,按照国家有关规定收取费用。

……

第一百零二条 本条例自 2011 年 12 月 1 日起施行。

9.《生产安全事故报告和调查处理条例》(2007 年 4 月 9 日中华人民共和国国务院令第 493 号公布)(节选)

生产安全事故报告和调查处理条例

第一章　总　　则

第一条　为了规范生产安全事故的报告和调查处理,落实生产安全事故责任追究制度,防止和减少生产安全事故,根据《中华人民共和国安全生产法》和有关法律,制定本条例。

第二条　生产经营活动中发生的造成人身伤亡或者直接经济损失的生产安全事故的报告和调查处理,适用本条例;环境污染事故、核设施事故、国防科研生产事故的报告和调查处理不适用本条例。

第三条　根据生产安全事故(以下简称事故)造成的人员伤亡或者直接经济损失,事故一般分为以下等级:

(一)特别重大事故,是指造成 30 人以上死亡,或者 100 人以上重伤(包括急性工业中毒,下同),或者 1 亿元以上直接经济损失的事故;

(二)重大事故,是指造成 10 人以上 30 人以下死亡,或者 50 人以上 100 人以下重伤,或者 5000 万元以上 1 亿元以下直接经济损失的事故;

(三)较大事故,是指造成 3 人以上 10 人以下死亡,或者 10 人以上 50 人以下重伤,或者 1000 万元以上 5000 万元以下直接经济损失的事故;

(四)一般事故,是指造成 3 人以下死亡,或者 10 人以下重伤,或者 1000 万元以下直接经济损失的事故。

国务院安全生产监督管理部门可以会同国务院有关部门,制定事故等级划分的补充性规定。

本条第一款所称的"以上"包括本数,所称的"以下"不包括本数。

第四条　事故报告应当及时、准确、完整,任何单位和个人对事故不得迟报、漏报、谎报或者瞒报。

事故调查处理应当坚持实事求是、尊重科学的原则,及时、准确地查清事故经过、事故原因和事故损失,查明事故性质,认定事故责任,总结事故教训,提出整改措施,并对事故责任者依法追究责任。

第五条　县级以上人民政府应当依照本条例的规定,严格履行职责,及时、准确地完成事故调查处理工作。

事故发生地有关地方人民政府应当支持、配合上级人民政府或者有关部门的事故调查处理工作,并提供必要的便利条件。

参加事故调查处理的部门和单位应当互相配合,提高事故调查处理工作的效率。

第六条 工会依法参加事故调查处理,有权向有关部门提出处理意见。

第七条 任何单位和个人不得阻挠和干涉对事故的报告和依法调查处理。

第八条 对事故报告和调查处理中的违法行为,任何单位和个人有权向安全生产监督管理部门、监察机关或者其他有关部门举报,接到举报的部门应当依法及时处理。

第二章 事故报告

第九条 事故发生后,事故现场有关人员应当立即向本单位负责人报告;单位负责人接到报告后,应当于1小时内向事故发生地县级以上人民政府安全生产监督管理部门和负有安全生产监督管理职责的有关部门报告。

情况紧急时,事故现场有关人员可以直接向事故发生地县级以上人民政府安全生产监督管理部门和负有安全生产监督管理职责的有关部门报告。

第十条 安全生产监督管理部门和负有安全生产监督管理职责的有关部门接到事故报告后,应当依照下列规定上报事故情况,并通知公安机关、劳动保障行政部门、工会和人民检察院:

(一)特别重大事故、重大事故逐级上报至国务院安全生产监督管理部门和负有安全生产监督管理职责的有关部门;

(二)较大事故逐级上报至省、自治区、直辖市人民政府安全生产监督管理部门和负有安全生产监督管理职责的有关部门;

(三)一般事故上报至设区的市级人民政府安全生产监督管理部门和负有安全生产监督管理职责的有关部门。

安全生产监督管理部门和负有安全生产监督管理职责的有关部门依照前款规定上报事故情况,应当同时报告本级人民政府。国务院安全生产监督管理部门和负有安全生产监督管理职责的有关部门以及省级人民政府接到发生特别重大事故、重大事故的报告后,应当立即报告国务院。

必要时,安全生产监督管理部门和负有安全生产监督管理职责的有关部门可以越级上报事故情况。

第十一条 安全生产监督管理部门和负有安全生产监督管理职责的有关部门逐级上报事故情况,每级上报的时间不得超过2小时。

第十二条 报告事故应当包括下列内容:

(一)事故发生单位概况;

(二)事故发生的时间、地点以及事故现场情况;

(三)事故的简要经过;

(四)事故已经造成或者可能造成的伤亡人数(包括下落不明的人数)和初步估计的直接经济损失;

(五)已经采取的措施;

(六)其他应当报告的情况。

第十三条 事故报告后出现新情况的,应当及时补报。

自事故发生之日起30日内,事故造成的伤亡人数发生变化的,应当及时补报。道路交通事故、火灾事故自发生之日起7日内,事故造成的伤亡人数发生变化的,应当及时补报。

第十四条 事故发生单位负责人接到事故报告后,应当立即启动事故相应应急预案,或者采取有效措施,组织抢救,防止事故扩大,减少人员伤亡和财产损失。

第十五条 事故发生地有关地方人民政府、安全生产监督管理部门和负有安全生产监督管理职责的有关部门接到事故报告后,其负责人应当立即赶赴事故现场,组织事故救援。

第十六条 事故发生后,有关单位和人员应当妥善保护事故现场以及相关证据,任何单位和个人不得破坏事故现场、毁灭相关证据。

因抢救人员、防止事故扩大以及疏通交通等原因,需要移动事故现场物件的,应当做出标志,绘制现场简图并做出书面记录,妥善保存现场重要痕迹、物证。

第十七条 事故发生地公安机关根据事故的情况,对涉嫌犯罪的,应当依法立案侦查,采取强制措施和侦查措施。犯罪嫌疑人逃匿的,公安机关应当迅速追捕归案。

第十八条 安全生产监督管理部门和负有安全生产监督管理职责的有关部门应当建立值班制度,并向社会公布值班电话,受理事故报告和举报。

第三章 事故调查

……

第二十二条 事故调查组的组成应当遵循精简、效能的原则。

根据事故的具体情况,事故调查组由有关人民政府、安全生产监督管理部门、负有安全生产监督管理职责的有关部门、监察机关、公安机关以及工会派人组成,并应当邀请人民检察院派人参加。

事故调查组可以聘请有关专家参与调查。

第二十三条 事故调查组成员应当具有事故调查所需要的知识和专长,并与所调查的事故没有直接利害关系。

第二十四条 事故调查组组长由负责事故调查的人民政府指定。事故调查组组长主持事故调查组的工作。

第二十五条 事故调查组履行下列职责:

(一)查明事故发生的经过、原因、人员伤亡情况及直接经济损失;

(二)认定事故的性质和事故责任;

(三)提出对事故责任者的处理建议;

(四)总结事故教训,提出防范和整改措施;

(五)提交事故调查报告。

第二十六条 事故调查组有权向有关单位和个人了解与事故有关的情况,并要求其提供相关文件、资料,有关单位和个人不得拒绝。

事故发生单位的负责人和有关人员在事故调查期间不得擅离职守,并应当随时接受事故调查组的询问,如实提供有关情况。

事故调查中发现涉嫌犯罪的,事故调查组应当及时将有关材料或者其复印件移交司法机关处理。

……

第四章 事故处理

第三十二条 重大事故、较大事故、一般事故,负责事故调查的人民政府应当自收到事故调查报告之日起15日内做出批复;特别重大事故,30日内做出批复,特殊情况下,批复时间可以适当延长,但延长的时间最长不超过30日。

有关机关应当按照人民政府的批复,依照法律、行政法规规定的权限和程序,对事故发生单位和有关人员进行行政处罚,对负有事故责任的国家工作人员进行处分。

事故发生单位应当按照负责事故调查的人民政府的批复,对本单位负有事故责任的人员进行处理。

负有事故责任的人员涉嫌犯罪的,依法追究刑事责任。

第三十三条 事故发生单位应当认真吸取事故教训,落实防范和整改措施,防止事故再次发生。防范和整改措施的落实情况应当接受工会和职工的监督。

安全生产监督管理部门和负有安全生产监督管理职责的有关部门应当对事故发生单位落实防范和整改措施的情况进行监督检查。

第三十四条 事故处理的情况由负责事故调查的人民政府或者其授权的有关部门、机构向社会公布,依法应当保密的除外。

第五章 法律责任

第三十五条 事故发生单位主要负责人有下列行为之一的,处上一年年收入40%至80%的罚款;属于国家工作人员的,并依法给予处分;构成犯罪的,依法追究刑事责任:

(一)不立即组织事故抢救的;

(二)迟报或者漏报事故的;

(三)在事故调查处理期间擅离职守的。

第三十六条 事故发生单位及其有关人员有下列行为之一的,对事故发生单位处100万元以上500万元以下的罚款;对主要负责人、直接负责的主管人员和其他直接责任人员处上一年年收入60%至100%的罚款;属于国家工作人员的,并依法给予处分;构成违反治安管理行为的,由公安机关依法给予治安管理处罚;构成犯罪的,依法追究刑事责任:

(一)谎报或者瞒报事故的;

(二)伪造或者故意破坏事故现场的;

(三)转移、隐匿资金、财产,或者销毁有关证据、资料的;

(四)拒绝接受调查或者拒绝提供有关情况和资料的;

(五)在事故调查中作伪证或者指使他人作伪证的;

(六)事故发生后逃匿的。

第三十七条 事故发生单位对事故发生负有责任的,依照下列规定处以罚款:

(一)发生一般事故的,处10万元以上20万元以下的罚款;

(二)发生较大事故的,处20万元以上50万元以下的罚款;

(三)发生重大事故的,处50万元以上200万元以下的罚款;

(四)发生特别重大事故的,处200万元以上500万元以下的罚款。

第三十八条 事故发生单位主要负责人未依法履行安全生产管理职责，导致事故发生的，依照下列规定处以罚款；属于国家工作人员的，并依法给予处分；构成犯罪的，依法追究刑事责任：

（一）发生一般事故的，处上一年年收入30%的罚款；

（二）发生较大事故的，处上一年年收入40%的罚款；

（三）发生重大事故的，处上一年年收入60%的罚款；

（四）发生特别重大事故的，处上一年年收入80%的罚款。

第三十九条 有关地方人民政府、安全生产监督管理部门和负有安全生产监督管理职责的有关部门有下列行为之一的，对直接负责的主管人员和其他直接责任人员依法给予处分；构成犯罪的，依法追究刑事责任：

（一）不立即组织事故抢救的；

（二）迟报、漏报、谎报或者瞒报事故的；

（三）阻碍、干涉事故调查工作的；

（四）在事故调查中作伪证或者指使他人作伪证的。

第四十条 事故发生单位对事故发生负有责任的，由有关部门依法暂扣或者吊销其有关证照；对事故发生单位负有事故责任的有关人员，依法暂停或者撤销其与安全生产有关的执业资格、岗位证书；事故发生单位主要负责人受到刑事处罚或者撤职处分的，自刑罚执行完毕或者受处分之日起，5年内不得担任任何生产经营单位的主要负责人。

为发生事故的单位提供虚假证明的中介机构，由有关部门依法暂扣或者吊销其有关证照及其相关人员的执业资格；构成犯罪的，依法追究刑事责任。

第四十一条 参与事故调查的人员在事故调查中有下列行为之一的，依法给予处分；构成犯罪的，依法追究刑事责任：

（一）对事故调查工作不负责任，致使事故调查工作有重大疏漏的；

（二）包庇、袒护负有事故责任的人员或者借机打击报复的。

第四十二条 违反本条例规定，有关地方人民政府或者有关部门故意拖延或者拒绝落实经批复的对事故责任人的处理意见的，由监察机关对有关责任人员依法给予处分。

第四十三条 本条例规定的罚款的行政处罚，由安全生产监督管理部门决定。

法律、行政法规对行政处罚的种类、幅度和决定机关另有规定的，依照其规定。

第六章　附　　则

第四十四条 没有造成人员伤亡，但是社会影响恶劣的事故，国务院或者有关地方人民政府认为需要调查处理的，依照本条例的有关规定执行。

国家机关、事业单位、人民团体发生的事故的报告和调查处理，参照本条例的规定执行。

第四十五条 特别重大事故以下等级事故的报告和调查处理，有关法律、行政法规或者国务院另有规定的，依照其规定。

第四十六条 本条例自2007年6月1日起施行。国务院1989年3月29日公布的《特别重大事故调查程序暂行规定》和1991年2月22日公布的《企业职工伤亡事故报告和处理规定》同时废止。

10.《国务院关于特大安全事故行政责任追究的规定》(2001 年 4 月 21 日中华人民共和国国务院令第 302 号公布)(节选)

国务院关于特大安全事故行政责任追究的规定

第一条 为了有效地防范特大安全事故的发生,严肃追究特大安全事故的行政责任,保障人民群众生命、财产安全,制定本规定。

第二条 地方人民政府主要领导人和政府有关部门正职负责人对下列特大安全事故的防范、发生,依照法律、行政法规和本规定的规定有失职、渎职情形或者负有领导责任的,依照本规定给予行政处分;构成玩忽职守罪或者其他罪的,依法追究刑事责任:

(一)特大火灾事故;

(二)特大交通安全事故;

(三)特大建筑质量安全事故;

(四)民用爆炸物品和化学危险品特大安全事故;

(五)煤矿和其他矿山特大安全事故;

(六)锅炉、压力容器、压力管道和特种设备特大安全事故;

(七)其他特大安全事故。

地方人民政府和政府有关部门对特大安全事故的防范、发生直接负责的主管人员和其他直接责任人员,比照本规定给予行政处分;构成玩忽职守罪或者其他罪的,依法追究刑事责任。

特大安全事故肇事单位和个人的刑事处罚、行政处罚和民事责任,依照有关法律、法规和规章的规定执行。

第三条 特大安全事故的具体标准,按照国家有关规定执行。

第四条 地方各级人民政府及政府有关部门应当依照有关法律、法规和规章的规定,采取行政措施,对本地区实施安全监督管理,保障本地区人民群众生命、财产安全,对本地区或者职责范围内防范特大安全事故的发生、特大安全事故发生后的迅速和妥善处理负责。

……

第六条 市(地、州)、县(市、区)人民政府应当组织有关部门按照职责分工对本地区容易发生特大安全事故的单位、设施和场所安全事故的防范明确责任、采取措施,并组织有关部门对上述单位、设施和场所进行严格检查。

……

第八条 市(地、州)、县(市、区)人民政府应当组织有关部门对本规定第二条所列各类特大安全事故的隐患进行查处;发现特大安全事故隐患的,责令立即排除;特大安全事故隐患排除前或者排除过程中,无法保证安全的,责令暂时停产、停业或者停止使用。法律、行政法规对查处机关另有规定的,依照其规定。

第九条 市(地、州)、县(市、区)人民政府及其有关部门对本地区存在的特大安全事故隐患,超出其管辖或者职责范围的,应当立即向有管辖权或者负有职责的上级人民政府或者政府有关部门报告;情况紧急的,可以立即采取包括责令暂时停产、停业在内的紧急措施,同时报告;有关上级人民政府或者政府有关部门接到报告后,应当立即组织查处。

……

第十一条 依法对涉及安全生产事项负责行政审批(包括批准、核准、许可、注册、认证、颁发证照、竣工验收等,下同)的政府部门或者机构,必须严格依照法律、法规和规章规定的安全条件和程序进行审查;不符合法律、法规和规章规定的安全条件的,不得批准;不符合法律、法规和规章规定的安全条件,弄虚作假,骗取批准或者勾结串通行政审批工作人员取得批准的,负责行政审批的政府部门或者机构除必须立即撤销原批准外,应当对弄虚作假骗取批准或者勾结串通行政审批工作人员的当事人依法给予行政处罚;构成行贿罪或者其他罪的,依法追究刑事责任。

负责行政审批的政府部门或者机构违反前款规定,对不符合法律、法规和规章规定的安全条件予以批准的,对部门或者机构的正职负责人,根据情节轻重,给予降级、撤职直至开除公职的行政处分;与当事人勾结串通的,应当开除公职;构成受贿罪、玩忽职守罪或者其他罪的,依法追究刑事责任。

第十二条 对依照本规定第十一条第一款的规定取得批准的单位和个人,负责行政审批的政府部门或者机构必须对其实施严格监督检查;发现其不再具备安全条件的,必须立即撤销原批准。

负责行政审批的政府部门或者机构违反前款规定,不对取得批准的单位和个人实施严格监督检查,或者发现其不再具备安全条件而不立即撤销原批准的,对部门或者机构的正职负责人,根据情节轻重,给予降级或者撤职的行政处分;构成受贿罪、玩忽职守罪或者其他罪的,依法追究刑事责任。

第十三条 对未依法取得批准,擅自从事有关活动的,负责行政审批的政府部门或者机构发现或者接到举报后,应当立即予以查封、取缔,并依法给予行政处罚;属于经营单位的,由工商行政管理部门依法相应吊销营业执照。

负责行政审批的政府部门或者机构违反前款规定,对发现或者举报的未依法取得批准而擅自从事有关活动的,不予查封、取缔、不依法给予行政处罚,工商行政管理部门不予吊销营业执照的,对部门或者机构的正职负责人,根据情节轻重,给予降级或者撤职的行政处分;构成受贿罪、玩忽职守罪或者其他罪的,依法追究刑事责任。

第十四条 市(地、州)、县(市、区)人民政府依照本规定应当履行职责而未履行,或者未按照规定的职责和程序履行,本地区发生特大安全事故的,对政府主要领导人,根据情节轻重,给予降级或者撤职的行政处分;构成玩忽职守罪的,依法追究刑事责任。

负责行政审批的政府部门或者机构、负责安全监督管理的政府有关部门,未依照本规定履行职责,发生特大安全事故的,对部门或者机构的正职负责人,根据情节轻重,给予撤职或者开除公职的行政处分;构成玩忽职守罪或者其他罪的,依法追究刑事责任。

……

第十六条 特大安全事故发生后，有关县（市、区）、市（地、州）和省、自治区、直辖市人民政府及政府有关部门应当按照国家规定的程序和时限立即上报，不得隐瞒不报、谎报或者拖延报告，并应当配合、协助事故调查，不得以任何方式阻碍、干涉事故调查。

特大安全事故发生后，有关地方人民政府及政府有关部门违反前款规定的，对政府主要领导人和政府部门正职负责人给予降级的行政处分。

第十七条 特大安全事故发生后，有关地方人民政府应当迅速组织救助，有关部门应当服从指挥、调度，参加或者配合救助，将事故损失降到最低限度。

……

第二十一条 任何单位和个人均有权向有关地方人民政府或者政府部门报告特大安全事故隐患，有权向上级人民政府或者政府部门举报地方人民政府或者政府部门不履行安全监督管理职责或者不按照规定履行职责的情况。接到报告或者举报的有关人民政府或者政府部门，应当立即组织对事故隐患进行查处，或者对举报的不履行、不按照规定履行安全监督管理职责的情况进行调查处理。

第二十二条 监察机关依照行政监察法的规定，对地方各级人民政府和政府部门及其工作人员履行安全监督管理职责实施监察。

第二十三条 对特大安全事故以外的其他安全事故的防范、发生追究行政责任的办法，由省、自治区、直辖市人民政府参照本规定制定。

第二十四条 本规定自公布之日起施行。

11.《安全生产领域违法违纪行为政纪处分暂行规定》(监察部国家安全生产监督管理总局令2006年第11号)

安全生产领域违法违纪行为政纪处分暂行规定

第一条 为了加强安全生产工作,惩处安全生产领域违法违纪行为,促进安全生产法律法规的贯彻实施,保障人民群众生命财产和公共财产安全,根据《中华人民共和国行政监察法》《中华人民共和国安全生产法》及其他有关法律法规,制定本规定。

第二条 国家行政机关及其公务员,企业、事业单位中由国家行政机关任命的人员有安全生产领域违法违纪行为,应当给予处分的,适用本规定。

第三条 有安全生产领域违法违纪行为的国家行政机关,对其直接负责的主管人员和其他直接责任人员,以及对有安全生产领域违法违纪行为的国家行政机关公务员(以下统称有关责任人员),由监察机关或者任免机关按照管理权限,依法给予处分。

有安全生产领域违法违纪行为的企业、事业单位,对其直接负责的主管人员和其他直接责任人员,以及对有安全生产领域违法违纪行为的企业、事业单位工作人员中由国家行政机关任命的人员(以下统称有关责任人员),由监察机关或者任免机关按照管理权限,依法给予处分。

第四条 国家行政机关及其公务员有下列行为之一的,对有关责任人员,给予警告、记过或者记大过处分;情节较重的,给予降级或者撤职处分;情节严重的,给予开除处分:

(一)不执行国家安全生产方针政策和安全生产法律、法规、规章以及上级机关、主管部门有关安全生产的决定、命令、指示的;

(二)制定或者采取与国家安全生产方针政策以及安全生产法律、法规、规章相抵触的规定或者措施,造成不良后果或者经上级机关、有关部门指出仍不改正的。

第五条 国家行政机关及其公务员有下列行为之一的,对有关责任人员,给予警告、记过或者记大过处分;情节较重的,给予降级或者撤职处分;情节严重的,给予开除处分:

(一)向不符合法定安全生产条件的生产经营单位或者经营者颁发有关证照的;

(二)对不具备法定条件机构、人员的安全生产资质、资格予以批准认定的;

(三)对经责令整改仍不具备安全生产条件的生产经营单位,不撤销原行政许可、审批或者不依法查处的;

(四)违法委托单位或者个人行使有关安全生产的行政许可权或者审批权的;

(五)有其他违反规定实施安全生产行政许可或者审批行为的。

第六条 国家行政机关及其公务员有下列行为之一的,对有关责任人员,给予警告、记过或者记大过处分;情节较重的,给予降级或者撤职处分;情节严重的,给予开除处分:

(一)批准向合法的生产经营单位或者经营者超量提供剧毒品、火工品等危险物资,造成后果的；

（二）批准向非法或者不具备安全生产条件的生产经营单位或者经营者，提供剧毒品、火工品等危险物资或者其他生产经营条件的。

第七条 国家行政机关公务员利用职权或者职务上的影响，违反规定为个人和亲友谋取私利，有下列行为之一的，给予警告、记过或者记大过处分；情节较重的，给予降级或者撤职处分；情节严重的，给予开除处分：

（一）干预、插手安全生产装备、设备、设施采购或者招标投标等活动的；

（二）干预、插手安全生产行政许可、审批或者安全生产监督执法的；

（三）干预、插手安全生产中介活动的；

（四）有其他干预、插手生产经营活动危及安全生产行为的。

第八条 国家行政机关及其公务员有下列行为之一的，对有关责任人员，给予警告、记过或者记大过处分；情节较重的，给予降级或者撤职处分；情节严重的，给予开除处分：

（一）未按照有关规定对有关单位申报的新建、改建、扩建工程项目的安全设施，与主体工程同时设计、同时施工、同时投入生产和使用中组织审查验收的；

（二）发现存在重大安全隐患，未按规定采取措施，导致生产安全事故发生的；

（三）对发生的生产安全事故瞒报、谎报、拖延不报，或者组织、参与瞒报、谎报、拖延不报的；

（四）生产安全事故发生后，不及时组织抢救的；

（五）对生产安全事故的防范、报告、应急救援有其他失职、渎职行为的。

第九条 国家行政机关及其公务员有下列行为之一的，对有关责任人员，给予警告、记过或者记大过处分；情节较重的，给予降级或者撤职处分；情节严重的，给予开除处分：

（一）阻挠、干涉生产安全事故调查工作的；

（二）阻挠、干涉对事故责任人员进行责任追究的；

（三）不执行对事故责任人员的处理决定，或者擅自改变上级机关批复的对事故责任人员的处理意见的。

第十条 国家行政机关公务员有下列行为之一的，给予警告、记过或者记大过处分；情节较重的，给予降级或者撤职处分；情节严重的，给予开除处分：

（一）本人及其配偶、子女及其配偶违反规定在煤矿等企业投资入股或者在安全生产领域经商办企业的；

（二）违反规定从事安全生产中介活动或者其他营利活动的；

（三）在事故调查处理时，滥用职权、玩忽职守、徇私舞弊的；

（四）利用职务上的便利，索取他人财物，或者非法收受他人财物，在安全生产领域为他人谋取利益的。

对国家行政机关公务员本人违反规定投资入股煤矿的处分，法律、法规另有规定的，从其规定。

第十一条 国有企业及其工作人员有下列行为之一的，对有关责任人员，给予警告、记过或者记大过处分；情节较重的，给予降级、撤职或者留用察看处分；情节严重的，给予开除处分：

（一）未取得安全生产行政许可及相关证照或者不具备安全生产条件从事生产经营活动的；

（二）弄虚作假，骗取安全生产相关证照的；

（三）出借、出租、转让或者冒用安全生产相关证照的；

（四）未按照有关规定保证安全生产所必需的资金投入，导致产生重大安全隐患的；

（五）新建、改建、扩建工程项目的安全设施，不与主体工程同时设计、同时施工、同时投入生产和使用，或者未按规定审批、验收，擅自组织施工和生产的；

（六）被依法责令停产停业整顿、吊销证照、关闭的生产经营单位，继续从事生产经营活动的。

第十二条 国有企业及其工作人员有下列行为之一，导致生产安全事故发生的，对有关责任人员，给予警告、记过或者记大过处分；情节较重的，给予降级、撤职或者留用察看处分；情节严重的，给予开除处分：

（一）对存在的重大安全隐患，未采取有效措施的；

（二）违章指挥，强令工人违章冒险作业的；

（三）未按规定进行安全生产教育和培训并经考核合格，允许从业人员上岗，致使违章作业的；

（四）制造、销售、使用国家明令淘汰或者不符合国家标准的设施、设备、器材或者产品的；

（五）超能力、超强度、超定员组织生产经营，拒不执行有关部门整改指令的；

（六）拒绝执法人员进行现场检查或者在被检查时隐瞒事故隐患，不如实反映情况的；

（七）有其他不履行或者不正确履行安全生产管理职责的。

第十三条 国有企业及其工作人员有下列行为之一的，对有关责任人员，给予记过或者记大过处分；情节较重的，给予降级、撤职或者留用察看处分；情节严重的，给予开除处分：

（一）对发生的生产安全事故瞒报、谎报或者拖延不报的；

（二）组织或者参与破坏事故现场、出具伪证或者隐匿、转移、篡改、毁灭有关证据，阻挠事故调查处理的；

（三）生产安全事故发生后，不及时组织抢救或者擅离职守的。

生产安全事故发生后逃匿的，给予开除处分。

第十四条 国有企业及其工作人员不执行或者不正确执行对事故责任人员作出的处理决定，或者擅自改变上级机关批复的对事故责任人员的处理意见的，对有关责任人员，给予警告、记过或者记大过处分；情节较重的，给予降级、撤职或者留用察看处分；情节严重的，给予开除处分。

第十五条 国有企业负责人及其配偶、子女及其配偶违反规定在煤矿等企业投资入股或者在安全生产领域经商办企业的，对由国家行政机关任命的人员，给予警告、记过或者记大过处分；情节较重的，给予降级、撤职或者留用察看处分；情节严重的，给予开除处分。

第十六条 承担安全评价、培训、认证、资质验证、设计、检测、检验等工作的机构及其工作人员，出具虚假报告等与事实不符的文件、材料，造成安全生产隐患的，对有关责任人员，给予警告、记过或者记大过处分；情节较重的，给予降级、降职或者撤职处分；情节严重的，给予开除留用察看或者开除处分。

第十七条 法律、法规授权的具有管理公共事务职能的组织以及国家行政机关依法委托的组织及其工勤人员以外的工作人员有安全生产领域违法违纪行为,应当给予处分的,参照本规定执行。

企业、事业单位中除由国家行政机关任命的人员外,其他人员有安全生产领域违法违纪行为,应当给予处分的,由企业、事业单位参照本规定执行。

第十八条 有安全生产领域违法违纪行为,需要给予组织处理的,依照有关规定办理。

第十九条 有安全生产领域违法违纪行为,涉嫌犯罪的,移送司法机关依法处理。

第二十条 本规定由监察部和国家安全生产监督管理总局负责解释。

第二十一条 本规定自公布之日起施行。

12.《安全生产事故隐患排查治理暂行规定》(国家安全生产监督管理总局令2007年第16号)

安全生产事故隐患排查治理暂行规定

第一章 总 则

第一条 为了建立安全生产事故隐患排查治理长效机制,强化安全生产主体责任,加强事故隐患监督管理,防止和减少事故,保障人民群众生命财产安全,根据安全生产法等法律、行政法规,制定本规定。

第二条 生产经营单位安全生产事故隐患排查治理和安全生产监督管理部门、煤矿安全监察机构(以下统称安全监管监察部门)实施监管监察,适用本规定。

有关法律、行政法规对安全生产事故隐患排查治理另有规定的,依照其规定。

第三条 本规定所称安全生产事故隐患(以下简称事故隐患),是指生产经营单位违反安全生产法律、法规、规章、标准、规程和安全生产管理制度的规定,或者因其他因素在生产经营活动中存在可能导致事故发生的物的危险状态、人的不安全行为和管理上的缺陷。

事故隐患分为一般事故隐患和重大事故隐患。一般事故隐患,是指危害和整改难度较小,发现后能够立即整改排除的隐患。重大事故隐患,是指危害和整改难度较大,应当全部或者局部停产停业,并经过一定时间整改治理方能排除的隐患,或者因外部因素影响致使生产经营单位自身难以排除的隐患。

第四条 生产经营单位应当建立健全事故隐患排查治理制度。

生产经营单位主要负责人对本单位事故隐患排查治理工作全面负责。

第五条 各级安全监管监察部门按照职责对所辖区域内生产经营单位排查治理事故隐患工作依法实施综合监督管理;各级人民政府有关部门在各自职责范围内对生产经营单位排查治理事故隐患工作依法实施监督管理。

第六条 任何单位和个人发现事故隐患,均有权向安全监管监察部门和有关部门报告。

安全监管监察部门接到事故隐患报告后,应当按照职责分工立即组织核实并予以查处;发现所报告事故隐患应当由其他有关部门处理的,应当立即移送有关部门并记录备查。

第二章 生产经营单位的职责

第七条 生产经营单位应当依照法律、法规、规章、标准和规程的要求从事生产经营活动。严禁非法从事生产经营活动。

第八条 生产经营单位是事故隐患排查、治理和防控的责任主体。

生产经营单位应当建立健全事故隐患排查治理和建档监控等制度,逐级建立并落实从主要负责人到每个从业人员的隐患排查治理和监控责任制。

第九条 生产经营单位应当保证事故隐患排查治理所需的资金，建立资金使用专项制度。

第十条 生产经营单位应当定期组织安全生产管理人员、工程技术人员和其他相关人员排查本单位的事故隐患。对排查出的事故隐患，应当按照事故隐患的等级进行登记，建立事故隐患信息档案，并按照职责分工实施监控治理。

第十一条 生产经营单位应当建立事故隐患报告和举报奖励制度，鼓励、发动职工发现和排除事故隐患，鼓励社会公众举报。对发现、排除和举报事故隐患的有功人员，应当给予物质奖励和表彰。

第十二条 生产经营单位将生产经营项目、场所、设备发包、出租的，应当与承包、承租单位签订安全生产管理协议，并在协议中明确各方对事故隐患排查、治理和防控的管理职责。生产经营单位对承包、承租单位的事故隐患排查治理负有统一协调和监督管理的职责。

第十三条 安全监管监察部门和有关部门的监督检查人员依法履行事故隐患监督检查职责时，生产经营单位应当积极配合，不得拒绝和阻挠。

第十四条 生产经营单位应当每季、每年对本单位事故隐患排查治理情况进行统计分析，并分别于下一季度15日前和下一年1月31日前向安全监管监察部门和有关部门报送书面统计分析表。统计分析表应当由生产经营单位主要负责人签字。

对于重大事故隐患，生产经营单位除依照前款规定报送外，应当及时向安全监管监察部门和有关部门报告。重大事故隐患报告内容应当包括：

（一）隐患的现状及其产生原因；

（二）隐患的危害程度和整改难易程度分析；

（三）隐患的治理方案。

第十五条 对于一般事故隐患，由生产经营单位（车间、分厂、区队等）负责人或者有关人员立即组织整改。

对于重大事故隐患，由生产经营单位主要负责人组织制定并实施事故隐患治理方案。重大事故隐患治理方案应当包括以下内容：

（一）治理的目标和任务；

（二）采取的方法和措施；

（三）经费和物资的落实；

（四）负责治理的机构和人员；

（五）治理的时限和要求；

（六）安全措施和应急预案。

第十六条 生产经营单位在事故隐患治理过程中，应当采取相应的安全防范措施，防止事故发生。事故隐患排除前或者排除过程中无法保证安全的，应当从危险区域内撤出作业人员，并疏散可能危及的其他人员，设置警戒标志，暂时停产停业或者停止使用；对暂时难以停产或者停止使用的相关生产储存装置、设施、设备，应当加强维护和保养，防止事故发生。

第十七条 生产经营单位应当加强对自然灾害的预防。对于因自然灾害可能导致事故灾难的隐患，应当按照有关法律、法规、标准和本规定的要求排查治理，采取可靠的预防措施,制定应急预案。在接到有关自然灾害预报时,应当及时向下属单位发出预警通知;发生自然灾害可能危及生产经营单位和人员安全的情况时,应当采取撤离人员、停止作业、加强监测等安全措施,并及时向当地人民政府及其有关部门报告。

第十八条 地方人民政府或者安全监管监察部门及有关部门挂牌督办并责令全部或者局部停产停业治理的重大事故隐患,治理工作结束后,有条件的生产经营单位应当组织本单位的技术人员和专家对重大事故隐患的治理情况进行评估;其他生产经营单位应当委托具备相应资质的安全评价机构对重大事故隐患的治理情况进行评估。

经治理后符合安全生产条件的,生产经营单位应当向安全监管监察部门和有关部门提出恢复生产的书面申请,经安全监管监察部门和有关部门审查同意后,方可恢复生产经营。申请报告应当包括治理方案的内容、项目和安全评价机构出具的评价报告等。

第三章 监督管理

第十九条 安全监管监察部门应当指导、监督生产经营单位按照有关法律、法规、规章、标准和规程的要求,建立健全事故隐患排查治理等各项制度。

第二十条 安全监管监察部门应当建立事故隐患排查治理监督检查制度,定期组织对生产经营单位事故隐患排查治理情况开展监督检查;应当加强对重点单位的事故隐患排查治理情况的监督检查。对检查过程中发现的重大事故隐患,应当下达整改指令书,并建立信息管理台账。必要时,报告同级人民政府并对重大事故隐患实行挂牌督办。

安全监管监察部门应当配合有关部门做好对生产经营单位事故隐患排查治理情况开展的监督检查,依法查处事故隐患排查治理的非法和违法行为及其责任者。

安全监管监察部门发现属于其他有关部门职责范围内的重大事故隐患的,应该及时将有关资料移送有管辖权的有关部门,并记录备查。

第二十一条 已经取得安全生产许可证的生产经营单位,在其被挂牌督办的重大事故隐患治理结束前,安全监管监察部门应当加强监督检查。必要时,可以提请原许可证颁发机关依法暂扣其安全生产许可证。

第二十二条 安全监管监察部门应当会同有关部门把重大事故隐患整改纳入重点行业领域的安全专项整治中加以治理,落实相应责任。

第二十三条 对挂牌督办并采取全部或者局部停产停业治理的重大事故隐患,安全监管监察部门收到生产经营单位恢复生产的申请报告后,应当在 10 日内进行现场审查。审查合格的,对事故隐患进行核销,同意恢复生产经营;审查不合格的,依法责令改正或者下达停产整改指令。对整改无望或者生产经营单位拒不执行整改指令的,依法实施行政处罚;不具备安全生产条件的,依法提请县级以上人民政府按照国务院规定的权限予以关闭。

第二十四条 安全监管监察部门应当每季将本行政区域重大事故隐患的排查治理情况和统计分析表逐级报至省级安全监管监察部门备案。

省级安全监管监察部门应当每半年将本行政区域重大事故隐患的排查治理情况和统计分析表报国家安全生产监督管理总局备案。

第四章 罚 则

第二十五条 生产经营单位及其主要负责人未履行事故隐患排查治理职责,导致发生生产安全事故的,依法给予行政处罚。

第二十六条 生产经营单位违反本规定,有下列行为之一的,由安全监管监察部门给予警告,并处三万元以下的罚款:

(一)未建立安全生产事故隐患排查治理等各项制度的;

(二)未按规定上报事故隐患排查治理统计分析表的;

(三)未制定事故隐患治理方案的;

(四)重大事故隐患不报或者未及时报告的;

(五)未对事故隐患进行排查治理擅自生产经营的;

(六)整改不合格或者未经安全监管监察部门审查同意擅自恢复生产经营的。

第二十七条 承担检测检验、安全评价的中介机构,出具虚假评价证明,尚不够刑事处罚的,没收违法所得,违法所得在五千元以上的,并处违法所得二倍以上五倍以下的罚款,没有违法所得或者违法所得不足五千元的,单处或者并处五千元以上二万元以下的罚款,同时可对其直接负责的主管人员和其他直接责任人员处五千元以上五万元以下的罚款;给他人造成损害的,与生产经营单位承担连带赔偿责任。

对有前款违法行为的机构,撤销其相应的资质。

第二十八条 生产经营单位事故隐患排查治理过程中违反有关安全生产法律、法规、规章、标准和规程规定的,依法给予行政处罚。

第二十九条 安全监管监察部门的工作人员未依法履行职责的,按照有关规定处理。

第五章 附 则

第三十条 省级安全监管监察部门可以根据本规定,制定事故隐患排查治理和监督管理实施细则。

第三十一条 事业单位、人民团体以及其他经济组织的事故隐患排查治理,参照本规定执行。

第三十二条 本规定自 2008 年 2 月 1 日起施行。

13.《生产安全事故应急预案管理办法》(国家安全生产监督管理总局令2016年第88号)

生产安全事故应急预案管理办法

第一章 总 则

第一条 为规范生产安全事故应急预案管理工作,迅速有效处置生产安全事故,依据《中华人民共和国突发事件应对法》《中华人民共和国安全生产法》等法律和《突发事件应急预案管理办法》(国办发〔2013〕101号),制定本办法。

第二条 生产安全事故应急预案(以下简称应急预案)的编制、评审、公布、备案、宣传、教育、培训、演练、评估、修订及监督管理工作,适用本办法。

第三条 应急预案的管理实行属地为主、分级负责、分类指导、综合协调、动态管理的原则。

第四条 国家安全生产监督管理总局负责全国应急预案的综合协调管理工作。

县级以上地方各级安全生产监督管理部门负责本行政区域内应急预案的综合协调管理工作。县级以上地方各级其他负有安全生产监督管理职责的部门按照各自的职责负责有关行业、领域应急预案的管理工作。

第五条 生产经营单位主要负责人负责组织编制和实施本单位的应急预案,并对应急预案的真实性和实用性负责;各分管负责人应当按照职责分工落实应急预案规定的职责。

第六条 生产经营单位应急预案分为综合应急预案、专项应急预案和现场处置方案。

综合应急预案,是指生产经营单位为应对各种生产安全事故而制定的综合性工作方案,是本单位应对生产安全事故的总体工作程序、措施和应急预案体系的总纲。

专项应急预案,是指生产经营单位为应对某一种或者多种类型生产安全事故,或者针对重要生产设施、重大危险源、重大活动防止生产安全事故而制定的专项性工作方案。

现场处置方案,是指生产经营单位根据不同生产安全事故类型,针对具体场所、装置或者设施所制定的应急处置措施。

第二章 应急预案的编制

第七条 应急预案的编制应当遵循以人为本、依法依规、符合实际、注重实效的原则,以应急处置为核心,明确应急职责、规范应急程序、细化保障措施。

第八条 应急预案的编制应当符合下列基本要求:

(一)有关法律、法规、规章和标准的规定;

(二)本地区、本部门、本单位的安全生产实际情况;

（三）本地区、本部门、本单位的危险性分析情况；

（四）应急组织和人员的职责分工明确，并有具体的落实措施；

（五）有明确、具体的应急程序和处置措施，并与其应急能力相适应；

（六）有明确的应急保障措施，满足本地区、本部门、本单位的应急工作需要；

（七）应急预案基本要素齐全、完整，应急预案附件提供的信息准确；

（八）应急预案内容与相关应急预案相互衔接。

第九条 编制应急预案应当成立编制工作小组，由本单位有关负责人任组长，吸收与应急预案有关的职能部门和单位的人员，以及有现场处置经验的人员参加。

第十条 编制应急预案前，编制单位应当进行事故风险评估和应急资源调查。

事故风险评估，是指针对不同事故种类及特点，识别存在的危险危害因素，分析事故可能产生的直接后果以及次生、衍生后果，评估各种后果的危害程度和影响范围，提出防范和控制事故风险措施的过程。

应急资源调查，是指全面调查本地区、本单位第一时间可以调用的应急资源状况和合作区域内可以请求援助的应急资源状况，并结合事故风险评估结论制定应急措施的过程。

第十一条 地方各级安全生产监督管理部门应当根据法律、法规、规章和同级人民政府以及上一级安全生产监督管理部门的应急预案，结合工作实际，组织编制相应的部门应急预案。

部门应急预案应当根据本地区、本部门的实际情况，明确信息报告、响应分级、指挥权移交、警戒疏散等内容。

第十二条 生产经营单位应当根据有关法律、法规、规章和相关标准，结合本单位组织管理体系、生产规模和可能发生的事故特点，确立本单位的应急预案体系，编制相应的应急预案，并体现自救互救和先期处置等特点。

第十三条 生产经营单位风险种类多、可能发生多种类型事故的，应当组织编制综合应急预案。

综合应急预案应当规定应急组织机构及其职责、应急预案体系、事故风险描述、预警及信息报告、应急响应、保障措施、应急预案管理等内容。

第十四条 对于某一种或者多种类型的事故风险，生产经营单位可以编制相应的专项应急预案，或将专项应急预案并入综合应急预案。

专项应急预案应当规定应急指挥机构与职责、处置程序和措施等内容。

第十五条 对于危险性较大的场所、装置或者设施，生产经营单位应当编制现场处置方案。

现场处置方案应当规定应急工作职责、应急处置措施和注意事项等内容。

事故风险单一、危险性小的生产经营单位，可以只编制现场处置方案。

第十六条 生产经营单位应急预案应当包括向上级应急管理机构报告的内容、应急组织机构和人员的联系方式、应急物资储备清单等附件信息。附件信息发生变化时，应当及时更新，确保准确有效。

第十七条 生产经营单位组织应急预案编制过程中，应当根据法律、法规、规章的规定或者实际需要，征求相关应急救援队伍、公民、法人或其他组织的意见。

第十八条 生产经营单位编制的各类应急预案之间应当相互衔接,并与相关人民政府及其部门、应急救援队伍和涉及的其他单位的应急预案相衔接。

第十九条 生产经营单位应当在编制应急预案的基础上,针对工作场所、岗位的特点,编制简明、实用、有效的应急处置卡。

应急处置卡应当规定重点岗位、人员的应急处置程序和措施,以及相关联络人员和联系方式,便于从业人员携带。

第三章 应急预案的评审、公布和备案

第二十条 地方各级安全生产监督管理部门应当组织有关专家对本部门编制的部门应急预案进行审定;必要时,可以召开听证会,听取社会有关方面的意见。

第二十一条 矿山、金属冶炼、建筑施工企业和易燃易爆物品、危险化学品的生产、经营(带储存设施的,下同)、储存企业,以及使用危险化学品达到国家规定数量的化工企业、烟花爆竹生产、批发经营企业和中型规模以上的其他生产经营单位,应当对本单位编制的应急预案进行评审,并形成书面评审纪要。

前款规定以外的其他生产经营单位应当对本单位编制的应急预案进行论证。

第二十二条 参加应急预案评审的人员应当包括有关安全生产及应急管理方面的专家。

评审人员与所评审应急预案的生产经营单位有利害关系的,应当回避。

第二十三条 应急预案的评审或者论证应当注重基本要素的完整性、组织体系的合理性、应急处置程序和措施的针对性、应急保障措施的可行性、应急预案的衔接性等内容。

第二十四条 生产经营单位的应急预案经评审或者论证后,由本单位主要负责人签署公布,并及时发放到本单位有关部门、岗位和相关应急救援队伍。

事故风险可能影响周边其他单位、人员的,生产经营单位应当将有关事故风险的性质、影响范围和应急防范措施告知周边的其他单位和人员。

第二十五条 地方各级安全生产监督管理部门的应急预案,应当报同级人民政府备案,并抄送上一级安全生产监督管理部门。

其他负有安全生产监督管理职责的部门的应急预案,应当抄送同级安全生产监督管理部门。

第二十六条 生产经营单位应当在应急预案公布之日起20个工作日内,按照分级属地原则,向安全生产监督管理部门和有关部门进行告知性备案。

中央企业总部(上市公司)的应急预案,报国务院主管的负有安全生产监督管理职责的部门备案,并抄送国家安全生产监督管理总局;其所属单位的应急预案报所在地的省、自治区、直辖市或者设区的市级人民政府主管的负有安全生产监督管理职责的部门备案,并抄送同级安全生产监督管理部门。

前款规定以外的非煤矿山、金属冶炼和危险化学品生产、经营、储存企业,以及使用危险化学品达到国家规定数量的化工企业、烟花爆竹生产、批发经营企业的应急预案,按照隶属关系报所在地县级以上地方人民政府安全生产监督管理部门备案;其他生产经营单位应急预案的备案,由省、自治区、直辖市人民政府负有安全生产监督管理职责的部门确定。

油气输送管道运营单位的应急预案,除按照本条第一款、第二款的规定备案外,还应当抄送所跨行政区域的县级安全生产监督管理部门。

煤矿企业的应急预案除按照本条第一款、第二款的规定备案外,还应当抄送所在地的煤矿安全监察机构。

第二十七条 生产经营单位申报应急预案备案,应当提交下列材料:

(一)应急预案备案申报表;

(二)应急预案评审或者论证意见;

(三)应急预案文本及电子文档;

(四)风险评估结果和应急资源调查清单。

第二十八条 受理备案登记的负有安全生产监督管理职责的部门应当在5个工作日内对应急预案材料进行核对,材料齐全的,应当予以备案并出具应急预案备案登记表;材料不齐全的,不予备案并一次性告知需要补齐的材料。逾期不予备案又不说明理由的,视为已经备案。

对于实行安全生产许可的生产经营单位,已经进行应急预案备案的,在申请安全生产许可证时,可以不提供相应的应急预案,仅提供应急预案备案登记表。

第二十九条 各级安全生产监督管理部门应当建立应急预案备案登记建档制度,指导、督促生产经营单位做好应急预案的备案登记工作。

第四章 应急预案的实施

第三十条 各级安全生产监督管理部门、各类生产经营单位应当采取多种形式开展应急预案的宣传教育,普及生产安全事故避险、自救和互救知识,提高从业人员和社会公众的安全意识与应急处置技能。

第三十一条 各级安全生产监督管理部门应当将本部门应急预案的培训纳入安全生产培训工作计划,并组织实施本行政区域内重点生产经营单位的应急预案培训工作。

生产经营单位应当组织开展本单位的应急预案、应急知识、自救互救和避险逃生技能的培训活动,使有关人员了解应急预案内容,熟悉应急职责、应急处置程序和措施。

应急培训的时间、地点、内容、师资、参加人员和考核结果等情况应当如实记入本单位的安全生产教育和培训档案。

第三十二条 各级安全生产监督管理部门应当定期组织应急预案演练,提高本部门、本地区生产安全事故应急处置能力。

第三十三条 生产经营单位应当制定本单位的应急预案演练计划,根据本单位的事故风险特点,每年至少组织一次综合应急预案演练或者专项应急预案演练,每半年至少组织一次现场处置方案演练。

第三十四条 应急预案演练结束后,应急预案演练组织单位应当对应急预案演练效果进行评估,撰写应急预案演练评估报告,分析存在的问题,并对应急预案提出修订意见。

第三十五条 应急预案编制单位应当建立应急预案定期评估制度,对预案内容的针对性和实用性进行分析,并对应急预案是否需要修订作出结论。

矿山、金属冶炼、建筑施工企业和易燃易爆物品、危险化学品等危险物品的生产、经营、储存企业、使用危险化学品达到国家规定数量的化工企业、烟花爆竹生产、批发经营企业和中型规模以上的其他生产经营单位,应当每三年进行一次应急预案评估。

应急预案评估可以邀请相关专业机构或者有关专家、有实际应急救援工作经验的人员参加,必要时可以委托安全生产技术服务机构实施。

第三十六条 有下列情形之一的,应急预案应当及时修订并归档:

(一)依据的法律、法规、规章、标准及上位预案中的有关规定发生重大变化的;

(二)应急指挥机构及其职责发生调整的;

(三)面临的事故风险发生重大变化的;

(四)重要应急资源发生重大变化的;

(五)预案中的其他重要信息发生变化的;

(六)在应急演练和事故应急救援中发现问题需要修订的;

(七)编制单位认为应当修订的其他情况。

第三十七条 应急预案修订涉及组织指挥体系与职责、应急处置程序、主要处置措施、应急响应分级等内容变更的,修订工作应当参照本办法规定的应急预案编制程序进行,并按照有关应急预案报备程序重新备案。

第三十八条 生产经营单位应当按照应急预案的规定,落实应急指挥体系、应急救援队伍、应急物资及装备,建立应急物资、装备配备及其使用档案,并对应急物资、装备进行定期检测和维护,使其处于适用状态。

第三十九条 生产经营单位发生事故时,应当第一时间启动应急响应,组织有关力量进行救援,并按照规定将事故信息及应急响应启动情况报告安全生产监督管理部门和其他负有安全生产监督管理职责的部门。

第四十条 生产安全事故应急处置和应急救援结束后,事故发生单位应当对应急预案实施情况进行总结评估。

第五章 监督管理

第四十一条 各级安全生产监督管理部门和煤矿安全监察机构应当将生产经营单位应急预案工作纳入年度监督检查计划,明确检查的重点内容和标准,并严格按照计划开展执法检查。

第四十二条 地方各级安全生产监督管理部门应当每年对应急预案的监督管理工作情况进行总结,并报上一级安全生产监督管理部门。

第四十三条 对于在应急预案管理工作中做出显著成绩的单位和人员,安全生产监督管理部门、生产经营单位可以给予表彰和奖励。

第六章 法律责任

第四十四条 生产经营单位有下列情形之一的,由县级以上安全生产监督管理部门依照《中华人民共和国安全生产法》第九十四条的规定,责令限期改正,可以处5万元以下罚款;逾期未改正的,责令停产停业整顿,并处5万元以上10万元以下罚款,对直接负责的主管人员和其他直接责任人员处1万元以上2万元以下的罚款:

（一）未按照规定编制应急预案的；

（二）未按照规定定期组织应急预案演练的。

第四十五条 生产经营单位有下列情形之一的，由县级以上安全生产监督管理部门责令限期改正，可以处1万元以上3万元以下罚款：

（一）在应急预案编制前未按照规定开展风险评估和应急资源调查的；

（二）未按照规定开展应急预案评审或者论证的；

（三）未按照规定进行应急预案备案的；

（四）事故风险可能影响周边单位、人员的，未将事故风险的性质、影响范围和应急防范措施告知周边单位和人员的；

（五）未按照规定开展应急预案评估的；

（六）未按照规定进行应急预案修订并重新备案的；

（七）未落实应急预案规定的应急物资及装备的。

第七章　附　　则

第四十六条 《生产经营单位生产安全事故应急预案备案申报表》和《生产经营单位生产安全事故应急预案备案登记表》由国家安全生产应急救援指挥中心统一制定。

第四十七条 各省、自治区、直辖市安全生产监督管理部门可以依据本办法的规定，结合本地区实际制定实施细则。

第四十八条 本办法自2016年7月1日起施行。

14.《交通运输突发事件应急管理规定》(交通运输部令2011年第9号)

交通运输突发事件应急管理规定

第一章 总 则

第一条 为规范交通运输突发事件应对活动,控制、减轻和消除突发事件引起的危害,根据《中华人民共和国突发事件应对法》和有关法律、行政法规,制定本规定。

第二条 交通运输突发事件的应急准备、监测与预警、应急处置、终止与善后等活动,适用本规定。

本规定所称交通运输突发事件,是指突然发生,造成或者可能造成交通运输设施毁损,交通运输中断、阻塞,重大船舶污染及海上溢油应急处置等,需要采取应急处置措施,疏散或者救援人员,提供应急运输保障的自然灾害、事故灾难、公共卫生事件和社会安全事件。

第三条 国务院交通运输主管部门主管全国交通运输突发事件应急管理工作。

县级以上各级交通运输主管部门按照职责分工负责本辖区内交通运输突发事件应急管理工作。

第四条 交通运输突发事件应对活动应当遵循属地管理原则,在各级地方人民政府的统一领导下,建立分级负责、分类管理、协调联动的交通运输应急管理体制。

第五条 县级以上各级交通运输主管部门应当会同有关部门建立应急联动协作机制,共同加强交通运输突发事件应急管理工作。

第二章 应急准备

第六条 国务院交通运输主管部门负责编制并发布国家交通运输应急保障体系建设规划,统筹规划、建设国家级交通运输突发事件应急队伍、应急装备和应急物资保障基地,储备应急运力,相关内容纳入国家应急保障体系规划。

各省、自治区、直辖市交通运输主管部门负责编制并发布地方交通运输应急保障体系建设规划,统筹规划、建设本辖区应急队伍、应急装备和应急物资保障基地,储备应急运力,相关内容纳入地方应急保障体系规划。

第七条 国务院交通运输主管部门应当根据国家突发事件总体应急预案和相关专项应急预案,制定交通运输突发事件部门应急预案。

县级以上各级交通运输主管部门应当根据本级地方人民政府和上级交通运输主管部门制定的相关突发事件应急预案,制定本部门交通运输突发事件应急预案。

交通运输企业应当按照所在地交通运输主管部门制定的交通运输突发事件应急预案,

制定本单位交通运输突发事件应急预案。

第八条 应急预案应当根据有关法律、法规的规定，针对交通运输突发事件的性质、特点、社会危害程度以及可能需要提供的交通运输应急保障措施，明确应急管理的组织指挥体系与职责、监测与预警、处置程序、应急保障措施、恢复与重建、培训与演练等具体内容。

第九条 应急预案的制定、修订程序应当符合国家相关规定。应急预案涉及其他相关部门职能的，在制定过程中应当征求各相关部门的意见。

第十条 交通运输主管部门制定的应急预案应当与本级人民政府及上级交通运输主管部门制定的相关应急预案衔接一致。

第十一条 交通运输主管部门制定的应急预案应当报上级交通运输主管部门和本级人民政府备案。

公共交通工具、重点港口和场站的经营单位以及储运易燃易爆物品、危险化学品、放射性物品等危险物品的交通运输企业所制定的应急预案，应当向所属地交通运输主管部门备案。

第十二条 应急预案应当根据实际需要、情势变化和演练验证，适时修订。

第十三条 交通运输主管部门、交通运输企业应当按照有关规划和应急预案的要求，根据应急工作的实际需要，建立健全应急装备和应急物资储备、维护、管理和调拨制度，储备必需的应急物资和运力，配备必要的专用应急指挥交通工具和应急通信装备，并确保应急物资装备处于正常使用状态。

第十四条 交通运输主管部门可以根据交通运输突发事件应急处置的实际需要，统筹规划、建设交通运输专业应急队伍。

交通运输企业应当根据实际需要，建立由本单位职工组成的专职或者兼职应急队伍。

第十五条 交通运输主管部门应当加强应急队伍应急能力和人员素质建设，加强专业应急队伍与非专业应急队伍的合作、联合培训及演练，提高协同应急能力。

交通运输主管部门可以根据应急处置的需要，与其他应急力量提供单位建立必要的应急合作关系。

第十六条 交通运输主管部门应当将本辖区内应急装备、应急物资、运力储备和应急队伍的实时情况及时报上级交通运输主管部门和本级人民政府备案。

交通运输企业应当将本单位应急装备、应急物资、运力储备和应急队伍的实时情况及时报所在地交通运输主管部门备案。

第十七条 所有列入应急队伍的交通运输应急人员，其所属单位应当为其购买人身意外伤害保险，配备必要的防护装备和器材，减少应急人员的人身风险。

第十八条 交通运输主管部门可以根据应急处置实际需要鼓励志愿者参与交通运输突发事件应对活动。

第十九条 交通运输主管部门可以建立专家咨询制度，聘请专家或者专业机构，为交通运输突发事件应对活动提供相关意见和支持。

第二十条 交通运输主管部门应当建立健全交通运输突发事件应急培训制度，并结合交通运输的实际情况和需要，组织开展交通运输应急知识的宣传普及活动。

交通运输企业应当按照交通运输主管部门制定的应急预案的有关要求，制订年度应急培训计划,组织开展应急培训工作。

第二十一条 交通运输主管部门、交通运输企业应当根据本地区、本单位交通运输突发事件的类型和特点,制订应急演练计划,定期组织开展交通运输突发事件应急演练。

第二十二条 交通运输主管部门应当鼓励、扶持研究开发用于交通运输突发事件预防、监测、预警、应急处置和救援的新技术、新设备和新工具。

第二十三条 交通运输主管部门应当根据本级人民政府财政预算情况,编列应急资金年度预算,设立突发事件应急工作专项资金。

交通运输企业应当安排应急专项经费,保障交通运输突发事件应急工作的需要。

应急专项资金和经费主要用于应急预案编制及修订、应急培训演练、应急装备和队伍建设、日常应急管理、应急宣传以及应急处置措施等。

第三章　监测与预警

第二十四条 交通运输主管部门应当建立并完善交通运输突发事件信息管理制度,及时收集、统计、分析、报告交通运输突发事件信息。

交通运输主管部门应当与各有关部门建立信息共享机制,及时获取与交通运输有关的突发事件信息。

第二十五条 交通运输主管部门应当建立交通运输突发事件风险评估机制,对影响或者可能影响交通运输的相关信息及时进行汇总分析,必要时同相关部门进行会商,评估突发事件发生的可能性及可能造成的损害,研究确定应对措施,制定应对方案。对可能发生重大或者特别重大突发事件的,应当立即向本级人民政府及上一级交通运输主管部门报告相关信息。

第二十六条 交通运输主管部门负责本辖区内交通运输突发事件危险源管理工作。对危险源、危险区域进行调查、登记、风险评估,组织检查、监控,并责令有关单位采取安全防范措施。

交通运输企业应当组织开展企业内交通运输突发事件危险源辨识、评估工作,采取相应安全防范措施,加强危险源监控与管理,并按规定及时向交通运输主管部门报告。

第二十七条 交通运输主管部门应当根据自然灾害、事故灾难、公共卫生事件和社会安全事件的种类和特点,建立健全交通运输突发事件基础信息数据库,配备必要的监测设备、设施和人员,对突发事件易发区域加强监测。

第二十八条 交通运输主管部门应当建立交通运输突发事件应急指挥通信系统。

第二十九条 交通运输主管部门、交通运输企业应当建立应急值班制度,根据交通运输突发事件的种类、特点和实际需要,配备必要值班设施和人员。

第三十条 县级以上地方人民政府宣布进入预警期后,交通运输主管部门应当根据预警级别和可能发生的交通运输突发事件的特点,采取下列措施:

(一)启动相应的交通运输突发事件应急预案;

(二)根据需要启动应急协作机制,加强与相关部门的协调沟通;

(三)按照所属地方人民政府和上级交通运输主管部门的要求,指导交通运输企业采取相关预防措施;

（四）加强对突发事件发生、发展情况的跟踪监测，加强值班和信息报告；

（五）按照地方人民政府的授权，发布相关信息，宣传避免、减轻危害的常识，提出采取特定措施避免或者减轻危害的建议、劝告；

（六）组织应急救援队伍和相关人员进入待命状态，调集应急处置所需的运力和装备，检测用于疏运转移的交通运输工具和应急通信设备，确保其处于良好状态；

（七）加强对交通运输枢纽、重点通航建筑物、重点场站、重点港口、码头、重点运输线路及航道的巡查维护；

（八）法律、法规或者所属地方人民政府提出的其他应急措施。

第三十一条 交通运输主管部门应当根据事态发展以及所属地方人民政府的决定，相应调整或者停止所采取的措施。

第四章 应急处置

第三十二条 交通运输突发事件的应急处置应当在各级人民政府的统一领导下进行。

第三十三条 交通运输突发事件发生后，发生地交通运输主管部门应当立即启动相应的应急预案，在本级人民政府的领导下，组织、部署交通运输突发事件的应急处置工作。

第三十四条 交通运输突发事件发生后，负责或者参与应急处置的交通运输主管部门应当根据有关规定和实际需要，采取以下措施：

（一）组织运力疏散、撤离受困人员，组织搜救突发事件中的遇险人员，组织应急物资运输；

（二）调集人员、物资、设备、工具，对受损的交通基础设施进行抢修、抢通或搭建临时性设施；

（三）对危险源和危险区域进行控制，设立警示标志；

（四）采取必要措施，防止次生、衍生灾害发生；

（五）必要时请求本级人民政府和上级交通运输主管部门协调有关部门，启动联合机制，开展联合应急行动；

（六）按照应急预案规定的程序报告突发事件信息以及应急处置的进展情况；

（七）建立新闻发言人制度，按照本级人民政府的委托或者授权及相关规定，统一、及时、准确地向社会和媒体发布应急处置信息；

（八）其他有利于控制、减轻和消除危害的必要措施。

第三十五条 交通运输突发事件超出本级交通运输主管部门处置能力或管辖范围的，交通运输主管部门可以采取以下措施：

（一）根据应急处置需要请求上级交通运输主管部门在资金、物资、设备设施、应急队伍等方面给予支持；

（二）请求上级交通运输主管部门协调突发事件发生地周边交通运输主管部门给予支持；

（三）请求上级交通运输主管部门派出现场工作组及有关专业技术人员给予指导；

（四）按照建立的应急协作机制，协调有关部门参与应急处置。

第三十六条 在需要组织开展大规模人员疏散、物资疏运的情况下，交通运输主管部门应当根据本级人民政府或者上级交通运输主管部门的指令,及时组织运力参与应急运输。

第三十七条 交通运输企业应当加强对本单位应急设备、设施、队伍的日常管理,保证应急处置工作及时、有效开展。

交通运输突发事件应急处置过程中,交通运输企业应当接受交通运输主管部门的组织、调度和指挥。

第三十八条 交通运输主管部门根据应急处置工作的需要,可以征用有关单位和个人的交通运输工具、相关设备和其他物资。有关单位和个人应当予以配合。

第五章 终止与善后

第三十九条 交通运输突发事件的威胁和危害得到控制或者消除后,负责应急处置的交通运输主管部门应当按照相关人民政府的决定停止执行应急处置措施,并按照有关要求采取必要措施,防止发生次生、衍生事件。

第四十条 交通运输突发事件应急处置结束后,负责应急处置工作的交通运输主管部门应当对应急处置工作进行评估,并向上级交通运输主管部门和本级人民政府报告。

第四十一条 交通运输突发事件应急处置结束后,交通运输主管部门应当根据国家有关扶持遭受突发事件影响行业和地区发展的政策规定以及本级人民政府的恢复重建规划,制定相应的交通运输恢复重建计划并组织实施,重建受损的交通基础设施,消除突发事件造成的破坏及影响。

第四十二条 因应急处置工作需要被征用的交通运输工具、装备和物资在使用完毕应当及时返还。交通运输工具、装备、物资被征用或者征用后毁损、灭失的,应当按照相关法律法规予以补偿。

第六章 监督检查

第四十三条 交通运输主管部门应当建立健全交通运输突发事件应急管理监督检查和考核机制。

监督检查应当包含以下内容:

(一)应急组织机构建立情况;

(二)应急预案制订及实施情况;

(三)应急物资储备情况;

(四)应急队伍建设情况;

(五)危险源监测情况;

(六)信息管理、报送、发布及宣传情况;

(七)应急培训及演练情况;

(八)应急专项资金和经费落实情况;

(九)突发事件应急处置评估情况。

第四十四条 交通运输主管部门应当加强对辖区内交通运输企业等单位应急工作的指导和监督。

第四十五条 违反本规定影响交通运输突发事件应对活动有效进行的,由其上级交通运输主管部门责令改正、通报批评;情节严重的,对直接负责的主管人员和其他直接责任人员按照有关规定给予相应处分;造成严重后果的,由有关部门依法给予处罚或追究相应责任。

第七章 附 则

第四十六条 海事管理机构及各级地方人民政府交通运输主管部门对水上交通安全和防治船舶污染等突发事件的应对活动,依照有关法律法规执行。

一般生产安全事故的应急处置,依照国家有关法律法规执行。

第四十七条 本规定自2012年1月1日起实施。

15.《道路运输车辆技术管理规定》(交通运输部令2016年第1号)

道路运输车辆技术管理规定

第一章　总　　则

第一条　为加强道路运输车辆技术管理,保持车辆技术状况良好,保障运输安全,发挥车辆效能,促进节能减排,根据《中华人民共和国安全生产法》《中华人民共和国节约能源法》《中华人民共和国道路运输条例》等法律、行政法规,制定本规定。

第二条　道路运输车辆技术管理适用本规定。

本规定所称道路运输车辆包括道路旅客运输车辆(以下简称客车)、道路普通货物运输车辆(以下简称货车)、道路危险货物运输车辆(以下简称危货运输车)。

本规定所称道路运输车辆技术管理,是指对道路运输车辆在保证符合规定的技术条件和按要求进行维护、修理、综合性能检测方面所做的技术性管理。

第三条　道路运输车辆技术管理应当坚持分类管理、预防为主、安全高效、节能环保的原则。

第四条　道路运输经营者是道路运输车辆技术管理的责任主体,负责对道路运输车辆实行择优选配、正确使用、周期维护、视情修理、定期检测和适时更新,保证投入道路运输经营的车辆符合技术要求。

第五条　鼓励道路运输经营者使用安全、节能、环保型车辆,促进标准化车型推广运用,加强科技应用,不断提高车辆的管理水平和技术水平。

第六条　交通运输部主管全国道路运输车辆技术管理监督。

县级以上地方人民政府交通运输主管部门负责本行政区域内道路运输车辆技术管理监督。

县级以上道路运输管理机构具体实施道路运输车辆技术管理监督工作。

第二章　车辆基本技术条件

第七条　从事道路运输经营的车辆应当符合下列技术要求:

(一)车辆的外廓尺寸、轴荷和最大允许总质量应当符合《道路车辆外廓尺寸、轴荷及质量限值》(GB 1589)的要求;

(二)车辆的技术性能应当符合《道路运输车辆综合性能要求和检验方法》(GB 18565)的要求;

(三)车型的燃料消耗量限值应当符合《营运客车燃料消耗量限值及测量方法》(JT/T 711)、《营运货车燃料消耗量限值及测量方法》(JT/T 719)的要求;

（四）车辆技术等级应当达到二级以上。危货运输车、国际道路运输车辆、从事高速公路客运以及营运线路长度在800公里以上的客车，技术等级应当达到一级。技术等级评定方法应当符合国家有关道路运输车辆技术等级划分和评定的要求；

（五）从事高速公路客运、包车客运、国际道路旅客运输，以及营运线路长度在800公里以上客车的类型等级应当达到中级以上。其类型划分和等级评定应当符合国家有关营运客车类型划分及等级评定的要求；

（六）危货运输车应当符合《汽车运输危险货物规则》（JT 617）的要求。

第八条 道路运输管理机构应当加强从事道路运输经营车辆的管理，对不符合本规定的车辆不得配发道路运输证。

在对挂车配发道路运输证和年度审验时，应当查验挂车是否具有有效行驶证件。

第九条 禁止使用报废、擅自改装、拼装、检测不合格以及其他不符合国家规定的车辆从事道路运输经营活动。

第三章 技术管理的一般要求

第十条 道路运输经营者应当遵守有关法律法规、标准和规范，认真履行车辆技术管理的主体责任，建立健全管理制度，加强车辆技术管理。

第十一条 鼓励道路运输经营者设置相应的部门负责车辆技术管理工作，并根据车辆数量和经营类别配备车辆技术管理人员，对车辆实施有效的技术管理。

第十二条 道路运输经营者应当加强车辆维护、使用、安全和节能等方面的业务培训，提升从业人员的业务素质和技能，确保车辆处于良好的技术状况。

第十三条 道路运输经营者应当根据有关道路运输企业车辆技术管理标准，结合车辆技术状况和运行条件，正确使用车辆。

鼓励道路运输经营者依据相关标准要求，制定车辆使用技术管理规范，科学设置车辆经济、技术定额指标并定期考核，提升车辆技术管理水平。

第十四条 道路运输经营者应当建立车辆技术档案制度，实行一车一档。档案内容应当主要包括：车辆基本信息，车辆技术等级评定、客车类型等级评定或者年度类型等级评定复核、车辆维护和修理（含《机动车维修竣工出厂合格证》）、车辆主要零部件更换、车辆变更、行驶里程、对车辆造成损伤的交通事故等记录。档案内容应当准确、翔实。

车辆所有权转移、转籍时，车辆技术档案应当随车移交。

道路运输经营者应当运用信息化技术做好道路运输车辆技术档案管理工作。

第四章 车辆维护与修理

第十五条 道路运输经营者应当建立车辆维护制度。

车辆维护分为日常维护、一级维护和二级维护。日常维护由驾驶员实施，一级维护和二级维护由道路运输经营者组织实施，并做好记录。

第十六条 道路运输经营者应当依据国家有关标准和车辆维修手册、使用说明书等，结合车辆类别、车辆运行状况、行驶里程、道路条件、使用年限等因素，自行确定车辆维护周期，确保车辆正常维护。

车辆维护作业项目应当按照国家关于汽车维护的技术规范要求确定。

道路运输经营者可以对自有车辆进行二级维护作业,保证投入运营的车辆符合技术管理要求,无须进行二级维护竣工质量检测。

道路运输经营者不具备二级维护作业能力的,可以委托二类以上机动车维修经营者进行二级维护作业。机动车维修经营者完成二级维护作业后,应当向委托方出具二级维护出厂合格证。

第十七条 道路运输经营者应当遵循视情修理的原则,根据实际情况对车辆进行及时修理。

第十八条 道路运输经营者用于运输剧毒化学品、爆炸品的专用车辆及罐式专用车辆(含罐式挂车),应当到具备道路危险货物运输车辆维修资质的企业进行维修。

前款规定专用车辆的牵引车和其他运输危险货物的车辆由道路运输经营者消除危险货物的危害后,可以到具备一般车辆维修资质的企业进行维修。

第五章 车辆检测管理

第十九条 道路运输经营者应当定期到机动车综合性能检测机构,对道路运输车辆进行综合性能检测。

第二十条 道路运输经营者应当自道路运输车辆首次取得《道路运输证》当月起,按照下列周期和频次,委托汽车综合性能检测机构进行综合性能检测和技术等级评定:

(一)客车、危货运输车自首次经国家机动车辆注册登记主管部门登记注册不满60个月的,每12个月进行1次检测和评定;超过60个月的,每6个月进行1次检测和评定。

(二)其他运输车辆自首次经国家机动车辆注册登记主管部门登记注册的,每12个月进行1次检测和评定。

第二十一条 客车、危货运输车的综合性能检测应当委托车籍所在地汽车综合性能检测机构进行。

货车的综合性能检测可以委托运输驻在地汽车综合性能检测机构进行。

第二十二条 道路运输经营者应当选择通过质量技术监督部门的计量认证、取得计量认证证书并符合《汽车综合性能检测站能力的通用要求》(GB/T 17993)等国家相关标准的检测机构进行车辆的综合性能检测。

第二十三条 汽车综合性能检测机构对新进入道路运输市场车辆应当按照《道路运输车辆燃料消耗量达标车型表》进行比对。对达标的新车和在用车辆,应当按照《道路运输车辆综合性能要求和检验方法》(GB 18565)、《道路运输车辆技术等级划分和评定要求》(JT/T 198)实施检测和评定,出具全国统一式样的道路运输车辆综合性能检测报告,评定车辆技术等级,并在报告单上标注。车籍所在地县级以上道路运输管理机构应当将车辆技术等级在《道路运输证》上标明。

汽车综合性能检测机构应当确保检测和评定结果客观、公正、准确,对检测和评定结果承担法律责任。

第二十四条 道路运输管理机构和受其委托承担客车类型等级评定工作的汽车综合性能检测机构,应当按照《营运客车类型划分及等级评定》(JT/T 325)进行营运客车类型等级评定或者年度类型等级评定复核,出具统一式样的客车类型等级评定报告。

第二十五条 汽车综合性能检测机构应当建立车辆检测档案,档案内容主要包括:车辆综合性能检测报告(含车辆基本信息、车辆技术等级)、客车类型等级评定记录。

车辆检测档案保存期不少于两年。

第六章 监督检查

第二十六条 道路运输管理机构应当按照职责权限对道路运输车辆的技术管理进行监督检查。

道路运输经营者应当对道路运输管理机构的监督检查予以配合,如实反映情况,提供有关资料。

第二十七条 道路运输管理机构应当将车辆技术状况纳入道路运输车辆年度审验内容,查验以下相应证明材料:

(一)车辆技术等级评定结论;

(二)客车类型等级评定证明。

第二十八条 道路运输管理机构应当建立车辆管理档案制度。档案内容主要包括:车辆基本情况,车辆技术等级评定、客车类型等级评定或年度类型等级评定复核、车辆变更等记录。

第二十九条 道路运输管理机构应当将运输车辆的技术管理情况纳入道路运输企业质量信誉考核和诚信管理体系。

第三十条 道路运输管理机构应当积极推广使用现代信息技术,逐步实现道路运输车辆技术管理信息资源共享。

第七章 法律责任

第三十一条 违反本规定,道路运输经营者有下列行为之一的,县级以上道路运输管理机构应当责令改正,给予警告;情节严重的,处以1000元以上5000元以下罚款:

(一)道路运输车辆技术状况未达到《道路运输车辆综合性能要求和检验方法》(GB 18565)的;

(二)使用报废、擅自改装、拼装、检测不合格以及其他不符合国家规定的车辆从事道路运输经营活动的;

(三)未按照规定的周期和频次进行车辆综合性能检测和技术等级评定的;

(四)未建立道路运输车辆技术档案或者档案不符合规定的;

(五)未做好车辆维护记录的。

第三十二条 违反本规定,道路运输车辆综合性能检测机构有下列行为之一的,县级以上道路运输管理机构不予采信其检测报告,并抄报同级质量技术监督主管部门处理。

(一)不按技术规范对道路运输车辆进行检测的;

(二)未经检测出具道路运输车辆检测结果的;

(三)不如实出具检测结果的。

第三十三条 道路运输管理机构工作人员在监督管理工作中滥用职权、玩忽职守、徇私舞弊的,依法给予行政处分;构成犯罪的,由司法机关依法处理。

第八章　附　　则

第三十四条　本规定自2016年3月1日起施行。原交通部发布的《汽车运输业车辆技术管理规定》(交通部令1990年第13号)、《道路运输车辆维护管理规定》(交通部令2001年第4号)同时废止。

16.《道路运输车辆动态监督管理办法》(交通运输部令 2016 年第 55 号)

道路运输车辆动态监督管理办法

第一章 总 则

第一条 为加强道路运输车辆动态监督管理,预防和减少道路交通事故,依据《中华人民共和国安全生产法》《中华人民共和国道路交通安全法实施条例》《中华人民共和国道路运输条例》等有关法律法规,制定本办法。

第二条 道路运输车辆安装、使用具有行驶记录功能的卫星定位装置(以下简称卫星定位装置)以及相关安全监督管理活动,适用本办法。

第三条 本办法所称道路运输车辆,包括用于公路营运的载客汽车、危险货物运输车辆、半挂牵引车以及重型载货汽车(总质量为 12 吨及以上的普通货运车辆)。

第四条 道路运输车辆动态监督管理应当遵循企业监控、政府监管、联网联控的原则。

第五条 道路运输管理机构、公安机关交通管理部门、安全监管部门依据法定职责,对道路运输车辆动态监控工作实施联合监督管理。

第二章 系统建设

第六条 道路运输车辆卫星定位系统平台应当符合以下标准要求:

(一)《道路运输车辆卫星定位系统平台技术要求》(JT/T 796);

(二)《道路运输车辆卫星定位系统终端通讯协议及数据格式》(JT/T 808);

(三)《道路运输车辆卫星定位系统平台数据交换》(JT/T 809)。

第七条 在道路运输车辆上安装的卫星定位装置应符合以下标准要求:

(一)《道路运输车辆卫星定位系统车载终端技术要求》(JT/T 794);

(二)《道路运输车辆卫星定位系统终端通讯协议及数据格式》(JT/T 808);

(三)《机动车运行安全技术条件》(GB 7258);

(四)《汽车行驶记录仪》(GB/T 19056)。

第八条 道路运输车辆卫星定位系统平台和车载终端应当通过有关专业机构的标准符合性技术审查。对通过标准符合性技术审查的系统平台和车载终端,由交通运输部发布公告。

第九条 道路旅客运输企业、道路危险货物运输企业和拥有 50 辆及以上重型载货汽车或者牵引车的道路货物运输企业应当按照标准建设道路运输车辆动态监控平台,或者使用符合条件的社会化卫星定位系统监控平台(以下统称监控平台),对所属道路运输车辆和驾驶员运行过程进行实时监控和管理。

第十条 道路运输企业新建或者变更监控平台,在投入使用前应当通过有关专业机构的系统平台标准符合性技术审查,并向原发放《道路运输经营许可证》的道路运输管理机构备案。

第十一条 提供道路运输车辆动态监控社会化服务的,应当向省级道路运输管理机构备案,并提供以下材料:

(一)营业执照;

(二)服务格式条款、服务承诺;

(三)履行服务能力的相关证明材料;

(四)通过系统平台标准符合性技术审查的证明材料。

第十二条 旅游客车、包车客车、三类以上班线客车和危险货物运输车辆在出厂前应当安装符合标准的卫星定位装置。重型载货汽车和半挂牵引车在出厂前应当安装符合标准的卫星定位装置,并接入全国道路货运车辆公共监管与服务平台(以下简称道路货运车辆公共平台)。

车辆制造企业为道路运输车辆安装符合标准的卫星定位装置后,应当随车附带相关安装证明材料。

第十三条 道路运输经营者应当选购安装符合标准的卫星定位装置的车辆,并接入符合要求的监控平台。

第十四条 道路运输企业应当在监控平台中完整、准确地录入所属道路运输车辆和驾驶人员的基础资料等信息,并及时更新。

第十五条 道路旅客运输企业和道路危险货物运输企业监控平台应当接入全国重点营运车辆联网联控系统(以下简称联网联控系统),并按照要求将车辆行驶的动态信息和企业、驾驶人员、车辆的相关信息逐级上传至全国道路运输车辆动态信息公共交换平台。

道路货运企业监控平台应当与道路货运车辆公共平台对接,按照要求将企业、驾驶人员、车辆的相关信息上传至道路货运车辆公共平台,并接收道路货运车辆公共平台转发的货运车辆行驶的动态信息。

第十六条 道路运输管理机构在办理营运手续时,应当对道路运输车辆安装卫星定位装置及接入系统平台的情况进行审核。

第十七条 对新出厂车辆已安装的卫星定位装置,任何单位和个人不得随意拆卸。除危险货物运输车辆接入联网联控系统监控平台时按照有关标准要求进行相应设置以外,不得改变货运车辆车载终端监控中心的域名设置。

第十八条 道路运输管理机构负责建设和维护道路运输车辆动态信息公共服务平台,落实维护经费,向地方人民政府争取纳入年度预算。道路运输管理机构应当建立逐级考核和通报制度,保证联网联控系统长期稳定运行。

第十九条 道路运输管理机构、公安机关交通管理部门、安全监管部门间应当建立信息共享机制。

公安机关交通管理部门、安全监管部门根据需要可以通过道路运输车辆动态信息公共服务平台,随时或者定期调取系统数据。

第二十条 任何单位、个人不得擅自泄露、删除、篡改卫星定位系统平台的历史和实时动态数据。

第三章 车辆监控

第二十一条 道路运输企业是道路运输车辆动态监控的责任主体。

第二十二条 道路旅客运输企业、道路危险货物运输企业和拥有50辆及以上重型载货汽车或牵引车的道路货物运输企业应当配备专职监控人员。专职监控人员配置原则上按照监控平台每接入100辆车设1人的标准配备,最低不少于2人。

监控人员应当掌握国家相关法规和政策,经运输企业培训、考试合格后上岗。

第二十三条 道路货运车辆公共平台负责对个体货运车辆和小型道路货物运输企业(拥有50辆以下重型载货汽车或牵引车)的货运车辆进行动态监控。道路货运车辆公共平台设置监控超速行驶和疲劳驾驶的限值,自动提醒驾驶员纠正超速行驶、疲劳驾驶等违法行为。

第二十四条 道路运输企业应当建立健全动态监控管理相关制度,规范动态监控工作:

(一)系统平台的建设、维护及管理制度;

(二)车载终端安装、使用及维护制度;

(三)监控人员岗位职责及管理制度;

(四)交通违法动态信息处理和统计分析制度;

(五)其他需要建立的制度。

第二十五条 道路运输企业应当根据法律法规的相关规定以及车辆行驶道路的实际情况,按照规定设置监控超速行驶和疲劳驾驶的限值,以及核定运营线路、区域及夜间行驶时间等,在所属车辆运行期间对车辆和驾驶员进行实时监控和管理。

设置超速行驶和疲劳驾驶的限值,应当符合客运驾驶员24小时累计驾驶时间原则上不超过8小时,日间连续驾驶不超过4小时,夜间连续驾驶不超过2小时,每次停车休息时间不少于20分钟,客运车辆夜间行驶速度不得超过日间限速80%的要求。

第二十六条 监控人员应当实时分析、处理车辆行驶动态信息,及时提醒驾驶员纠正超速行驶、疲劳驾驶等违法行为,并记录存档至动态监控台账;对经提醒仍然继续违法驾驶的驾驶员,应当及时向企业安全管理机构报告,安全管理机构应当立即采取措施制止;对拒不执行制止措施仍然继续违法驾驶的,道路运输企业应当及时报告公安机关交通管理部门,并在事后解聘驾驶员。

动态监控数据应当至少保存6个月,违法驾驶信息及处理情况应当至少保存3年。对存在交通违法信息的驾驶员,道路运输企业在事后应当及时给予处理。

第二十七条 道路运输经营者应当确保卫星定位装置正常使用,保持车辆运行实时在线。

卫星定位装置出现故障不能保持在线的道路运输车辆,道路运输经营者不得安排其从事道路运输经营活动。

第二十八条 任何单位和个人不得破坏卫星定位装置以及恶意人为干扰、屏蔽卫星定位装置信号,不得篡改卫星定位装置数据。

第二十九条 卫星定位系统平台应当提供持续、可靠的技术服务，保证车辆动态监控数据真实、准确，确保提供监控服务的系统平台安全、稳定运行。

第四章 监督检查

第三十条 道路运输管理机构应当充分发挥监控平台的作用，定期对道路运输企业动态监控工作的情况进行监督考核，并将其纳入企业质量信誉考核的内容，作为运输企业班线招标和年度审验的重要依据。

第三十一条 公安机关交通管理部门可以将道路运输车辆动态监控系统记录的交通违法信息作为执法依据，依法查处。

第三十二条 安全监管部门应当按照有关规定认真开展事故调查工作，严肃查处违反本办法规定的责任单位和人员。

第三十三条 道路运输管理机构、公安机关交通管理部门、安全监管部门监督检查人员可以向被检查单位和个人了解情况，查阅和复制有关材料。被监督检查的单位和个人应当积极配合监督检查，如实提供有关资料和说明情况。

道路运输车辆发生交通事故的，道路运输企业或者道路货运车辆公共平台负责单位应当在接到事故信息后立即封存车辆动态监控数据，配合事故调查，如实提供肇事车辆动态监控数据；肇事车辆安装车载视频装置的，还应当提供视频资料。

第三十四条 鼓励各地利用卫星定位装置，对营运驾驶员安全行驶里程进行统计分析，开展安全行车驾驶员竞赛活动。

第五章 法律责任

第三十五条 道路运输管理机构对未按照要求安装卫星定位装置，或者已安装卫星定位装置但未能在联网联控系统（重型载货汽车和半挂牵引车未能在道路货运车辆公共平台）正常显示的车辆，不予发放或者审验《道路运输证》。

第三十六条 违反本办法的规定，道路运输企业有下列情形之一的，由县级以上道路运输管理机构责令改正。拒不改正的，处3000元以上8000元以下罚款：

（一）道路运输企业未使用符合标准的监控平台、监控平台未接入联网联控系统、未按规定上传道路运输车辆动态信息的；

（二）未建立或者未有效执行交通违法动态信息处理制度、对驾驶员交通违法处理率低于90%的；

（三）未按规定配备专职监控人员的。

第三十七条 违反本办法的规定，道路运输经营者使用卫星定位装置出现故障不能保持在线的运输车辆从事经营活动的，由县级以上道路运输管理机构责令改正。拒不改正的，处800元罚款。

第三十八条 违反本办法的规定，有下列情形之一的，由县级以上道路运输管理机构责令改正，处2000元以上5000元以下罚款：

（一）破坏卫星定位装置以及恶意人为干扰、屏蔽卫星定位装置信号的；

（二）伪造、篡改、删除车辆动态监控数据的。

第三十九条 违反本办法的规定,发生道路交通事故的,具有第三十六条、第三十七条、第三十八条情形之一的,依法追究相关人员的责任;构成犯罪的,依法追究刑事责任。

第四十条 道路运输管理机构、公安机关交通管理部门、安全监管部门工作人员执行本办法过程中玩忽职守、滥用职权、徇私舞弊的,给予行政处分;构成犯罪的,依法追究刑事责任。

第六章 附 则

第四十一条 在本办法实施前已经进入运输市场的重型载货汽车和半挂牵引车,应当于2015年12月31日前全部安装、使用卫星定位装置,并接入道路货运车辆公共平台。

农村客运车辆动态监督管理可参照本办法执行。

第四十二条 本办法自2014年7月1日起施行。

第三部分

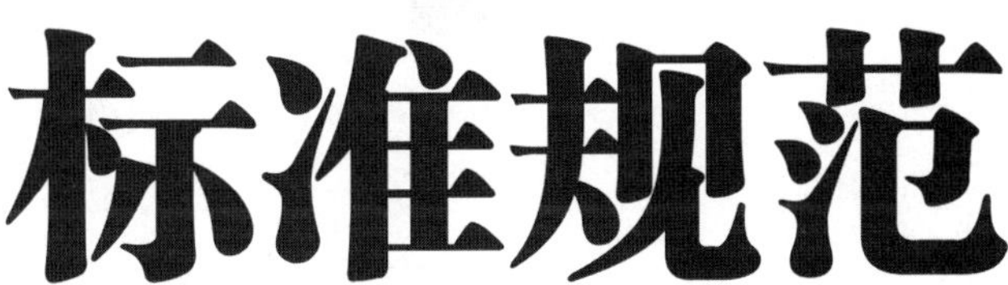

1.《营运客车安全例行检查技术规范》(JT/T 893—2014)

营运客车安全例行检查技术规范

1　范围

本标准规定了营运客车安全例行检查的设施设备条件、检查项目、方法及要求、结果判定及处理、工艺组织及流程。

本标准适用于营运客车的安全例行检查。

2　术语和定义

下列术语和定义适用于本文件。

2.1　营运客车安全例行检查　safety routine inspection for commercial coach

按照规定的时间周期,在不拆卸零部件的条件下,由安全例检人员借助必要的工具,采用人工检视的方法,对影响营运客车行车安全的可视部件技术状况所实施的检查。

2.2　安全例检人员　security check personnel

具有相关资质,从事营运客车安全例行检查的专业人员。

3　设施设备条件

3.1　安全例行检查场所应具备防风、防雨、防晒及良好的采光、照明和通风等条件,并设有“安全例检”文字标志和“5km/h”限速标志。

3.2　安全例行检查场所应设有地沟或车辆举升装置。地沟的长度应不小于营运客车最大允许长度的1.1倍,宽度不小于0.65m,深度不小于1.3m。地沟内应安装照明设施和安全电源。

3.3　三级及以上的汽车客运站,安全例行检查应采用计算机管理系统,具有车辆信息登录、检查数据存储、检查信息查询、检查报告生成、人工录入等功能。

3.4　安全例行检查场所应配备具有语音通话功能的无线扩音设备。

3.5　安全例行检查场所应配备消防设备,灭火器数量不少于五具(5kg/具),地沟内应放置一具。

3.6　安全例行检查应配备以下工具及安全防护用品:

a)　检验键;

b)　便携式照明器具;

c)　轮胎气压表;

d)　轮胎花纹深度尺;

e) 套筒扳手、扭力扳手;

f) 钢卷尺、钢板尺;

g) 停车楔,数量不少于两只;

h) 安全帽、工装、手套、反光背心等安全防护用品。

4 检查项目、方法及要求

4.1 外观

4.1.1 检视车身外观及车内环境。车身应整洁、周正,车体外缘左、右对称部位高度差不大于40mm,必要时,用钢卷尺进行测量。车窗玻璃齐全,不得有长度超过25mm且易导致破碎的裂纹和穿孔,车内应整洁。

4.1.2 检视左、右后视镜、内后视镜,应完好、无损毁。

4.1.3 打开前风窗玻璃刮水器开关,刮水器各挡位应工作正常,关闭刮水器时刮片应能自动返回到初始位置。

4.2 制动系统

4.2.1 气压表工作状况

起动发动机,观察气压表指示状况,气压表应能指示系统压力。

4.2.2 制动管路密封性

采用气压制动的车辆,在储气筒气压达到起步压力以上时,关闭发动机,踩下制动踏板,在地沟内或举升装置下方,检查各车轮制动气室、气阀及制动管路的密封性,应无漏气声。采用液压制动的车辆,检查各车轮制动分泵及可视制动管路的密封性,应无油液滴漏现象。

4.2.3 制动系统自检

起动发动机,检视仪表板制动系统故障告警灯的指示状况,应无故障报警。

4.2.4 空气压缩机传动装置

打开发动机舱门,检视并指压空气压缩机传动带,应无龟裂、油污和异常磨损,松紧度应适当。采用齿轮传动的空压机,齿轮箱应无漏油现象。

4.3 转向系统

4.3.1 左、右转动转向盘,在地沟内或举升装置下方,检视转向机构及球销总成的连接状况,各连接部位应连接可靠、无松动,球销总成应无松旷和开裂。

4.3.2 采用目视和检验锤敲击的方法,检查横直拉杆,应无变形、裂纹和拼焊现象。

4.4 照明及信号指示灯

4.4.1 前照灯

4.4.1.1 检视前照灯,应齐全、完好、表面清洁,无松脱。

4.4.1.2 开启前照灯并进行远、近光变换,应工作正常。

4.4.2 信号指示灯

4.4.2.1 巡视检查转向灯(前/后/侧)、制动灯、示廓灯(前/后)、危险报警灯(前/后)、雾灯(前/后)、倒车灯,应齐全、完好、表面清洁。

4.4.2.2 分别开启转向灯、制动灯、示廓灯、危险报警灯、雾灯、倒车灯,检视各类信号指示灯的工作状况,均应工作正常。

4.5 车轮及轮胎

4.5.1 车轮螺栓及螺母

采用检验锤敲击的方法，巡视检查各车轮可视的螺栓、螺母以及半轴螺栓，各车轮及半轴的螺栓、螺母应齐全、完好，紧固可靠。

4.5.2 轮胎外观

4.5.2.1 检视轮胎的胎冠、胎壁等部位，不得有长度超过25mm或深度足以暴露出帘布层的破裂、割伤以及凸起、异物刺入等影响使用的缺陷。

4.5.2.2 检视并装轮胎，并装轮胎间应无异物嵌入。

4.5.3 轮胎花纹深度

检视轮胎磨损状况。必要时，用轮胎花纹深度尺检测轮胎胎冠花纹深度。乘用车的胎冠花纹深度应不小于1.6mm，其他车型的转向轮的胎冠花纹深度不小于3.2mm，其余轮胎胎纹深度应不小于1.6mm。

4.5.4 轮胎规格和花纹

检视轮胎规格和花纹，同轴两侧轮胎的规格、花纹应一致。

4.5.5 轮胎气压

采用检验锤敲击和目视的方法，巡视检查各轮胎的充气状况，必要时用气压表测量轮胎气压，轮胎气压应符合相关规定。

4.6 悬架系统

在地沟内或举升装置下方，检视悬架的弹性元件：

a) 对空气弹簧，采用检验锤敲击和目视的方法，检查空气弹簧的气密性和外观状况，应无泄漏和外表损伤；

b) 对钢板弹簧，采用检验锤敲击和目视的方法，检查钢板弹簧、U形螺栓及螺母、吊耳销(套)、锁销等部件，应无缺片、断裂和塑性变形，U形螺栓及螺母、吊耳销(套)、锁销应齐全、坚固，无断裂和松旷现象。

4.7 安全设施

4.7.1 车门应急开关

检视动力启闭车门的车内应急开关，应急开关的标识及护罩、手柄、固定件等机件应齐全、完好。

4.7.2 安全顶窗

检视安全顶窗，安全顶窗开启装置的护罩、手柄、固定件等机件应齐全、完好。

4.7.3 安全锤

检视封闭式客车的应急窗，应配备安全锤并在规定的位置放置。

4.7.4 灭火器

检视灭火器，应按相关规定数量随车配备，驾驶人座椅附近应放置一具，且安放稳固并便于取用。

4.7.5 停车楔

检视停车楔，应随车配备，数量不少于两只。

4.7.6 警告牌

检视三角警告牌,应随车配备并妥善放置。

4.8　摄像头

检视车内摄像头,摄像头的拍摄方向应符合相关规定且无遮挡。

5　结果判定及处理

5.1　检查项目全部合格时,安全例行检查结果判定为合格,签发"营运客车安全例行检查合格通知单",参见附录A。

5.2　检查项目中有任一不合格项时,安全例行检查结果判定为不合格,签发"安全例检不合格项目告知单",并在车辆调修后重新进行全项检查。

注:对于不合格项中的可立即排除的故障和缺陷,在排除故障和缺陷并得到合格确认后,该项可视为合格。

5.3　安全例行检查结束后,应打印、保存"营运客车安全例行检查报告单",参见附录B。

6　工艺组织及流程

营运客车安全例行检查应在驾驶人的配合下,宜采用"双人作业法"进行。安全例行检查推荐的工艺流程参见附录C。

附　录　A

(资料性附录)

营运客车安全例行检查合格通知单

营运客车安全例行检查合格通知单式样参见图 A.1。

编号:××××××

营运客车安全例行检查合格通知单

检查合格时间:　　年　　月　　日　　时　　分

车牌号码/颜色:

安全例检员:(签字)

安全例检机构:(章)

图 A.1　营运客车安全例行检查合格通知单

附　　录　　B

（资料性附录）

营运客车安全例行检查报告单

营运客车安全例行检查报告单式样参见表 B.1。

表 B.1　营运客车安全例行检查报告单

车牌号码			车属单位	
检查日期		年　月　日　时　分		
检查记录				
序号	检查项目	检 查 内 容		检 查 结 果
1	外观	车身外观	整洁	
			周正	
		车窗玻璃		
		车内环境		
		视镜		
		刮水器		
2	制动系统	气压表工作状况		
		制动管路密封性		
		制动系统自检		
		空气压缩机传动装置		
3	转向系统	转向机构连接		
		球销总成		
		横直拉杆		
4	照明及信号指示灯	前照灯		
		远、近光变换		
		信号指示灯	转向灯	
			制动灯	
			示廓灯	
			危险报警灯	
			雾灯	
			倒车灯	
5	车轮及轮胎	车轮螺栓及螺母		
		轮胎外观		
		轮胎花纹深度		
		轮胎规格和花纹		
		轮胎气压		

表 B.1(续)

<table>
<tr><td colspan="5">检查记录</td></tr>
<tr><td>序号</td><td>检查项目</td><td colspan="2">检 查 内 容</td><td>检 查 结 果</td></tr>
<tr><td rowspan="6">6</td><td rowspan="6">悬架系统</td><td rowspan="2">空气弹簧</td><td>气密性</td><td></td></tr>
<tr><td>外观状况</td><td></td></tr>
<tr><td rowspan="4">钢板弹簧</td><td>钢板弹簧完好性</td><td></td></tr>
<tr><td>U 形螺栓及螺母</td><td></td></tr>
<tr><td>吊耳销(套)</td><td></td></tr>
<tr><td>锁销</td><td></td></tr>
<tr><td rowspan="6">7</td><td rowspan="6">安全设施</td><td colspan="2">车门应急开关</td><td></td></tr>
<tr><td colspan="2">安全顶窗</td><td></td></tr>
<tr><td colspan="2">安全锤</td><td></td></tr>
<tr><td colspan="2">灭火器</td><td></td></tr>
<tr><td colspan="2">停车楔</td><td></td></tr>
<tr><td colspan="2">警告牌</td><td></td></tr>
<tr><td>8</td><td>摄像头</td><td colspan="2">摄像头</td><td></td></tr>
<tr><td colspan="2">检查结果判定</td><td colspan="3"></td></tr>
<tr><td colspan="2">安全例检员签字</td><td></td><td>驾驶人签字确认</td><td></td></tr>
</table>

说明:1. 检验结果栏:“O”为合格,“×”为不合格。

2. 结果判定栏:“O”为合格,“×”为不合格。

附 录 C

(资料性附录)

营运客车安全例行检查推荐工艺流程

以发动机后置营运客车为例的安全例行检查双人作业推荐工艺流程参见图 C.1。

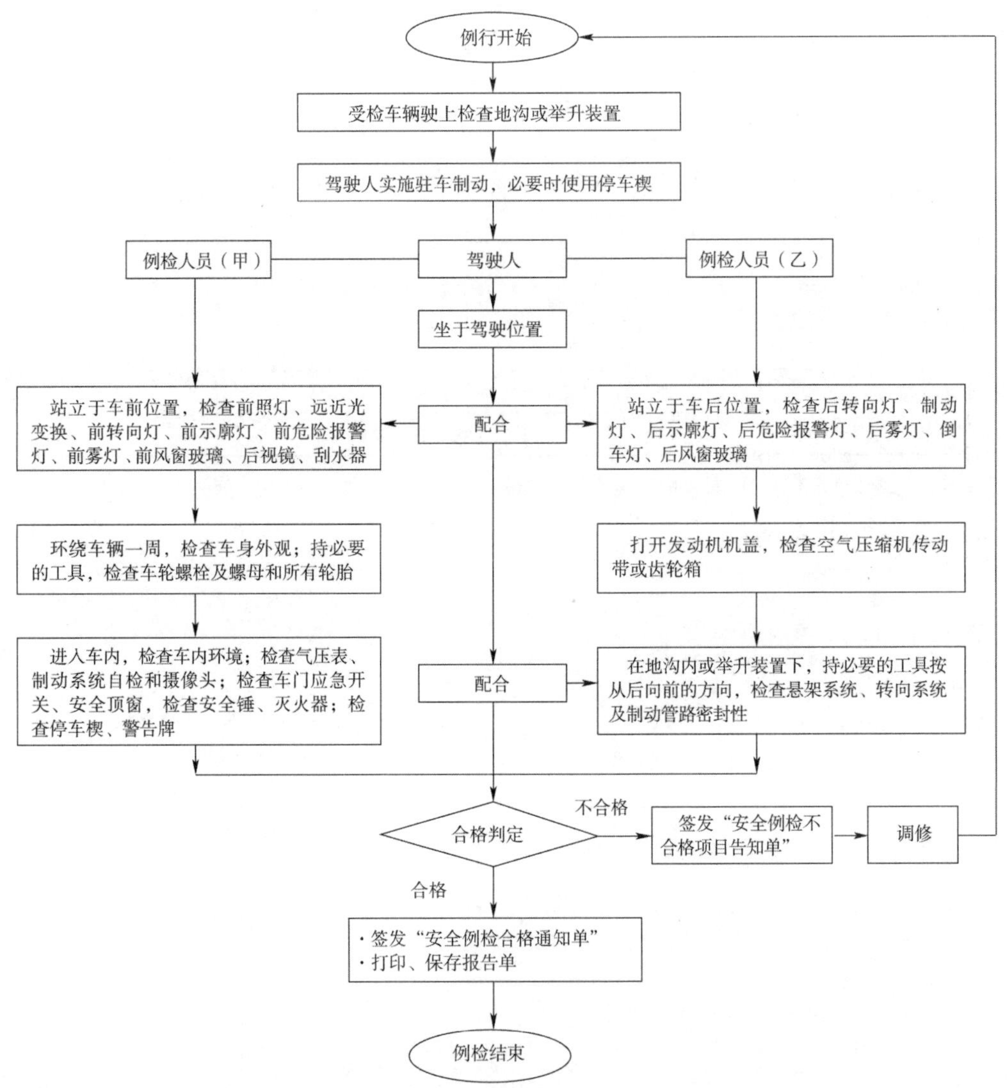

图 C.1 营运客车安全例行检查双人作业推荐工艺流程

2.《交通运输行业反恐怖防范基本要求》(JT/T 961—2015)

交通运输行业反恐怖防范基本要求

1　范围

本标准规定了公路水路交通运输行业反恐怖防范目标分类管理、反恐怖防范工作等级管理以及反恐怖应急管理的基本要求。

本标准适用于公路水路基础设施、道路运输、水路运输、城市客运(含轨道交通)和港口营运行业的反恐怖防范工作。

本标准不适用于铁路、民航与邮政行业的反恐怖防范工作。

2　规范性引用文件

下列文件对于本文件的应用是必不可少的。凡是注日期的引用文件,仅注日期的版本适用于本文件。凡是不注日期的引用文件,其最新版本(包括所有的修改单)适用于本文件。

GB 17565　防盗安全门通用技术条件
GB 20815　视频安防监控数字录像设备
GB 50348　安全防范工程技术规范
GB 50394　入侵报警系统工程设计规范
GB 50395　视频安防监控系统工程设计规范
GB 50396　出入口控制系统工程设计规范
GA/T 367　视频安防监控系统技术要求
GA/T 368　入侵报警系统技术要求
GA/T 394　出入口控制系统技术要求
GA/T 644　电子巡查系统技术要求
JT/T 732.2　船舶卫星定位应用系统技术要求　第2部分:船载终端
JT/T 766　北斗卫星导航系统船舶监测终端技术要求
JT/T 768　北斗卫星导航系统船舶遇险报警终端技术要求
JT/T 794　道路运输车辆卫星定位系统车载终端技术要求
企事业单位内部治安保卫工作条例
保安服务管理条例
中华人民共和国港口设施保安规则
中华人民共和国国际船舶保安规则

3　术语和定义

下列术语和定义适用于本文件。

3.1

人力防范 personnel prevention

执行反恐怖防范任务的具有相应素质人员和/或人员群体的一种有组织的防范行为(包括人、组织和管理等),通常简称为“人防”。

[GB 50348—2004,术语 2.0.19]

3.2

实体防范 physical prevention

用于反恐怖防范目的的能延迟、阻止恐怖威胁事件发生或降低事件后果的各种实体防护手段[包括建(构)筑物、屏障、器具、设备、系统等],通常简称为“物防”。

[GB 50348—2004,术语 2.0.20]

3.3

技术防范 technical prevention

利用各种电子信息设备组成系统和/或网络以提高探测、延迟、反应能力和防护功能的安全防范手段,通常简称为“技防”。

[GB 50348—2004,术语 2.0.21]

3.4

恐怖威胁 terrorist threat

以制造社会恐慌、危害公共安全或者胁迫国家机关、国际组织为目的、采取暴力、破坏、恐吓等手段,造成或者意图造成人员伤亡、重大财产损失、公共设施损坏、社会秩序混乱等严重社会危害的行为,针对交通运输行业的恐怖威胁包括但不限于:

a) 利用生物战剂、化学毒剂、核与辐射实施袭击;

b) 利用爆炸、纵火、射击、投毒等手段实施袭击;

c) 劫持营运车船;

d) 劫持司乘人员或乘客;

e) 打、砸、抢、砍等暴力袭击;

f) 攻击重要计算机信息管理系统;

g) 通过电话、电子邮件、短信等方式散播威胁信息,等等。

3.5

反恐怖防范目标 protection target for anti-terrorism

有可能遭受恐怖威胁且会造成严重后果,需要采取人防、物防和技防措施进行保护的目标,在交通运输行业内主要包括交通运输基础设施和营运车船等。

3.6

反恐怖防范等级 level of anti-terrorism

反恐怖防范目标所采取的反恐怖防范措施的等级,对应于目标可能遭受恐怖威胁的风险等级,与目标自身特点、所处时段的敏感性和重要性、所处地域的特殊性等因素有关。

3.7

恐怖威胁风险评估 risk assessment of anti-terrorism

通过对目标的反恐怖防范状况进行调查、分析,以及对存在的恐怖威胁风险进行预测、评估,判断目标所采取的人防、物防和技防措施是否满足反恐怖防范工作要求,查找出目标在反恐怖防范工作方面存在的隐患和薄弱环节,并提出相应防范措施建议的活动。

3.8

反恐怖防范等级工作方案　level plan of anti-terrorism

根据恐怖威胁风险评估的结果,在不同的反恐怖防范等级下,为确保采取旨在保护目标免受恐怖威胁的人防、物防和技防措施而制订的工作方案。

3.9

综合客运交通枢纽　comprehensive passenger transport hub

在城市客运交通系统中,汇集多种交通方式,为乘客提供集散、换乘等交通服务的交通场站设施综合体。

3.10

视频安防监控系统　video surveillance & control system

利用视频技术探测、监视设防区域并实时显示、记录现场图像的电子系统或网络。

[GB 50348—2004,术语 2.0.5]

3.11

入侵报警系统　intruder alarm system

利用传感器技术和电子信息技术探测并指示非法进入或试图非法进入设防区域的行为、处理报警信息、发出报警信息的电子系统或网络。

[GB 50348—2004,术语 2.0.4]

3.12

电子巡查系统　electronic patrol system

对保安巡查人员的巡查路线、方式及过程进行管理和控制的电子系统。

[GB 50348—2004,术语 2.0.7]

3.13

出入口控制系统　access control system

利用自定义符识别和/或模式识别技术对出入口目标进行识别并控制出入口执行机构启闭的电子系统或网络。

[GB 50348—2004,术语 2.0.6]

3.14

安全检查系统　security inspection system

检查有关人员、车辆、行李、货物是否携带爆炸物、武器和/或其他违禁品的电子设备系统或网络。

[GB 50348—2004,术语 2.0.9]

4　反恐怖防范目标分类管理

4.1　交通运输行业反恐怖防范目标依照自身的重要性大小,划分为一般目标、重要目标和特别重要目标三类,具体分类见表1。

表1　反恐怖防范目标分类

类　别		反恐怖防范目标
特别重要目标	综合客运交通枢纽	客流集散量30万人次/日及以上的综合客运交通枢纽
	道路旅客运输系统	一级道路客运站
	道路货物运输系统	存在一级重大危险源的道路货物运输站(场)
	桥隧	公路特大桥和特长隧道,及其他具有特别重大意义的桥梁和隧道
	船舶	a)载客量500人及以上的客船(含客滚船); b)1型化学品液货船、1G型液化气体船,以及载运火灾危险性为甲类的油船
	航运枢纽	船闸通航等级为Ⅰ级的航运枢纽
	港口设施	a)一级港口客运站; b)装卸火灾危险性为甲类的危险品码头; c)构成一级港口重大危险源的储存设施或场所
	城市轨道交通系统	a)客流量大、所处地理位置或功能特别重要的城市轨道交通车站; b)城市轨道交通运营控制中心、主变电站等重要设施
	交通应急指挥系统	国家级以及省级公路水路交通应急指挥中心
重要目标	综合客运交通枢纽	客流集散最10万人次/日及以上但小于30万人次/日的综合客运交通枢纽
	道路旅客运输系统	二级道路客运站
	道路货物运输系统	存在二级重大危险源的道路货物运输站(场)
	桥隧	交通量大、意义重大的公路大桥和长隧道,及其他具有重大意义的桥梁和隧道
	船舶	a)载客量100人及以上但少于500人的客船(含客滚船); b)2型化学品液货船、2G/2PG/3G型液化气体船,以及载运火灾危险性为乙类的油船; c)50 000 DWT及以上的集装箱船
	航运枢纽	船闸通航等级为Ⅱ级的航运枢纽
	港口设施	a)二级港口客运站; b)装卸火灾危险性为乙类的危险品码头; c)靠泊50 000 DWT及以上集装箱船的集装箱码头 d)构成二级港口重大危险源的储存设施或场所
	城市轨道交通系统	a)客流量较大、所处地理位置或功能较为重要的城市轨道交通车站; b)城市轨道交通列车
	城市公共汽电车客运系统	a)客流量大、所处地理位置或功能特别重要的公交站场; b)城市公交调度指挥中心
	交通应急指挥系统	地市级公路水路交通应急指挥中心
一般目标	综合客运交通枢纽	客流集散量5万人次/日及以上但小于10万人次/日的综合客运交通枢纽
	道路旅客运输系统	a)三级道路客运站; b)大型与特大型道路营运客车,以及途经重要线路的道路营运客车

表1(续)

类　别	反恐怖防范目标	
一般目标	道路货物运输系统	a)存在三级重大危险源的道路货物运输站(场); b)承运I类包装及其他具有高度危险性物质的道路危险货物运输专用车辆
	公路收费站及服务区	高速公路收费站及服务区
	桥隧	交通量较大、意义较为重大的公路大桥和长隧道,及其他具有较大意义的桥梁和隧道
	船舶	a)载客量100人以下的客船(含客滚船); b)3型化学品液货船,以及载运火灾危险性为丙类的油船; c)10 000DWT及以上但小于50 000DWT的集装箱船; d)适用于《中华人民共和国国际船舶保安规则》但未列入“特别重要目标”和“重要目标”类别的国际航行船舶
	航运枢纽	船闸通航等级为Ⅲ级的航运枢纽
	港口设施	a)三级港口客运站; b)装卸火灾危险性为丙类的危险品码头; c)靠泊10 000DWT及以上但小于50 000DWT集装箱船的集装箱码头; d)构成三级港口重大危险源的储存设施或场所; e)适用于《中华人民共和国港口设施保安规则》但未列入“特别重要目标”和“重要目标”类别的港口设施
	城市轨道交通系统	客流量一般、所处地理位置或功能的重要性一般的城市轨道交通车站
	城市公共汽电车客运系统	a)客流量较大、所处地理位置或功能较为重要的公交站场; b)途经重要线路的城市公共汽电车
	交通应急指挥系统	区县级公路水路交通应急指挥中心

4.2　地方交通运输主管部门应根据表1,并充分考虑本地区各具体防范目标的特殊性与敏感性,对其重要性进行综合评估,作出更具体且符合当地实际情况的类别划分。

4.3　地方交通运输主管部门应针对本地区的公路水路交通运输系统,组织开展恐怖威胁风险评估,并制订相应的反恐怖防范等级工作方案;交通运输企业经营人及公共交通设施管理人应针对各自经营、管理的反恐怖防范目标,组织开展恐怖威胁风险评估,并制订相应的反恐怖防范等级工作方案。

5　反恐怖防范等级管理

5.1　反恐怖防范等级由恐怖威胁发生的可能性与潜在后果的严重性两方面决定,综合考虑如下因素:

a)　反恐怖防范目标可能遭受的恐怖威胁类型;

b)　所处时段的敏感性和重要性(如举办重大活动期间、召开重要会议期间、春运期间以及国内外政治形势紧张时期),或所获取恐怖威胁情报的可信性、明确性和迫近性;

c)　恐怖威胁的潜在后果及其可能造成的影响程度,如人员伤亡、经济损失、环境污染、政治影响、社会影响、国防影响等。

5.2 反恐怖防范等级的确定方法如下：

a） 恐怖威胁发生的可能性分为低、中、高三个等级，判定方法见表2；

b） 恐怖威胁潜在后果的严重性分为一般、严重、特别严重三个等级，判定方法见表3；

c） 采用风险矩阵方法，反恐怖防范等级由低到高依次划分为一级（日常状态）、二级（戒备状态）和三级（紧急状态），见表4。

表2 恐怖威胁发生可能性的等级判定方法

等级	判定方法
低	a）在国内外，针对同类目标的恐怖威胁事件很少或尚未发生； b）反恐部门或其他权威主管部门提供的情报显示，在较长时间内（通常半年以上）发生恐怖威胁事件的可能性很小
中	a）在国内外，针对同类目标的恐怖威胁事件曾经发生过，但次数较少； b）反恐部门或其他权威主管部门提供的情报显示，在一段时间内（通常半年以内）有可能发生恐怖威胁事件
高	a）在国内外，针对同类目标的恐怖威胁事件发生过很多次； b）反恐部门或其他权威主管部门提供的情报显示，在近期内（通常一个月以内或更短）很可能发生恐怖威胁事件

表3 恐怖威胁潜在后果严重性的等级判定方法

等级	判定方法
一般	恐怖威胁事件一旦发生，可能造成较少的人员伤亡、较小的经济损失、小规模或局部的环境污染，以及较小的政治、社会和国防影响等
严重	恐怖威胁事件一旦发生，可能造成众多的人员伤亡、较大的经济损失、严重的环境污染，或者较坏的政治、社会和国防影响等
特别严重	恐怖威胁事件一旦发生，可能造成大量的人员伤亡、巨大的经济损失、大面积且长期的环境污染或生态系统破坏，以及特别恶劣的政治、社会和国防影响等

表4 反恐怖防范等级

潜在后果严重性	恐怖威胁发生可能性		
	低	中	高
一般	一级	一级	二级
严重	一级	二级	二级
特别严重	二级	二级	三级

5.3 国务院交通运输主管部门确定并下达全国或某一地区交通运输系统的反恐怖防范等级，各省级、市级交通运输主管部门确定本地区的反恐怖防范等级，省级、市级交通运输主管部门确定的等级不应低于上级主管部门确定的反恐怖防范等级。

5.4 各级交通运输主管部门在发布反恐怖防范等级变更指令时，应告知交通运输企业经营人及公共交通设施管理人恐怖威胁相关信息、等级起始时间、可能影响范围及其他警示事项。

5.5 交通运输企业经营人及公共交通设施管理人在接到反恐怖防范等级变更指令时，应按照第6章的要求以及制订的反恐怖防范等级工作方案，及时调整人防、物防和技防措施，同时执行各级交通运输主管部门与反恐部门的指令。

6 反恐怖防范等级工作要求

6.1 总体要求

6.1.1 反恐怖防范等级工作要求由低到高依次为一级防范要求、二级防范要求和三级防范要求，具体说明如下：

a) 一级防范要求为日常状态下，应当始终保持的基本性人防、物防和技防措施；

b) 二级防范要求为戒备状态下，在落实一级防范要求基础上所采取的附加性人防、物防和技防措施；

c) 三级防范要求为紧急状态下，在落实一级、二级防范要求的基础上所采取的特殊性人防、物防和技防措施。

6.1.2 交通运输企业经营人及公共交通设施管理人应遵从“人防、物防、技防有机结合”的原则，综合有效地运用人防、物防和技防手段。

6.1.3 新建、改建、扩建交通运输建设项目的反恐怖防范设备设施，应与主体工程同时设计、同时施工、同时投入生产和使用。

6.1.4 交通运输企业经营人及公共交通设施管理人应不断适应反恐怖防范工作的新情况、新要求，在各级交通运输主管部门和反恐部门的指导下积极引进先进的反恐怖防范理念、方法和手段。

6.1.5 地方交通运输主管部门应监督检查交通运输企业经营人及公共交通设施管理人在不同等级下人防、物防和技防措施的执行与落实情况。

6.2 一级防范要求

6.2.1 人防要求

6.2.1.1 各级交通运输主管部门应设立反恐怖防范工作领导机构，确定反恐怖防范工作的主管领导和牵头负责部门。

6.2.1.2 交通运输企业经营人及公共交通设施管理人应设立反恐怖防范工作领导机构，并确定反恐怖防范工作的牵头负责部门。

6.2.1.3 交通运输企业经营人及公共交通设施管理人应确定反恐怖防范工作的主管领导及各岗位工作人员，并明确职责。

6.2.1.4 交通运输企业经营人及公共交通设施管理人应按照《企事业单位内部治安保卫工作条例》的规定，制定内部治安保卫制度，设置治安保卫机构或者配备专职、兼职治安保卫人员，并按照《保安服务管理条例》的规定配备保安员。

6.2.1.5 交通运输企业经营人及公共交通设施管理人应建立反恐怖防范工作例会、督查考核、教育培训、信息通报、经费保障和协作交流等工作机制。

6.2.1.6 交通运输企业经营人及公共交通设施管理人应确定防范目标的重点部位或场所，采取重点措施，实施重点保护。

6.2.1.7 交通运输企业经营人及公共交通设施管理人应与公安机关等执法部门协作，配合建立警地联动模式，并开展宣传教育活动，倡导群防群策。

6.2.1.8 交通运输企业经营人及公共交通设施管理人应请公安机关协助,对本单位反恐怖防范重点岗位的工作人员进行背景审查,以及组织开展反恐怖防范工作业务培训。

6.2.1.9 交通运输企业经营人及公共交通设施管理人应与反恐怖防范工作业务相关单位(如场地租赁单位、服务提供商等)签订安保管理协议。

6.2.2 物防要求

6.2.2.1 周界隔离

6.2.2.1.1 交通运输封闭型场(站)的周界应设置不间断全封闭式物理隔离设施,分为实体围墙、金属栅栏、金属围网等式样,且不应有破损和缺口。

6.2.2.1.2 如果水体成为封闭型场(站)周界防范的组成部分,应采用有效的防范措施对其进行警戒。

6.2.2.1.3 交通运输封闭型场(站)周界的内外两侧距离地面的净高均不应低于2.5m。

6.2.2.1.4 交通运输封闭型场(站)的周界内侧应留有足够宽度的无障碍区域,能够保证安保人员对周界的巡逻、检查和良好的视野。

6.2.2.1.5 交通运输封闭型场(站)周界的外侧如果存在较高可攀爬的物体,应采取加设铁丝网等方式加高该处物理隔离。

6.2.2.1.6 交通运输封闭型场(站)周界的外侧如果存在人可钻入或异物投入的孔口,应加设物理防护装置。

6.2.2.1.7 需要对进出人员、车辆或物品进行安检的场(站),其已检与未检区域之间应设置有效的物理隔离。

6.2.2.2 通道控制

6.2.2.2.1 交通运输封闭型场(站)的对外出入口处应设置控制人员、车辆进出的电动门、手动门或电动栏杆等。

6.2.2.2.2 交通运输封闭型场(站)的对外出入口处应设置门卫室或管理用房。

6.2.2.2.3 重要办公场所及客运站候车/船场所的对外出入口应设置防冲撞路障。

6.2.2.2.4 中控室、售票室、财务室、设备机房等单位内部重点部位或场所应安装防盗安全门、防盗安全窗,防盗安全门的技术要求应符合GB 17565的相关要求。

6.2.2.3 安防配备与安防标志

6.2.2.3.1 交通运输企业经营人及公共交通设施管理人应配备防暴叉、强光手电筒等必要的防暴器材。

6.2.2.3.2 交通运输基础设施和营运车船的重点部位或场所应配备消防、救援、应急照明、逃生等设备设施。

6.2.2.3.3 城市轨道交通车站、道路客运站、港口客运站等的候车/船场所应配备防爆罐(桶)或防爆毯、急救箱等。

6.2.2.3.4 城市轨道交通车站、道路客运站、港口客运站等的安检工作站(点)应设置安检台,便于人工开箱(包)检查。

6.2.2.3.5 城市轨道交通车站、道路客运站、港口客运站等的候车/船场所应配备半透明垃圾桶,使用透明垃圾袋。

6.2.2.3.6 交通运输企业经营人及公共交通设施管理人应对公共区域的饮用水储存容器

加盖密封,并上锁。

6.2.2.3.7 交通运输基础设施和营运车船的重点部位或场所应设置必要的禁止、警告、指令、提示等安防标志。

6.2.3 技防要求

6.2.3.1 视频安防监控系统

6.2.3.1.1 交通运输基础设施的主要出入口、通道及其他重点部位或场所应设置视频安防监控系统,全方位、无死角、实时监控。

6.2.3.1.2 道路营运客车、城市轨道交通列车、城市公共汽电车以及客船应安装车载/船载视频安防监控系统,对人员上下车/船、车/船内的人员活动情况进行全程实时监控;危险化学品运输车辆及船舶宜安装车载/船载视频安防监控系统,对车/船运输及装卸作业过程进行全程实时监控。

6.2.3.1.3 视频安防监控系统的监视、回放图像质量应满足反恐怖防范工作实际需要,主要出入口、通道处的视频监控应采用高清摄像机,能够清楚分辨人的面部特征或机动车牌号,需要进行夜间监控的重点部位或场所,监控摄像机应具有夜视功能。

6.2.3.1.4 视频安防监控系统的图像记录宜选用数字录像设备,交通运输基础设施的视频监控录像资料存储期限不应少于30d,车载/船载视频监控录像资料存储期限不应少于15d。

6.2.3.1.5 视频安防监控系统应具有日期、时间、摄像机位置等信息的字符叠加、记录和调整功能,且管理终端(管理中心)应及时对系统进行校时。

6.2.3.1.6 主要出入口、通道处的视频安防监控系统宜采用人脸识别、车牌识别等智能分析的技术手段,使系统能够提供更加主动和积极的安全防范能力。

6.2.3.1.7 视频安防监控系统的技术要求应符合GB 50395、GA/T 367和GB 20815等的相关要求。

6.2.3.2 入侵报警系统

6.2.3.2.1 入侵报警系统应按探测目的分设防区,防区范围不宜过大,应有利于迅速判断入侵位置,防区内不应有盲区。

6.2.3.2.2 入侵报警系统的安防控制室内应设置报警信息显示装置,入侵的现场防区应有声光报警功能。

6.2.3.2.3 入侵报警系统的误报警率应在可接受的限度内。

6.2.3.2.4 入侵报警系统的入侵探测器和报警控制器应具有防拆、防破坏报警功能。

6.2.3.2.5 入侵报警系统的探测场所处于视频安防监控系统拍摄区域的,之间宜采取报警联动设计。

6.2.3.2.6 入侵报警系统的技术要求应符合GB 50394和GA/T 368等的相关要求。

6.2.3.3 出入口控制系统

6.2.3.3.1 门禁出入口控制系统应按通行对象及其授权级别的不同,对人员进出进行实时控制与管理。

6.2.3.3.2 出入口控制系统的设置应满足紧急逃生时人员疏散的要求,当发生火警或需要紧急疏散时,人员不使用钥匙应能迅速安全通过。

6.2.3.3.3 出入口控制系统的设置应满足防破坏、防技术性开启的要求。

6.2.3.3.4 出入口控制系统的识读场所处于视频安防监控系统拍摄区域的,之间宜采取报警联动设计。

6.2.3.3.5 出入口控制系统的技术要求应符合 GB 50396 和 GA/T 394 等的相关要求。

6.2.3.4 电子巡查系统

6.2.3.4.1 电子巡查系统应合理安排电子巡查路线、电子巡查点和巡查间隔时间,电子巡查点宜安装于隐蔽位置。

6.2.3.4.2 电子巡查系统应能对正常和异常巡查信息进行记录,每条巡查记录应准确反映时间(年、月、日、时、分、秒)、地点、人员信息。

6.2.3.4.3 电子巡查系统的技术要求应符合 GA/T 644 等的相关要求。

6.2.3.5 卫星定位系统

6.2.3.5.1 旅游包车、三类以上班线客车、危险化学品运输车辆以及客船、危险化学品运输船舶应安装具有行驶记录功能的卫星定位系统车载/船载终端。

6.2.3.5.2 道路运输车辆卫星定位系统车载终端的技术要求应符合 JT/T 794 等的相关要求。

6.2.3.5.3 船舶卫星定位系统船载终端的技术要求应符合 JT/T 732.2、JT/T 766 和 JT/T 768 等的相关要求。

6.2.3.6 通信系统

6.2.3.6.1 交通运输企业经营人及公共交通设施管理人应设置完善的有线与无线通信系统,包括有线电话系统、无线对讲系统、车载/船载通信系统、船岸通信系统、广播系统和紧急报警系统等。

6.2.3.6.2 交通运输企业经营人及公共交通设施管理人对外公开的电话与指定公务电话应具有来电显示和录音功能,通话记录保存时间不应少于 7d。

6.2.3.7 安全检查系统

6.2.3.7.1 安全检查系统主要有 X 射线安全检查设备、金属探测器、视频车底检查镜、生命探测仪,以及集装箱/滚装运输车辆安检系统、放射性物质探测系统、炸药探测系统、危险液体探测系统、水下安检系统、有害生物制剂和毒气探测系统等,交通运输企业经营人及公共交通设施管理人应在各级交通运输主管部门和反恐部门的指导下,结合自身反恐怖防范工作的特点和实际需要进行选择。

6.2.3.7.2 城市轨道交通车站、道路客运站、港口客运站等的安检工作站(点)尚无条件配备大型 X 射线安全检查设备的,应采取手持金属探测器及人工检查方法对进站可疑人员随身携带与托运的行李物品进行安检。

6.3 二级防范要求

6.3.1 人防要求

6.3.1.1 交通运输企业经营人及公共交通设施管理人反恐怖防范工作牵头负责部门的主要负责人或主管人员应 24h 带班值班或备勤,并保持 24h 通信联络畅通。

6.3.1.2 根据工作需要增加值勤安保人员和备勤反恐怖应急处置人员的数量,全体安保人员和反恐怖应急处置人员应保持 24h 通信联络畅通。

6.3.1.3 安保人员对重点部位或场所的巡逻、检查频次应至少提高 50%。

6.3.1.4 主要出入口值勤安保人员应加强对进出人员、车辆、物品的检查力度，仔细核对出入证件及物品清单，并对可疑车辆开启后备厢检查。

6.3.1.5 对于非本单位或非本职工作人员因工作需要进入目标重要区域的，应经本单位主管部门同意，工作人员陪同。

6.3.1.6 反恐防范工作领导机构每周应至少召开一次反恐怖防范工作例会，研判警情，商讨并落实防范对策和措施。

6.3.1.7 提醒或强调与反恐怖防范工作相关部门及重点岗位工作人员的反恐怖防范职责。

6.3.1.8 交通运输企业经营人及公共交通设施管理人应组织开展一次全面的反恐怖防范工作隐患排查。

6.3.1.9 交通运输企业经营人及公共交通设施管理人应与各级交通运输主管部门及反恐部门保持密切联系，随时获取反恐怖防范工作相关信息与工作指令。

6.3.1.10 交通运输企业经营人及公共交通设施管理人应与反恐怖防范工作业务相关单位(如场地租赁单位、服务提供商等)联系，告知其本单位反恐怖防范等级已升至二级，要求给予支持、配合。

6.3.2 物防要求

6.3.2.1 加强对各类物防设备设施的检查，确保完好有效。

6.3.2.2 必要时，增启重点部位或场所附近的照明设备，增加照度。

6.3.2.3 根据各级交通运输主管部门和反恐部门的要求，并结合反恐怖防范等级提升的实际需要，增配必要的物防设备设施。

6.3.3 技防要求

6.3.3.1 加强对各类技防设备的检查，确保运转正常。

6.3.3.2 在公共安全需求和运营需求同时存在的情况下，各类技防设备(如视频安防监控系统、通信系统等)应优先为公共安全需求提供服务。

6.3.3.3 增大视频安防监控系统的扫描频率，及时捕捉、记录和分析反恐怖防范工作相关视频信息。

6.3.3.4 城市轨道交通车站、道路客运站、港口客运站等的安检工作站(点)应使用大型X射线安全检查设备等专业设备，对进站旅客随身携带与托运的大件行李和可疑物品进行安检。

6.3.3.5 根据各级交通运输主管部门和反恐部门的要求，并结合反恐怖防范等级提升的实际需要，增配必要的技防设备。

6.4 三级防范要求

6.4.1 人防要求

6.4.1.1 交通运输企业经营人及公共交通设施管理人负责反恐怖防范工作的主管领导和牵头部门的主要负责人应24h带班值班。

6.4.1.2 值勤安保人员应增至最大可行数量，反恐怖应急处置人员应全部在单位备勤。

6.4.1.3 安保人员对重点部位或场所的巡逻、检查工作应提高至最高可行频次。

6.4.1.4 关闭局部或全部生产运行区域。

6.4.1.5 除应急救援人员外，其他人员禁止进入目标重要区域。

6.4.1.6 反恐防范工作领导机构每天应至少召开一次反恐怖防范工作例会,研判警情,商讨并落实防范对策和措施。

6.4.1.7 交通运输企业经营人及公共交通设施管理人应保持与各级交通运输主管部门及反恐部门24h的联络畅通,形成有效的应急救援联动机制。

6.4.1.8 交通运输企业经营人及公共交通设施管理人应与反恐怖防范工作业务相关单位(如场地租赁单位、服务提供商等)联系,告知其本单位反恐怖防范等级已升至三级,要求给予支持、配合。

6.4.2 物防要求

6.4.2.1 对各类物防设备设施进行24h检查维护,确保其完好有效。

6.4.2.2 关闭部分或全部主要出入口的大门。

6.4.2.3 开启所有必要的照明设备,确保全面监控。

6.4.2.4 根据各级交通运输主管部门和反恐部门的要求,并结合反恐怖防范等级提升的实际需要,增配必要的物防设备设施。

6.4.3 技防要求

6.4.3.1 对各类技防设备进行24h检查维护,确保其运转正常。

6.4.3.2 通过视频安防监控系统,保证24h实时掌握重点部位或场所的动态信息。

6.4.3.3 城市轨道交通车站、道路客运站、港口客运站等的安检工作站(点)应使用大型X射线安全检查设备等专业设备,按照"逢包必检,逢疑必查"的原则,对进站旅客随身携带与托运的所有行李物品进行100%安检。

6.4.3.4 根据各级交通运输主管部门和反恐部门的要求,并结合反恐怖防范等级提升的实际需要,增配必要的技防设备。

7 反恐怖应急管理

7.1 各级交通运输主管部门应设立反恐怖应急领导机构,建立反恐怖应急处置咨询专家组,制定交通运输系统反恐怖应急预案,并组织开展演习。

7.2 交通运输企业经营人及公共交通设施管理人应设立反恐怖应急领导机构,组建反恐怖应急救援队伍,并建立反恐怖应急处置咨询专家组。.

7.3 交通运输企业经营人及公共交通设施管理人应制定有针对性的反恐怖应急预案,并能与国家、行业主管部门及地方人民政府所制定的反恐怖或突发事件应急预案有机衔接。

7.4 交通运输企业经营人及公共交通设施管理人应根据实际需要配备相应的应急物资和装备,并定期进行检测和维护。

7.5 交通运输企业经营人及公共交通设施管理人应开展有效的反恐怖应急宣传、培训活动,使各级领导、应急管理和救援人员熟悉各自的应急职责、应急响应与处置程序要点。

7.6 交通运输企业经营人及公共交通设施管理人应定期或不定期地组织本单位反恐怖应急处置训练,并参加各级交通运输主管部门和反恐部门组织的反恐演习,保证应急预案的有效实施和完善,提高应急反应能力和实战能力。